本书为广东省教育厅科研项目"基于农村教育振兴的粤北山
（项目编号：2021ZDZX4034）的阶段忄

注意偏向视域下青少年情绪和行为问题的干预

彭家欣 ◎著

吉林大学出版社
·长 春·

图书在版编目（CIP）数据

注意偏向视域下青少年情绪和行为问题的干预 / 彭家欣著. -- 长春：吉林大学出版社，2023.12
　ISBN 978-7-5768-2656-2

Ⅰ. ①注… Ⅱ. ①彭… Ⅲ. ①青少年—心理健康—健康教育—研究 Ⅳ. ① G444

中国国家版本馆 CIP 数据核字（2023）第 233347 号

书　　名：注意偏向视域下青少年情绪和行为问题的干预
　　　　　ZHUYI PIANXIANG SHIYU XIA QING-SHAONIAN QINGXU HE XINGWEI
　　　　　WENTI DE GANYU
作　　者：彭家欣
策划编辑：卢　婵
责任编辑：卢　婵
责任校对：周春梅
装帧设计：三仓学术
出版发行：吉林大学出版社
社　　址：长春市人民大街 4059 号
邮政编码：130021
发行电话：0431-89580036/58
网　　址：http://www.jlup.com.cn
电子邮箱：jldxcbs@sina.com
印　　刷：武汉鑫佳捷印务有限公司
开　　本：787mm×1092mm　　1/16
印　　张：21
字　　数：320 千字
版　　次：2023 年 12 月　第 1 版
印　　次：2024 年 4 月　第 1 次
书　　号：ISBN 978-7-5768-2656-2
定　　价：98.00 元

版权所有　翻印必究

前　言

　　青少年是民族的希望，国家的未来。从政策导向来看，习近平总书记在多次重要会议中明确强调心理健康的重要性，表达了对青少年心理健康问题的密切关注。而《"十四五"国民健康规划》更明确指出应加强抑郁症、焦虑症等常见精神障碍和不良行为的干预。从现实角度来看，青少年情绪障碍和不良行为的发生率仍然较高，干预形势依然严峻，同时，心理健康资源的不足，导致大量情绪障碍和不良行为的青少年仍未得到诊断和干预。因此，对青少年情绪障碍和不良行为问题进行有效干预，促进其心理健康发展，是我国公共卫生事业的迫切任务。

　　注意偏向是人类对于某些信息或刺激更为敏感，或更加倾向于选择某些方向或模式的现象（Theeuwes，2018）。对负性刺激的注意偏向不仅是情绪障碍和不良行为问题的主要认知特征，更是抑郁发生维持的易感因素（Beck，1967；Disner et al.，2011；Xiao et al.，2022）。Denrell和 March（2001）发现，人们在学习过程中的知觉、记忆和判断等方面往往会出现注意偏向现象，从而导致了一系列决策失误。因此，旨在通过电脑控制的认知任务引导个体将注意从消极信息转移到中性信息的注意偏向矫正（ABM）技术迅速崛起，并被称为"为我们的治疗武器库增加了一种新的临床武器"（Macleod et al.，2012：119）。因此，研究注意偏向并进一步应用注意偏向矫正技术对于青少年情绪和行为问题的干预研究具有重要意义。

　　本书旨在探讨注意偏向与青少年情绪和行为问题之间的联系，并从注意偏向的角度提出对青少年情绪和行为问题干预的策略和方法，对于心理学领域的研究有着重要意义。具体而言，本书旨在通过系统性地回顾青少年情绪和行为问题发生和发展的成因，论述注意偏向的概念、相关理论和测量方法，并采用问卷调查和行为实验等方法，探究青少年情绪、行为问题与注意偏向的关系，进而提出具体干预策略。在本书中，将详细阐述该领域的理论、研究成果，并提出创新性建议。同时，笔者还将结合本课题组的重要研究成果以图表等形式，深入论述注意偏向与青少年问题的关系，以使读者更深入地理解研究的重点。

彭家欣

2023 年 11 月

目 录

第一篇　青少年情绪和行为问题的干预研究理论基础

第1章　青少年情绪和行为问题的干预研究的概述 ………… 3

1.1 青少年情绪和行为问题的有关概念 ……………………… 3

1.2 青少年情绪和行为问题形成的生理基础 ………………… 8

1.3 青少年情绪和行为问题形成的个体因素 ………………… 11

1.4 青少年情绪和行为问题形成的环境因素 ………………… 13

第2章　注意偏向视域下青少年情绪和行为问题干预概述 …… 15

2.1 注意偏向的相关概念 ……………………………………… 15

2.2 注意偏向的测量方法概述 ………………………………… 18

2.3 测量注意偏向的常用反应时范式 ………………………… 22

2.4 注意偏向指数的计算方法 ………………………………… 25

第3章　注意偏向与青少年情绪和行为问题的关系 ……………… 31

3.1 注意偏向与青少年焦虑的关系 ……………………………… 31
3.2 注意偏向与青少年抑郁的关系 ……………………………… 33
3.3 注意偏向与青少年攻击行为的关系 ………………………… 36
3.4 注意偏向与青少年手机依赖的关系 ………………………… 38
3.5 注意偏向与青少年社会适应的关系 ………………………… 40

第4章　注意偏向视域下青少年情绪和行为问题的干预研究 …… 43

4.1 青少年情绪和行为问题的干预研究的意义 ………………… 43
4.2 青少年情绪和行为问题的干预研究的述评 ………………… 47
4.3 注意偏向矫正技术：青少年情绪和行为问题矫正的新手段 …… 49

第二篇　注意偏向视域下青少年情绪和行为问题的实证研究

第5章　青少年焦虑与注意偏向实证研究 ……………………… 55

5.1 注意偏向与焦虑障碍的系统性综述 ………………………… 55
5.2 焦虑情绪注意偏向干预训练的实验研究 …………………… 78

第6章　青少年抑郁与注意偏向实证研究 ……………………… 96

6.1 青少年注意偏向与抑郁情绪的相关研究 …………………… 96
6.2 留守抑郁青少年注意偏向特点的实验研究 ………………… 106

6.3 留守青少年注意偏向干预训练的抑郁实验研究 …………… 118

第 7 章　青少年攻击性与注意偏向实证研究 …………………… 138

7.1 基于情绪 Stroop 范式下高攻击个体注意偏向的特点 ………… 138

7.2 基于快速呈现范式下高攻击个体注意偏向的特点 …………… 150

7.3 高内隐攻击个体注意偏向的特点 ……………………………… 167

7.4 注意偏向矫正技术对青少年攻击性的干预实验研究 ………… 183

7.5 暴力游戏玩家注意偏向的干预训练的实验研究 ……………… 199

第 8 章　青少年手机依赖和社会适应与注意偏向实证研究 …… 216

8.1 青少年注意偏向与手机依赖的相关研究 ……………………… 216

8.2 适应不良青少年注意偏向的特点 ……………………………… 228

第三篇　青少年情绪和行为问题的干预研究的启示

第 9 章　注意偏向对青少年情绪和行为问题干预的建议 ……… 255

9.1 青少年情绪和行为问题干预的一般建议 ……………………… 255

9.2 注意偏向视域下青少年情绪和行为问题干预的建议 ………… 257

9.3 注意偏向矫正方案设计的建议 ………………………………… 260

第 10 章　注意偏向视域下青少年情绪和行为问题干预研究的展望 … 262

10.1 注意偏向矫正效果的测量需标准化 …………………………… 262

10.2 注意偏向矫正技术可游戏化 ……………………………………… 263

参考文献 …………………………………………………………………… **266**

附录 ………………………………………………………………………… **305**

    附录一   正性负性信息注意量表 ……………………………………… 305

    附录二   广泛性焦虑自评量表 ………………………………………… 307

    附录三   流调中心抑郁量表 …………………………………………… 309

    附录四   少年儿童社会适应量表 ……………………………………… 311

    附录五   中文大学生版 Buss-Perry 攻击性量表 ……………………… 314

    附录六   焦虑自评量表 ………………………………………………… 316

    附录七   抑郁自评量表 ………………………………………………… 318

    附录八   游戏使用习惯问卷 …………………………………………… 320

    附录九   手机使用时长问卷 …………………………………………… 323

    附录十   手机社交媒体依赖量表 ……………………………………… 324

第一篇

青少年情绪和行为问题的干预研究理论基础

第 1 章 青少年情绪和行为问题的干预研究的概述

1.1 青少年情绪和行为问题的有关概念

1.1.1 青少年的界定

青少年是指处于"青春期"阶段的个体。青春期是一个过渡阶段，是指个体从一个孩子到一个独立的成年人的过渡阶段。这一阶段的开始和结束时间因人而异，取决于个体的生理发育和社会文化背景等因素，一般认为青春期从个体的身体发生巨大的变化开始，到承担成人社会角色结束（Riediger et al., 2014）。因此，个体之间青春期的特定年龄范围差异很大。世界卫生组织（WHO）将青春期定义为 10～19 岁的青少年，并认为青春期是儿童身体、大脑开始发育成熟并转变为青年的过渡阶段；Riediger 和 Klipker 通过查阅许多西方文献发现，大多数研究将青春期界定为 10～25 岁左右的一段时期（Riediger et al., 2014）。因此，本书中的青少年是指 10～25 岁的个体。在青春期，个体在生理、认知、行为和情绪情感上都发生着迅速的变化（Dahl et al., 2009）。在这段独特的发展时期，青少年身体开始发生急剧的变化，第二性征开始出现，生殖器官等生理发育基本成熟，自我意识迅速高涨，情感生活也与儿童或成人不同。青少年对引发情绪的情况反应更强烈，更频繁地经历消极和混合情绪，情绪状态波动更快（Riediger et al., 2014）。前额叶皮质在决策、规划和抑制控制等高级认知功能上发挥着重要的作用，来自神经成像的证据表明，前额叶皮质持续发育直到青春期后期甚至早期成年（Casey et al., 2008）。这意味着青少年在决策能力、风险评估和冲动控制方面仍然不够成熟。此外，进一步的研究还发现，与成年人相比，青少年不论是面对积极情绪还是消极情绪，其杏仁核、腹侧纹状体等皮层下边缘系统的活动都更加强烈，而他们的前额叶皮质功能却尚未完善（赵鑫 等，2014）。这使得青少年与成年人相比，情绪表现出很大的不稳定性，显得狂躁与骚动，包括对危险行为、体会负性情绪以及不稳定的心境状态等有着更高的倾向性（Yurgelun-Todd, 2007）。

1.1.2 情绪和行为问题

情绪和行为问题，也被称为"精神卫生问题"。随着青少年进入青春期，由于身体和社会等各个方面的变化，例如生长发育、激素水平所产生的生理变化，升校（如小学升初中，初中升高中）所带来的环境变化，以及日益增多的学业压力等，使青少年容易受到精神卫生问题的影响，对情绪事件的反应、控制和调节的需求急剧增加（Brown et al., 2004）。2021年1月18日，世界卫生组织（WHO）关于青少年健康的报告指出，"精神健康状况占全球10～19岁人群疾病和伤害负担的16%。一半的成人期精神健康障碍始于14岁，但大多数病例未被发现或未得到治疗"。青春期较为严重的精神卫生问题包括情绪问题和行为问题。

1.1.2.1 情绪问题

青少年的情绪问题是指发生于青春期、与青少年发育和境遇有关的一组常见的心理问题，主要表现为焦虑、抑郁、恐惧、强迫等情绪异常。在

第 1 章 青少年情绪和行为问题的干预研究的概述

众多情绪障碍中，最值得注意的是抑郁症和焦虑症。目前，抑郁症和焦虑症的主要诊断方法包括心理评估和临床诊断。心理评估以症状自述和标准化问卷为主要手段，而临床诊断则是医生根据经验和判断，结合患者的病史、生理和心理症状等信息进行判断和诊断。目前，国际上最广泛使用的诊断标准是《国际疾病和相关健康问题分类》第十版（ICD-10）和《精神疾病诊断和统计手册第四版（DSM-IV）》（Alan et al.，2005）。

抑郁症（depression）是一种严重的心境障碍，又称 major depressive disorder，其核心症状是持续的情绪低落和快感缺失（戴婷，2012）。抑郁症是一种高患病率、高复发率、高致残率的严重情绪障碍，可导致自杀行为和显著增加心血管疾病的风险，已成为人类死亡和致残的第二大危险疾病（瞿伟 等，2014）。根据美国精神医学学会的《精神疾病诊断与统计手册》第五版（DSM-5），抑郁症的诊断标准包括至少两周的持续情绪低落或快感缺失，以及至少五项以下症状：食欲或体重改变、睡眠障碍、精神运动性改变、疲劳或精力丧失、无价值感或过度的或不适当的罪恶感、注意力不集中或决策困难、反复想到死亡或自杀。在阅读与抑郁症相关的文献时，经常会出现抑郁症状和亚综合抑郁（subsyndromal symptomatic depression，简称 SSD）这两个概念，这两个概念与抑郁症既有联系，也有所区别。抑郁症通常指一种临床诊断，需要符合特定的诊断标准。而抑郁症状则指更常见的情绪调节障碍，表现为持续感受到心情沮丧和消极情绪等症状。综合抑郁是指被认为不足以被诊断为重度抑郁症（major depressive disorder）的阈下抑郁状态，即抑郁症状。研究表明，亚综合抑郁（SSD）可以预测抑郁症的后续发生。及早干预抑郁症状可以缓解抑郁症的发生。

另一种常见的情绪问题是焦虑症。焦虑障碍指个体焦虑情绪的持续时间和严重程度明显超过了正常发育年龄应该有的范围。这种焦虑情绪和通常由压力导致的一贯性的焦虑或害怕不一样，焦虑障碍个体的症状会更加的持久（美国精神医学学会，2015）。焦虑障碍个体总是高估了他们想要避免或感到害怕的情景，这可能与过度焦虑或害怕或与实际情况不符有关。只有排除因药物或物质产生的生理反应以及其他躯体疾病的症状时，或者其他精神障碍不能更好地解释该症状时，才能诊断为焦虑障碍（美国精神医学学会，2015）。根据美国《精神疾病诊断与统计手册》第 5 版（DSM-Ⅴ）对焦虑障碍的重新定义，把强迫症和创伤后应激障碍从焦虑障碍中排除掉，并将分离性焦虑障碍、社交焦虑障碍、广泛性焦虑障碍和惊恐障碍等归为焦虑障碍（anxiety disorders）。

抑郁症和焦虑症在青少年中都非常普遍。根据世界卫生组织的数据，全球约有 10% 的青少年患有抑郁症或焦虑障碍。在中国，青少年抑郁症和焦虑障碍的患病率也呈上升趋势。2017 年全球抑郁症发病率为 3.59%，中国抑郁症发病率为 4.16%，而 15～19 岁青少年抑郁症发病率更高达 4%。抑郁症患者数量逐年增长（World Health Organization，2018）。2019 年，《柳叶刀·精神病学》中发表了关于中国精神障碍患病率的报告，调查结果显示，中国焦虑障碍患病率在众多精神障碍中位居第一，它的终生患病率为 7.57%，12 月患病率为 4.98%。其中，社交焦虑症（障碍）的终身患病率为 0.6%，12 月患病率为 0.4%；广泛性焦虑障碍终身患病率为 0.3%，12 月患病率为 0.2%（Huang，2019）。由此可见，青少年的抑郁症和焦虑症已是我国严重的公共卫生问题，亟须引起各领域研究者和社会各界人士的关注和重视。

1.1.2.2 行为问题

在当前的研究中，对于行为问题的概念尚未达成一致的界定。有一部分学者认为，行为问题主要指不良的外在行为反应（即外化行为问题），包括反社会行为、违纪行为和神经症状等（Yates，2017）。然而，另一部分学者则认为，行为问题不仅包括外在的行为表现，还包括个体对内部环境消极应对的内在行为（即内化行为问题），可能表现为抑郁、焦虑等心理症状，因此，涵盖品行问题、学习问题、心身障碍、冲动控制障碍、焦虑、抑郁和多动等多种类型（Achenbach，1991；Teesson，2015；Huang，2019；罗云，2017）。本书对情绪问题和行为问题做出了明确的区分，因此在本书中，行为问题只包括外化行为问题，即指个体表现出的不符合年龄和社会道德标准的异常行为。结合本课题组的研究经验，本书将重点探讨青少年攻击性行为、手机依赖和社会适应不良三种最常见的行为问题。

攻击行为是指以伤害他人身体和精神为主要目的的行为，其主要特征为存在攻击意图和动机，同时伴随着身体和心理伤害（李维，1995）。攻击行为可分为外显攻击和内隐攻击两类。外显攻击行为是直接的、能够被感知的行为，会产生破坏性的后果，其测量可采用案例法、口头报告法和观察法等方法（安洋洋，2021）。相比之下，内隐攻击行为则存在于个体的潜意识层面，通常由个体过去的经历所累积并形成的无意识结构所驱动，其对个体的态度、决策和反应等产生自动化的影响，通常采用反应时为指标的实验范式进行测量（周颖，2007）。评价型内隐攻击和自我型内隐攻击是内隐攻击的两种常见表现形式。前者指个体在无意识层面对攻击行为的内隐态度，其操作定义是当个体对攻击性刺激的态度越积极时，其评价性内隐攻击性也就越高。青少年攻击行为的发生率较为普遍。马颖、焦婷、郭霜霜和唐杰（2022）采用分层随机整群抽样方法，选取了来自黑龙江、湖北、安徽、广东和云南五个省份的 15 623 名初中生和高中生作为研究对象，他们发现，高水平攻击行为的检出率为 23.5%，男性高于女性。近年来，青少年攻击性行为的发生率逐年上升，尤其是校园欺凌的现象更加严峻。南京大学社会风险与危机管理中心和中南大学社会风险研究中心在 2017 年联合发布的《中国校园欺凌调查报告》显示，中小学生受欺凌的发生率高达 25.80%，中部地区更高，为 46.23%。

手机依赖也被称为手机综合征、问题性手机使用、手机上瘾和手机滥用等。Goswami 和 Singh（2016）将其定义为一种不健康的行为，即手机使用者对手机操作过于沉迷，无法控制行为，最终会影响情绪和社会功能。随着智能手机的普及，互联网技术和应用客户端的快速发展，手机依赖的问题已成为青少年面临的重要行为挑战之一。国内的调查研究发现，儿童和青少年过度使用手机的比率高达 27.6% ~ 29.8%（Jiang et al.，2016；Tao et al.，2017）。许多研究发现，大多数智能手机用户认为离开手机就无法生活，一些人会产生手机震动的幻觉，即使未真正接收到信息；当无法使用手机时，会出现焦虑情绪，并表现出戒断反应，甚至体现在躯体上（Cheever et al., 2014）。

　　社会适应是个体以自身的各种资源构成的自我系统与各种环境因素构成的社会系统交互作用的过程，它是反映个体成长与发展状况的重要指标（邹泓 等，2013）。社会适应问题，也称为适应不良，指的是个体的行为与社会规范和环境要求不一致的状况（迟新丽 等，2020）。青少年常见的适应不良问题包括逃学、离家出走、打架和考试焦虑等。近年来，国内学者的调查研究发现，这些不良行为的检出比例分别为3.1%、20.1%、25%和65.2%（熊文艳 等，2012；罗伏生 等，2009；周玮 等，2006）。可见青少年适应不良的问题十分严峻，而这一问题，在留守儿童群体中更为严重。例如，国内学者通过对沿海地区中小学生的调查发现，父母在外务工与青少年学生产生厌学辍学、网络上瘾、吸烟、酗酒等不良行为密切相关（林宏，2003）。诸多国外如针对墨西哥、牙买加、伯利兹等国家因父母国际移民而留守的儿童的调查研究也发现，这些留守儿童会出现更多的暴力犯罪、离家出走、辍学等行为问题。2018年发表于《柳叶刀》的一篇系统性文献综述，对全球范围内父母外出与儿童健康的111项研究（其中91项涉及中国留守儿童）做了系统全面的梳理，结果显示与非留守儿童相比，留守儿童吸食毒品、铺张浪费和品行障碍等风险明显更高。青少年处于生理和心理急剧变化的时期，社会适应是这一时期青少年重要的发展任务与目标，因此，社会适应的顺利发展在个体毕生发展过程中尤为重要（邹泓 等，2013）。

1.2　青少年情绪和行为问题形成的生理基础

　　正如上一节所述，处于青春期的青少年在生理、认知、行为和情绪情感上都发生着迅速的变化。相对于成年人或儿童，青少年更容易表现出不稳定性，可能出现情绪和行为问题，包括情绪波动大、易激动、忧郁沮丧、焦虑不安等不同的行为和情绪问题。这或许和青春期个体大脑结构和功能的发展阶段性和不均衡性有关。具体来说，青春期个体的大脑结构和功能的发展表现出以下几个特点。

1.2.1 青春期额叶的发展呈现阶段性的特点

个体大脑灰质体积从出生到青春期期间持续发育，直到青春期，发育的速度开始下降，出现"皮层修剪"，即神经元的伸展和留存被自然选择严格控制。但白质体积持续增长直至30岁达到顶峰。这种变化揭示了青春期大脑结构发育与功能发展的两种不同的、但相互关联的轨迹（Mills et al., 2016）。前额叶皮质的成长也是一个持续的过程。3~6岁经历了第一次快速发展，这时幼儿能够一定程度控制自身的冲动行为和决策。从进入青春期后，前额叶皮质的发展进入第二个加速期。但其成熟程度要到青春期后期才逐渐完善。如 Rosenblum 和 Lewis（2003）通过 fMRI（功能性磁共振成像）对青春期个体情绪调节过程的研究，发现情绪调节策略的使用最初依赖于该个体前额叶皮层控制过程的发展。在8~12岁之间，前额叶皮层迅速增长，然后缓慢发展至20岁。前额叶皮质的发展对于青春期个体的情绪调节尤为重要。例如，Hare 等（2008）的研究表明，与成年期和儿童期的个体相比，处于青春期的个体在情绪刺激下杏仁核的活动更加激烈，并且在调节情绪方面出现更多困难。这表明青春期的个体出现情绪调节困难很可能是因为他们在面对情绪性刺激时，情绪处理系统（例如杏仁核）的活动过于剧烈，而情绪调节系统（前额叶皮质）尚未完全发育成熟，因此，不能充分调节和控制杏仁核的活动。

1.2.2 青春期大脑不同区域的发展不均衡且表现出明显的性别差异

进入青春期后，大脑开始迅速发育，但同时也出现了较为明显的性别差异。研究表明，许多精神类问题和疾病在青春期发生，其中情绪相关障碍在女性中更为常见，发病率是男性的两倍。例如，Remes 等（2016）和 Linde Avenevoli 等（2011）的研究发现，情绪障碍（特别是抑郁、焦虑等问题）在青春期女性中的患病率明显高于男性。此外，许多青春期常见的行为问题也逐渐显现，例如冒险和成瘾等行为。比如，青春期男孩在 14.5 岁时大脑总体积达到顶峰，而女孩则更早，约在 11.5 岁时达到顶峰。此外，不同区域皮层灰质体积发育轨迹也不同，其中额叶与顶叶体积在约 12 岁时达到顶峰，而颞叶则稍晚（Giedd et al.，2011）。同时，不同性别个体的杏仁核与海马的发育轨迹也有所不同。例如，Satterthwaite 等（2014）的研究表明，青春期男孩的杏仁核和海马体的体积显著大于女孩，并有着不同的发育轨迹。青春期女孩的杏仁核体积开始加速增长，达到顶峰后开始下降，但男孩的杏仁核体积则持续增长，贯穿整个青春期（Goddings et al.，2014）。

1.2.3 其他生理因素

除了青少年大脑结构和功能的发育不同，情绪和行为问题还受到遗传、外周神经系统以及内分泌系统的影响（余毅震 等，2007；胡小梅 等，2013；Miller et al.，2017）。例如，胡小梅等（2013）通过双生子研究调查了 156 对 6~18 岁双生青少年儿童的情绪和行为问题，并发现多动症主要受遗传因素影响，而同伴问题和品行障碍则受环境和遗传的共同影响。此外，国外学者 Miller 等（2013）的研究表明，迷走神经活动比较强的个体对环境变化表现出更积极的适应性反应，行为问题也较少。许多国内外的研究者已经研究了内分泌系统对男女青少年情绪和行为问题的不同影响。例如，Steiner 等（2003）和方晓义等（2001）的研究表明，女生在月经周期中黄体酮和雌激素水平的升高，容易使其变得更加敏感和脆弱，更容易感受到负面情绪的影响；而男生在青春期雄性激素水平升高后，更容易出现过度好动、反抗、吸烟等不良行为。吴梦莹等（2014）的研究则发现，青春期女孩由于性激素水平的变化，易出现情绪波动和抑郁，而青春期男孩则更容易表现出攻击和攀附行为。

1.3 青少年情绪和行为问题形成的个体因素

青少年情绪和行为问题是多种影响因素相互作用的结果。青春期的青少年大脑具有极高的可塑性，这也是个体认知发展的关键期，因此，青春期的青少年情绪和行为问题极易受到各种因素的影响，如遗传、生理成熟（尤其是大脑皮层的发育，见本章1.2）、认知的发展程度和人格特质的差异，这些因素是引发情绪和行为问题的高风险因素。本节主要讨论影响青春期个体情绪调节能力发展的个体因素中的认知发展和人格特质。

1.3.1 认知发展对青少年情绪和行为问题形成的影响

从发展认知神经科学的角度来看，情绪、认知和行为之间存在内在联系，它们共同影响信息加工和行为执行过程。Fox（1994）总结了情绪和认知相互作用的三个表现方式：一是情绪作为调节者，影响和组织人的思维和行动；二是认知作为调节者，而情绪作为被调节的对象，认知在情绪的产生和调节过程中起到重要作用，是调节情绪和行为的主要策略之一；三是认知被视为情绪和行为调节的基础，这一过程需要消耗认知资源。从认知角度来看，情绪调节的监管和控制的提高依赖于认知过程的发展。例如，记忆、注意力和执行功能等能力的进步为有效的情绪调节和行为管理提供了必要的支持。

Bell 和 Worlf（2007）提出了情绪和认知整合模型，该模型中包含了注意力、工作记忆、语言、气质等因素。他们认为在儿童发展早期，情绪和认知是存在分化的，但随着个体的发展，情绪和认知逐渐整合。分化性体现在儿童在高级认知能力出现之前就已具备基本的情绪表达和调节能力。情绪和认知的整合开始于儿童期，在青春期完全整合。随着年龄的增长，利用注意策略进行情绪调节的能力趋于复杂化，有效性也逐渐提高。在青春期，随着个体生理的成熟，认知能力也逐渐增长，青春期的个体注意力转移和集中能力得到大幅提高，为其情绪调节能力的发展奠定了基础。研究发现，青春期个体的注意转移策略对情绪调节有积极影响，而且随着个体的成熟，情绪和认知信息逐渐整合情绪调节能力持续上升，青少年在进行情绪调节时能够综合考虑动机、情绪类型、社会环境等因素（Zeman et al.，2006）。这些研究表明，在生理基础上，情绪调节和认知过程存在一定程度的整合，前额叶皮层和前扣带回皮层是这两个过程的共同生理基础。

1.3.2　人格特质对青少年情绪和行为问题形成的影响

根据黄乾坤（2021）的定义，人格特质是指个体在不同时间和情境下保持着基本一致的行为倾向，它可以引导着人的行为在面对不同情况时做出相同的反应，因此，可以独特而稳定地反映个体的思维方式和行为风格。人格特质包括气质（例如抑郁特质、焦虑特质）、性格特征（例如外向、亲和、责任心、神经质和开放性等）、态度、认知应对策略、自我等概念、价值观、道德和信念等方面（Posner et al.，2012）。许多研究发现，人格特质是青少年情绪和行为问题形成的重要原因之一（John et al.，2008；John et al.，2014；Gullone et al.，2012；Venta et al.，2015）。例如，龚玉莎等（2020）采用"大五人格特质问卷"和"情绪调节问卷"对武汉市 6 019 名 10～17 岁的中小学生进行测量，探究神经质、严谨性、外向性、宜人性和开放性人格特质与抑郁症状之间的关系，结果发现，神经质和开放性水平越高的青少年，抑郁水平越高，而外倾性或严谨性水平越高的青少年则抑郁水平较低。叶宝娟、杨强和任皓（2012）使用"青少年早期气质问卷"调查了 1 266 名青少年的意志控制、消极情感、外向性和归属感四个维度的气质类型与攻击性行为之间的关系，结果发现，意志控制较高的个体可以调节感觉，从而对青少年的直接攻击产生影响。

1.4 青少年情绪和行为问题形成的环境因素

青少年情绪和行为问题的形成是一个内外部因素交互作用的过程。青少年情绪和行为问题会受到来自个体内部身心因素（如上节介绍的认知发展和人格特质）和来自外部环境因素的影响，如家庭环境（包括家庭经济社会地位、家庭功能）、生活环境（尤其是学校环境）的相互作用。

1.4.1 家庭基本情况

家庭基本情况主要包括家庭经济状况、父母的职业（社会地位）以及父母的受教育程度等。良好的家庭基本情况能够为青少年情绪能力和适应行为的健康发展提供物质保障。例如，经济情况较好、社会地位较高的家庭通常能动用更优质的社会资源，投入更多经济和人力成本，并且能够提供更好的教育，这对青少年情绪的健康发展和良好行为的塑造是有帮助的，可以促进他们社会适应能力的发展。然而，不良的家庭基本情况也会限制或阻碍青少年情绪能力和适应行为的发展。出生于经济情况较差、社会地位较低家庭的青少年更容易出现情绪和行为问题，例如更容易出现打架、逃学等不良行为，或者抑郁和焦虑的情绪问题（吴慧婷 等，2012；Sonego et al.，2013；程刚 等，2019）。有多项研究显示，家庭经济困难会对青少年的情绪和行为产生负面影响。例如，王建平、李董平和张卫（2010）调查了广东地区 613 名青少年的家庭经济和情绪以及行为问题之间的关系。结果发现，家庭经济困难的青少年更容易出现情绪障碍、冲动、社会适应不良等问题。

1.4.2 家庭功能

生态系统理论认为，家庭系统是青少年儿童情绪和行为健康发展过程中最重要的微观系统之一。家庭是青少年最早的社会化场所，家庭功能是否得到充分有效的发挥对预测青少年儿童情绪和行为具有重要作用。特别是进入青春期的青少年与父母的亲密感逐渐减少，争吵也在增多。父母必须学会在给予青少年充分自由的同时，适当地给予他们必要的支持，并有效地监督他们的行为。研究表明，家庭功能对青少年情绪和行为产生深远的影响。例如，Frick 和 Morris（2004）的研究发现，父母的监督不足会导致儿童情绪失调，尤其是在难以有效调节愤怒情绪方面，从而引发各种行为障碍。另一项追踪研究调查了 1 465 名青少年的父母支持与抑郁症状之间的关系，发现抑郁症状的增加与父母支持呈显著的负相关。研究者认为，缺乏父母支持并抑郁的女孩更倾向于将自己的抑郁情绪解释为会破坏与父母的亲密关系，从而抑制情绪表达，增加抑郁症状。另一些研究也表明，家庭功能越好，青少年的行为问题越少，会表现出更多的积极品质；相反，如果家庭功能不良，青少年则更容易出现情绪和行为问题，如抑郁、焦虑或者网络成瘾等（胡宁 等，2009；Leung et al.，2016；陈武 等，2013；程绍珍 等，2007）。

1.4.3 学校环境

除了家庭，学校也是青少年学习和生活的另一个重要场所。生态系统理论认为，学校系统是影响青少年情绪和行为健康发展的另一个重要微观系统。随着青少年学生的成长，青少年在学校的时间越来越多，学校系统在塑造良好行为和锻炼社会适应能力方面发挥着日益重要的作用。例如，愉悦的学习氛围和民主的学校管理有助于培养青少年良好的行为，而良好的同伴关系和教师的支持则有助于促进青少年情绪能力的发展（迟新丽 等，2020）。此外，家庭和学校这两个微观系统之间的联系也对青少年情绪和行为的健康发展具有重要作用。良好的学校—家庭关系和和谐的教育共同体是我国教育的基本理念，也是青少年情绪和行为健康发展的重要保障（洪明，2018）。特别是当家庭和学校这两个微观系统之间的联系薄弱时，会给青少年情绪和行为的健康发展带来负面影响，例如更容易出现校园欺凌等问题。因此，建立强有力的家校联系机制和合作共育格局对青少年情绪和行为的健康发展至关重要（宋玮，2008）。

第 2 章　注意偏向视域下青少年情绪和行为问题干预概述

2.1　注意偏向的相关概念

2.1.1　注意的定义

人们在日常环境中很容易受到显著或独特信息的吸引，例如笑脸、咆哮的狗或超速汽车，这就是"注意"。在心理学上，注意可以分为选择性注意、集中性注意和分配性注意（彭聃龄，2012：218）。其中，选择性注意指"在认知上将某些信息选择出来而排除其他信息的任何操作"（Weierich et al., 2008）。因此，人们日常所说的"注意"，准确地说，是指"选择性注意"。选择性注意可能由刺激材料直接导致，例如改变可以自动吸引注意力的事件，从而改变对刺激物的注意力（Simons et al., 2003）。它也可以是通过有意识的控制，例如通过调节情绪来避免对某些刺激的注意（Calvo et al., 2005）。前者通常被认为是由大脑皮层下方的"自下而上"途径引导的，该途径可以迅速侦测环境中的显著刺激（Davis et al., 2000）。后者则由位于更多前额叶皮层区域的"自上而下"途径控制，与注意力控制、工作记忆和目标驱动性行为有关（Miller et al., 2001）。一些研究表明，威胁对选择性注意具有一定的影响，这可能使个体倾向于关注威胁而不是关注环境中中性刺激（MacLeod et al., 1986）。人类具有对威胁的优先处理方式，这种适应性可以监测周围环境中的危险（Beck et al., 1986）。

2.1.2 注意偏向的定义

注意偏向是指相对于中性刺激，个体选择性地对环境中情绪刺激（例如威胁性刺激）优先加工的注意过程（Bar-Haim et al., 2007）。虽然优先关注潜在的负性刺激（例如威胁性刺激）可以起到警示的作用，是一种适应的表现，但过度的偏向负性刺激是焦虑、抑郁等情绪障碍患者主要的认知特征，也是情绪障碍发生和维持的重要原因（Bar-Haim et al., 2007; Beck, 1986; Xiao et al., 2022）。目前，关于负性信息注意偏向的研究已经非常丰富，涉及不同类型的个体。许多研究表明，高焦虑水平的个体更容易注意到负性刺激，且更难将注意力从负性刺激转移开来（Bar-Haim et al., 2007; Peschard et al., 2015）。例如，彭家欣、杨奇伟和罗跃嘉（2013）采用ERP（事件相关电位）技术进一步探究了特质焦虑水平不同的个体在对情绪刺激加工时注意偏向的神经机制。结果发现，在加工恐惧图片时，高特质焦虑个体相对于低特质焦虑个体诱发的N1幅度比中性图片更大，而特质焦虑得分越高，N2波幅越小，这说明高特质焦虑者的抑制执行功能可能受损。此外，贾丽萍等（2016）通过点探测和线索-靶子词范式研究了状态焦虑大学生的注意力，发现他们很难从负性情绪词汇中移开注意力。还有其他研究表明，社交焦虑和强迫症等不同类型的焦虑也与负性信息注意偏向相关（Mogg et al., 2004）。乔春玲等（2018）采用Stroop启动范式发现，在无情绪启动条件下，大学生更快注意到正性词汇，而在负性情绪启动条件下，却更快注意到正性词汇。周红燕等（2011）使用眼动仪探讨了大学生对社会暴力信息的选择性注意特点，结果发现个体注意力容易被社会暴力信息所吸引，产生注意偏向。这些研究结果说明，负性信息注意偏向是一种普遍存在且与不同类型的焦虑和情绪相关的现象。高焦虑水平的个体更容易注意到负性刺激，并在加工负性刺激时出现神经信号增强的情况；而状态焦虑的个体则更难从负性词汇中移开注意力。此外，个体的情绪状态、疲劳程度等因素也可能影响负性信息注意偏向的表现方式。总体而言，这些研究结果对我们更好地理解负性信息注意偏向的机制、调控和治疗等方面具有一定的指导意义。然而，这些结论仍需在不同情境和文化群体中进行复制研究，以验证其普适性和可靠性。

2.1.3 注意偏向的成分

注意偏向可以分为注意定向加速、注意解除困难和注意回避三个成分（Cisler et al., 2010; Sheppes et al., 2013）。注意定向加速指的是相比于中性刺激，个体更快地将注意力指向危险刺激或有危险的地方；注意解除困难是指相对于中性刺激，个体更难以停止对危险刺激的注意加工；注意回避是指当危险刺激出现后，个体将注意力指向危险刺激范围之外的地方（张禹 等，2014）。具体来说，注意定向加速和注意解除困难一般出现在危险刺激呈现时间较短（500ms 以内）或阈下实验中，而注意回避发生在危险刺激持续时间较长（一般超过 1 000ms）的实验中，并在认知加工的晚期阶段出现（Calvo et al., 2005）。研究表明，注意定向加速和注意解除困难都是焦虑和抑郁症状的重要因素（Cisler et al., 2010）。而注意回避则被认为是个体用于降低焦虑的一种策略（周颖，2007）。这些发现揭示了不同成分在注意偏向中的作用和关联，并提示我们，在研究和治疗焦虑和抑郁等心理疾病时，应注意不同类型注意偏向的表现及其相互作用对心理障碍的影响。

2.2 注意偏向的测量方法概述

目前主要使用的测量方法包括自我报告法、反应时范式和生理指标测量法。

2.2.1 自我报告法

自我报告法（self report）是一种常用的心理学测量方法，通过问卷、日记等方式收集被试主观表达的自我心理状态信息，具有灵活性和容易操作等优点。其中最常用的量表之一是正性负性信息量表（attention to positive and negative information scale，简称 APNI），该量表最早由美国密西西比大学的 Noguchi 教授在 2006 年编制（Noguchi et al.，2005）。

APNI 最早在 2011 年由 Chan 等（2011）引入中国，并被翻译成中文繁体字版本。该量表由于不涉及过多与文化特异性有关的内容，因此，内容改动不大。在中国的应用中，该量表被广泛应用于各个领域，如被用于观察注意偏向与文化心理健康（Noguchi et al.，2007；Trew，2011）。

戴琴等（2015）最早对其进行了修订，主要是将一个自我改善的条目从消极注意偏向维度移动至积极注意偏向维度，以使其更贴近我国大学生的实际情况，形成了一个包含 22 个项目的量表。2016 年，吕遥迪等（2016）进一步扩展了该量表，增加了适用于中学生群体的条目，修订后的问卷包括积极、消极注意偏向两个维度，共 30 题，其中积极注意偏向 19 题，其信度为 0.92；消极注意偏向 11 题，其信度为 0.83。这些修订旨在使量表更好地适应不同群体，准确反映他们的情况。

自我报告法不受实验室环境的限制，同时也是最基础和容易开展的方法之一。但是，被试者可能会受到社会期待和认知偏差等因素的影响而导致数据结果的不准确。因此，在实验设计和问卷设计等方面，需要充分考虑这些因素的可能性。

2.2.2 反应时范式

反应时范式（RT paradigm）是一种旨在通过对被试者反应时的测定，来测量个体注意偏向的实验范式。该范式利用电脑呈现认知任务，在任务中展示不同的图像或文字，以测量受试者对各类刺激的注意偏向，特别是在负性刺激下的注意偏向。受试者需要在看到刺激后快速做出反应，通常是按下键盘上的特定键或进行选择性反应。研究者可以通过反应时的测量来获取被试在不同条件下的注意偏向、处理速度和认知控制等信息。反应时范式应用计算机技术模拟和控制了实验条件，避免了过多的主观因素的影响，因此，能够对受试者认知和情感状态进行更为客观、准确和迅速的评估。此外，基于反应时范式的注意偏向计算方法不需要使用昂贵的实验设备，只需基本的计算机设备和相应的软件，可以在短时间内获得大量的数据，并能使用大样本量进行实验。

基于反应时范式的注意偏向计算方法可以根据实验需要进行不同程度的任务安排，以获得更准确的数据。常用的反应时范式包括点探测范式、情绪 Stroop 范式、视觉搜索范式、线索-靶子范式和快速序列视觉呈现任务等。反应时范式是一类用于评估认知过程和注意偏向的实验设计。其中，点探测范式用于评估注意进程；情绪 Stroop 范式用于测量负性情绪刺激对注意偏向的影响；视觉搜索范式用于研究注意分配和加工过程，线索-靶子范式用于评估对特定刺激类型的注意偏向；而快速序列视觉呈现任务用来研究视觉处理速度和注意偏向等方面。因此，下一节笔者会着重解释点探测等常见的反应时范式。此外，注意偏向计算方法可以用于研究不同种类的注意偏向，如面孔注意偏向、情绪注意偏向和物体注意偏向等，因此具有广泛的适用性。

尽管反应时范式具有许多优点，但也存在一些限制。其中包括被试的动力和反应时的措施欠缺标准化，容易受到非认知因素（如情绪和焦虑等）的影响。此外，一些反应时范式在某些人群中的应用受到限制，例如对盲人或认知障碍者的适用性较小。此外，反应时范式还可以与脑电图（EEG）

等技术相结合,以研究认知加工机制和脑神经活动之间的关系。总体而言,反应时范式是一类可靠、有效且广泛应用于评估认知能力和注意偏向的实验设计。它为认知神经科学和临床治疗等领域的研究提供了重要的参考依据。

2.2.3 生理指标测量法

在心理学研究中,注意偏向的生理指标测量法是通过记录生理指标的变化来精确捕捉再情绪和认知过程中个体对特定刺激的注意力分配的情况,从而为揭示注意偏向的机制提供了可靠的生理证据基础。常见生理指标包括心率、皮肤电导反应,以及眼动追踪等。通过测量人体的生理指标的变化,可以避免一些主观因素的干扰。眼动追踪技术和脑电图(EEG)技术是常用的生理指标测量方法。这些技术的应用范围很广,可以更客观、精细地追踪被试者对外界环境刺激的认知处理。通过实验数据的分析,可以为研究者提供更精确和有效的结果。

眼动追踪技术通过监测被试眼球位置的方式记录被试对不同类型刺激的注意偏向情况,被研究者广泛应用于了解被试在观看不同类型刺激时的注意力变化。如今,使用眼动追踪技术来测量威胁性刺激的注意偏向已成为一种常见的选择。与使用反应时数据不同,眼动数据能够反映视觉动态的变化,为注意偏向提供更好的解释,同时也较少受其他干扰影响,数据更为客观(余香莲,2017)。常用的指标包括注视点出现位置的频率、首次注视点和注视时间等。如果与中性刺激相比,被试对威胁性刺激的注视更加简单、持久且能够更快速地捕捉到,就可以说明个体存在选择性注意偏向(Wieser et al.,2010)。近年来,许多研究已开始利用眼动追踪技术探究人类注意偏向,特别是与情绪相关的注意偏向,为我们深入理解人类情绪加工机制提供了新的机会。

事件相关电位(ERP)是一种常用的生理测量技术,通过记录神经元在接受特定刺激后所产生的电位信号来评估特定认知过程。相比于其他神

第2章 注意偏向视域下青少年情绪和行为问题干预概述

经生理学技术,ERP技术具有非侵入性,通常使用电极贴在头皮上以测量神经元的电活动,并且具有较高的时间分辨率(Peng et al.,2012)。当个体接受各种不同的感觉和认知刺激时,与之相关的ERP波形便可在脑电图上表现出来。其中,通过分析正负波峰的时间和幅度,可以描述特定的神经反应。该技术被广泛应用于心理学、神经科学和认知神经科学等领域,提供关于认知处理过程时间序列的丰富信息。虽然ERP技术在测量注意偏向方面具有更高的可靠性,但相较于其他方法,空间数据量偏小,仍然存在局限。总的来说,ERP技术在揭示大脑对特定刺激的反应和认知活动过程,以及研究心理和神经相关问题等方面具有广泛的应用价值。

综上所述,注意偏向的测量方法中,自我报告法、反应时范式和生理指标测量法是当前常用的三种方法之一。每个方法都有其优点和局限性,并且在不同的研究问题和实验设计中都有不同的应用和适用性。自我报告法具有灵活性和操作简便等优点,尤其适用于收集被试主观表达的自我心理状态信息。反应时范式因其能够快速获取大量数据和实时测量反应时等优点,也是一种可靠、有效且广泛应用的评估认知能力和注意偏向的实验设计。而生理指标测量法则通过测量生理参数来反映情绪和认知过程中诱发情绪的外部刺激进行记录的注意偏向,可避免一些主观因素的干扰。值得注意的是,研究者在使用这些测量方法时需要注意其优点和局限性,避免仅凭一种方法得出不准确的结论。因此,在实验设计、问卷设计、数据分析等方面,需要充分考虑不同测量方法的适用性和组合,并结合专业知识和研究问题进行综合分析和判断。总之,不同的测量方法都有其特点和应用场景。在设计实验和选择合适的测量方法时,要考虑深入研究问题,并结合被试人群、研究条件和实验环境的复杂性等因素。

2.3 测量注意偏向的常用反应时范式

2.3.1 点探测任务

点探测任务（dot probe task）是最广泛使用的测量个体注意偏向的反应时范式（MacLeod et al., 1986），其主要原理是根据反应时间的快慢来推断个体对不同类型刺激的注意偏向。具体来说，在点探测任务中，被试需要快速识别并选择两个视觉刺激中的其中一个。随后，电脑屏幕上会随机出现一个探测点，被试需要快速识别此探测点的位置或性质。根据探测点出现的位置和与刺激的关系，形成了一致条件和不一致条件两种情况。在任务中，被试的任务是快速反应探测点的位置或性质。一般而言，被试对之前注意到的区域的探测点的反应时间更短，即所谓的一致条件下的反应时较短；反之，在不一致条件下反应时较长。目前大多数研究者采用MacLeod 等（1986）提出的传统的注意偏向指数计算方法，通过计算两种条件下的反应时之差来得出注意偏向指数。注意偏向指数越大，表明个体的注意偏向程度越大。一般而言，注意偏向指数大于 0（与威胁一致条件下的反应时更短）表明个体对负性刺激存在注意警觉，反之则代表个体对负性刺激存在注意回避。研究表明，焦虑障碍个体对于威胁性信息存在更加显著的注意偏向，即对威胁刺激的反应时间更短（Bradley et al., 1999；Mogg et al., 2002）。因此，点探测任务可以作为一种有效的工具，用于评估焦虑障碍个体的注意偏向，并且对于设计有效的治疗干预措施具有一定的指导意义。

2.3.2 情绪 Stoop 范式

情绪 Stroop 范式（emotional stroop paradigm）是一种常用的测量注意偏向的反应时范式。该范式的主要特点是要求被试忽略颜色词所涵盖的情绪信息，对颜色词的颜色进行快速而准确的反应。具体来说，参与者会被呈现一系列色块或词语，这些词语可能包含正面、负面或中性的情绪信息。被试需要忽略这些情绪信息，只关注词语的颜色，然后按照任务要求给出反应（按键反应或命名）。通过比较不同类型情绪词汇的反应时间和错误率，可以评估个体对于不同类型情绪信息的注意偏向程度。研究表明，焦虑个体在情绪 Stroop 范式中命名不同效价词语的颜色存在时间延迟，尤其是对于威胁性含义的词汇，其命名颜色所需的时间比中性词汇更长（陈婷婷，2016；张昊洋，2015）。这表明焦虑个体对于威胁性信息存在更加显著的注意偏向，需要更多的认知加工时间来处理这些信息。因此，情绪 Stroop 范式可以用于评估和研究应对焦虑的注意偏向，对于设计和评估焦虑症的治疗干预具有一定的意义。

2.3.3 视觉搜索范式

视觉搜索范式（visual search paradigm）是心理学研究中常用的研究注意的范式，用于研究人类对不同刺激条件下的搜索和注意力分配。在视觉搜索实验中，参与者要在屏幕上显示的多个对象中寻找目标，在每个试次中，参与者通常会被告知目标对象的一些特定特征，如颜色、形状、方向等。该范式假设个体搜索目标刺激耗费的时间可以衡量对该刺激注意偏向的程度。这项范式已被广泛用于研究威胁性刺激对注意力的影响，并发现威胁性刺激可以增强注意力偏向，特别是对高焦虑的个体更为明显。一些研究，例如 Öhman 等（2001）和 Eastwood 等（2001）利用视觉搜索范式发现，愤怒等威胁性刺激比其他负性情绪刺激（如悲伤）更容易引起注意增强。同时，威胁性刺激对高焦虑个体的分心效应更为显著，但在低焦虑个体中并未发现这种分心效应。最近，Choi 等（2016）采用视觉搜索任务研究了社交焦虑障碍者的视觉搜索能力及其大脑神经机制。该研究要求 22 名社交焦虑症患者和对照组在屏幕中寻找带有特定情感标签的面部，并在此过程中听取情感声音。研究结果表明，社交焦虑症患者在搜索任务的准确率和反应时间上表现较差，且大脑神经活动表现出对内部威胁信息更敏感的特点。Choi 等（2016）利用视觉搜索任务研究了社交焦虑症患者的视觉搜索能力和大脑神经机制，结果发现社交焦虑症患者在搜索任务中表现较差，而大脑神经活动表现出对内部威胁的敏感。这项研究扩展了我们对社交焦虑障碍的认知和神经机制的认识。

2.3.4　线索–靶子范式

线索–靶子范式（cue-target paradigm）是测量注意偏向的一种常用反应时范式。该范式通常包括两个环节：首先呈现一个提示性刺激（线索）表示靶子刺激可能会呈现在哪里，随后就会呈现一个靶子刺激。参与者需在靶子刺激出现时进行反应，即判断靶子刺激出现在哪里。例如，Tang 等（2017）研究了回避型个体对依恋情感图片的注意偏向，结果显示回避型个体比安全型个体更容易在激发脑部神经元反应时，激活右侧颞上回、双侧中央后回、左侧额内回、中颞回、中间运动区、扣带回等区域。回避型个体在消除不同情感类型的激励时表现出不同的注意偏向和认知资源使用能力。此外，陈建军等（2012）的研究表明，患有精神分裂症的患者对与偏执症相关的刺激有更强的注意偏向，有助于促进对后续信息的处理。在实践中，线索–靶子范式可用于评估患者的注意偏向，帮助治疗师制定个性化的治疗计划，并进行有效的治疗。但需要注意的是，线索–靶子范式仅能反映单一时刻的注意偏向，未能很好地反映参与者对刺激的持久的或长期的注意偏向。此外，线索–靶子范式在评估注意偏向和认知反应速度时，也可能受到情绪、认知负荷等因素的影响，因此，在实际应用中需要严格控制实验设计和分析过程。

2.3.5　快速呈现范式

快速呈现范式（rapid serial visual presentation，RSVP）是将对注意研究的焦点转移到注意的时间维度上的一种实验范式。其具体实现方式为将一连串类似的刺激,如词汇流或面孔流,以每秒 6～20 个刺激流的速度进行呈现,被试需要从中识别出一个特定的目标刺激(T1)。一般探测刺激(T2)会在目标刺激后 1～8 个刺激中呈现,呈现完后要求被试报告在刺激流中的目标刺激和探测刺激。RSVP 范式常被学者们用来研究注意瞬脱的现象。注意瞬脱是指在信息流中,前一个目标信息被被试准确辨认,将会导致被试难以识记另一个在目标信息后约 500ms 内呈现的信息(Shapiro et al., 1994)。在 RSVP 范式下,可以测量被试对情绪信息的注意偏向。一些研究发现,当探测刺激(T2)作为负性情绪信息时,相对于中性或正性刺激,被试的注意瞬脱效应会被削弱(Smith et al., 2003)。例如,在研究安全风险信号词时,研究者发现当安全风险信号词作为探测刺激 T2 时,会引起更小程度的注意瞬脱效应,即人们的注意加工更倾向于安全风险信号词(Raymond et al., 1992)。沈洋等(2020)以情绪面孔作为刺激,在注意瞬脱研究中发现,当 T2 为负性刺激时,并不会受到注意瞬脱的影响。在 RSVP 范式下,研究者通过对情绪刺激的加工机制的研究发现,具有更高唤醒度的情绪刺激相比具有更低唤醒度的情绪刺激,更容易获得被试的注意,当 T1 为正性面孔刺激时,具有更高唤醒度的探测刺激 T2 更容易获得被试的注意(王雪玲 等,2019)。这些研究一致表明,被试在一定程度上对负性情绪信息存在注意偏向,该注意偏向能够削弱注意瞬脱效应的影响。此外,这些研究结果还揭示了 RSVP 范式可以有效地评估不同刺激类型下的注意偏向,尤其是个体的情绪加工能力和注意控制机制。该范式可以从一定程度上为情绪障碍的诊断和治疗提供依据。

2.4 注意偏向指数的计算方法

2.4.1 传统的注意偏向指数的计算方法

传统的注意偏向(attention bias,AB)指数是由 MacLeod、Mathews 和

Tata（1986）提出的，是通过比较参与者在两种点探测条件下的反应时均值之差来计算的，其通过计算参与者在两种点探测条件下的反应时均值之差来衡量，即 AB 指数等于不一致条件（探测点出现在中性刺激之后）下反应时的均值减去一致条件（探测点出现在情绪刺激之后）下反应时的均值。其中，不一致条件指探测点出现在中性刺激之后，一致条件指探测点出现在情绪刺激之后。这种计算方法通过衡量个体在面对情绪刺激时，是否更倾向于处理与情绪相关的信息，来反映个体的注意偏向程度。注意偏向指数的增加表明个体对情绪刺激的注意偏向程度增强。这种计算方法直观易懂，并且便于与其他研究结果进行比较和综合分析，是目前大多数研究者所采用的方法。

但近年来，以焦虑障碍个体为对象的研究发现，以 AB 传统为注意偏向的测量指标时的内部一致性和重测信度等心理特性较差（Evans et al., 2018；Kappenman et al., 2014a；Price et al., 2015；Schmukle, 2005；Staugaard, 2009），并且与 N2pc（反映视觉注意分配的事件相关电位成分）之间的关联性较弱（Kappenman et al., 2014b；Kruijt et al., 2019）。这些采用传统 AB 指数的研究得到矛盾的结果，很可能是因为传统注意偏向指数的计算方法本身的局限性导致的。因为传统注意偏向指数方法的测量过程仅考虑了两个状态：探测点出现在中性刺激之后和探测点出现在情绪刺激之后，从而将注意偏向分成了两个方向：对情绪刺激的偏向和对中性刺激的偏向。因此，该方法更适合研究表现为双向注意偏向（同时具有对情绪刺激和中性刺激的注意偏向）并且在不同时间点上保持稳定的个体。然而，对于表现为单向注意偏向（只对一种类型的刺激表现出注意偏向）或在不同情境下表现出不同或相反的注意偏向的个体，传统注意偏向指数方法的局限性就显现出来：它无法很好地描述这些不同的注意偏向模式和变化规律。近年来，研究者发现情绪障碍个体的负性注意偏向是一个动态变化的过程。负性注意偏向既可以发生在注意定向阶段，也可以发生在脱离阶段，即可以这一刻表现出注意警觉，但由于自上而下的注意控制的功能，下一刻则表现出注意回避（Evans et al., 2018）。因此，探索更加灵活的注意偏向测量方法是非常必要的，这需要考虑到注意偏向的时空动态性以及受各种因素影响的变化。

2.4.2 新的注意偏向指数的计算方法

为了扩展和改进 MacLeod 等（1986）的指标，研究人员开发了许多新的分析方法来分析点探针数据。例如，Koster 等（2004）提出了一种新的聚合均值方法，用于衡量不同类型的注意偏向；Iacoviello 等（2014）提出通过计算反应时的标准差来测量注意偏向动态性以评估注意偏向变异性的指标；Naim 等（2015）进一步提出基于试次水平的反应时标准差来计算注意偏向分指数；Evans 和 Britton（2018）则提出了基于被试和试次水平的注意偏向指数计算法。这些方法能更全面地描述个体的注意偏向特征，有助于对注意偏向与情绪等因素之间的关系进行深入探究。

2.4.2.1 定向和脱离指数

MacLeod 等（1986）首次提出了经典的点探测范式，用于研究个体对威胁信息的注意偏向。在这个范式中，个体对出现在威胁信息一致位置的探测点的反应速度，相较于出现在威胁信息不一致位置的探测点的反应速度，如果加快，则被解释为对威胁的警觉。但 Koster 等（2004）认为，经典点探测范式中的研究结果对于威胁警觉假说的证据不明确，其结果也可以被解释为难以从威胁中解脱出来的困难。因此，在经典点探测范式的基础上增加了中性刺激，将一致和不一致条件分别与中性条件对比。Cisler 和 Koster（2010）进一步提出了可以通过定向和脱离指数衡量注意偏向的三个成分：注意定向加速、注意警觉和注意脱离。注意定向加速指在情绪刺激和探测点一致的条件下，个体对情绪刺激产生更快反应的趋势；注意警觉指个体在一致条件下个体的反应显著快于中性基线条件的反应，两者之间的差值越大说明个体对情绪刺激存在着更明显的注意警觉；注意脱离指个体在不一致条件下被试反应显著慢于中性基线条件的反应，两者之间的差值越大说明个体对情绪刺激存在着更明显的脱离困难。

2.4.2.2 反应时标准差指数

MacLeod等（1986）的传统注意偏向指数和Koster等（2004）的定向和脱离指数都是通过计算两种类型实验的平均反应时间之差所得，即通过对整个测量中出现的某一类刺激类型（通常是情绪一致、情绪不一致和中性）所有实验进行平均，计算出注意偏向分数。这种基于均值的计算方法只能反映个体在特定测量任务下整体的注意偏向，并不能准确反映个体注意偏向在时间上的变化。在注意偏向的研究中，个体注意偏向的平均值可能会受到外界环境的干扰，导致注意偏向的变化相对不稳定，难以准确地体现个体的注意偏向特点。为了更好地研究个体在时间上的注意偏向变化，Iacoviello等（2014）提出了反应时标准差指数（reaction time standard deviation，RTSD）。RTSD指数使用反应时的方差来衡量注意偏向的变异性，即反映个体注意偏向在不同时间点上的反应时的稳定性和变化情况。具体计算时，采用"分档"方法将点探测任务的连续20个实验序列进行分组，分别计算每个分组内的注意偏向分数和标准差。然后，用平均反应时间除以此标准差，以消除反应时变化的影响。它的取值范围为-1到1之间，数值越大表示个体注意偏向在不同条件下的反应时差异越大，即注意偏向变异性越高。方差是一种测量数据分散情况的指标，即是反映数据的稳定性的量度，分散度大的数据说明一个个体或一组数据的变异性较大，分散度小的数据说明变异性较小。因此，RTSD指数可反映个体在不同时间点上的反应时间稳定性和变化情况，从而可以更全面、准确地评估个体注意偏向的特点。此外，RTSD指数的使用不仅可以用于测量同任务时间下的变异性，还可以用于比较不同任务时间下个体注意偏向变异性的大小。通过比较同一主题和不同主题任务下的RTSD指数，我们可以了解不同主题任务对个体注意偏向变异性的影响，从而探究个体注意偏向的变化规律，更好地揭示注意偏向的特点和影响。

2.4.2.3 试次水平反应时标准差指数

Iacoviello等（2014）的研究已初步证明了注意偏向的变异性能够较好

地反映情绪障碍个体注意偏向的稳定性情况，但仍然只能反映注意偏向反应时变异性的整体情况，忽略了个体在任务执行期间对情绪相关刺激的动态变化，也就是说没有考虑到参与者在任务执行的不同阶段的表现。Naim 等（2015）采用加权平均法进行了改进，提出了一种新的计算方法用于评估情绪障碍个体注意偏向变异性指数，即动态注意偏向变异性指数，是指在受到威胁刺激时，参与者在执行任务的过程中其注意偏向程度的变异性。具体计算方法如下：将任务分成多个连续的试次块（每个试次块包括10个中性刺激和10个创伤相关刺激）；对每个中性试次块和创伤相关试次块，计算反应时间的平均值；计算相邻中性和创伤相关试次块的反应时间平均值之差，这个差值就是相邻中性和创伤相关试次块的注意偏向得分；将注意偏向得分序列的标准差作为该参与者在整个任务过程中的注意偏向变异性指数；为了控制平均反应时间对注意偏向变异性的影响，用注意偏向变异性指数除以参与者的平均反应时间。该指数反映了从中性刺激到威胁刺激的注意偏向的变化，越大表示个体的注意偏向越不稳定、越容易受到情绪刺激的影响。

2.4.2.4　基于被试和试次水平的注意偏向指数

Evans 和 Britton（2018）提出的基于被试和试次水平的注意偏向指数，是一种更加精细的计算方法，被用来计算个体在执行任务期间对威胁相关刺激的注意偏向程度。该方法根据参与者对威胁和中性刺激的反应时差异，将注意偏向分解为快速（fast）和缓慢（slow）两个部分。具体计算步骤如下：①对于每个试次，计算参与者对中性刺激和威胁相关刺激的反应时；②根据反应时差异，计算每个试次的快速（fast）和缓慢（slow）注意偏向指数。其中，Fast AB 和 Slow AB 分别表示快速和缓慢的注意偏向指数，Fast O 和 Slow O 表示快速和缓慢的注意定向值（orientation），Fast D 和 Slow D 表示快速和缓慢的注意脱离值（disengagement）；③对于每个参与者，计算其平均 Fast AB、Slow AB、Fast O、Slow O、Fast D 和 Slow D 值，这些值可以反映个体对于威胁相关刺激的注意偏向程度。Meissel 等学者（2021）

通过三项研究检验了这六个指标的计算方法的信效度，证明了与传统的计算方法（三个指标）相比，新的计算方法（六个指标）内部一致性更好，重测信度更高，家庭成员的相关性更高，说明其具有较高的信效度。这种基于被试和试次水平的注意偏向指数，在精细地评估个体注意偏向程度的同时，也能够更加全面地反映注意偏向的动态过程，更好地揭示注意偏向与相关疾病之间的关系。

第 3 章 注意偏向与青少年情绪和行为问题的关系

3.1 注意偏向与青少年焦虑的关系

焦虑障碍是一种极为常见的精神障碍,焦虑者通常表现出过度的担忧和担心以及身体的反应,如心悸、出汗、肌肉紧张、呼吸困难、恶心等。据 Kessler 等(1994)估算,有 20% 至 30% 的人在一生中的某个时期遭受过焦虑障碍的困扰。在某些特定群体中,这个比例甚至更高(Todaro et al., 2007)。尤其是在当今社会,焦虑障碍正在成为一种更为普遍的心理问题。由于不断面临各种压力和竞争,人们的焦虑情绪逐渐增强,导致焦虑障碍逐渐高发。焦虑障碍给患者个人、社会经济和公共卫生带来了重大的影响。患者为了缓解焦虑,不得不花费大量的时间和精力,导致工作效率、生活质量大幅降低(Kessler et al., 1999)。同时,越来越多的人失去了就业机会或不能长时间坚持工作,进一步对国民经济发展造成危害。据美国的一项研究发现,焦虑障碍每年造成超过 400 亿美元的经济损失(Greenberg et al., 1999)。可见,焦虑障碍对于个人和社会经济都带来了极其严重的影响。

Hirsch 和 Mathews(2012)提出的焦虑认知模型认为,焦虑症状的发生可能与个体的认知偏向有关，包括注意偏向、记忆偏向和解释偏向等。这些认知偏向还可能对人们的情绪和行为产生负面影响。具体而言，注意偏向指个体对外界刺激的选择性关注。记忆偏向指个体储存和提取信息时，对不同情感色彩的信息表现出更好的记忆效果。而解释偏向指人们对负面信息采取负性的思维方式，即对模糊情境进行偏负面或威胁性含义的解释。这些认知偏差可能由不同的机制导致，例如，注意偏向可能与潜意识的认知偏好相关，而记忆偏向可能与自控力、工作记忆等因素相关。同时，这些认知偏差可能相互影响，并共同作用于焦虑症状的发生和维持之中。

Hirsch 和 Mathews（2012）指出，在焦虑者解释模糊信息时，他们会倾向于采用一种具有威胁性的方式，从而导致解释结果本质上带有威胁性。这些想法将形成一个注意力偏向的焦点。尽管可能存在潜在的注意力控制缺陷或关于焦虑的积极信念，这可能只是因为焦虑症患者相对于非焦虑者更容易将模糊的刺激视为威胁刺激，从而将注意力集中在这种"威胁"材料上（Hirsch et al., 2006; Hirsch et al., 2012）。换句话说，对于焦虑者来说，他们通常对与威胁相关的刺激具有更强的注意偏向，可能会更易于识别、反应和记忆与威胁相关的信息，这也是一种自我保护机制。许多研究发现，焦虑个体常常表现出选择性地关注威胁信息，即对威胁刺激反应时间更短（Bradley et al., 1999; Mogg et al., 2002; Williams et al., 1996）。探索焦虑障碍及其注意偏向的脑机制的研究发现，焦虑障碍与大脑的多个区域有关，包括大脑皮层、杏仁核、扣带回、丘脑、海马、下丘脑、脑干等结构（王新 等，2007），可能是大脑皮层与杏仁核—前额叶前回路的活动共同作用的结果（Bishop, 2007; Herrington et al., 2005）。研究发现，高社交焦虑者在加工表情时的脑区活动与单纯做表情加工时有很大区别，激活了包括腹侧纹状体、脑桥、边缘系统和侧前旁边缘带的岛叶、颞极等多个脑区，且表现出对所有负性表情的敏感性增强（景雅芹 等，2015）。

迄今为止，在情绪障碍个体注意偏向的研究领域中，焦虑障碍涉及疾病种类最广且研究数量最多。国内外学者开展了一系列关于临床焦虑障碍群体和非焦虑群体注意偏向的研究，发现了焦虑的类型、程度、任务的范式、刺激的呈现时间、信息类型、注意偏向的计算方法等因素对研究准确性的影响，并采用了眼动、事件相关电位、功能性磁共振等多种技术进行验证。虽然电生理和神经机制层面的研究结果存在不一致性，但总体而言，研究者一致认为焦虑障碍个体存在注意偏向，以注意回避为特征，且这种注意偏向在面对威胁性刺激时会维持焦虑障碍。

然而，目前国内外关于焦虑障碍个体注意偏向的研究仍存在一些问题。例如，研究主要以社交焦虑为主，并且常常以中学生和大学生作为研究对象，刺激材料多为情绪面孔，国内的研究缺乏对注意偏向指数的信效度检验。

3.2 注意偏向与青少年抑郁的关系

从现实角度看，我国抑郁症发生率仍然较高。根据世界卫生组织的调查，我国抑郁症的发病率高达4%，并且日益增长（World Health Organization, 2018）。因此，准确、高效地筛查和诊断抑郁症患者是进一步开展干预治疗和促进其心理健康发展的必要前提，也是我国公共卫生事业亟待解决的问题。

目前，抑郁症的主要诊断方法包括心理评估和临床诊断。心理评估以症状自述和标准化问卷为主要手段，临床诊断则是通过医生的经验和判断，结合患者的病史、生理和心理症状等信息进行判断和诊断。然而，这些主观的诊断方法存在一些问题，如诊断标准不一致、症状复杂多样以及患者自我报告的影响等。特别是患者的自我报告往往受到个人情感体验和社会文化因素的影响，有些患者可能出现隐瞒或夸大症状的情况，这很可能会影响诊断结果的准确性。因此，抑郁症的诊断亟需更加科学、客观、标准化的诊断工具和方法。

近年来，研究者发现注意偏向不仅是抑郁症的表现之一，也是抑郁症的一个重要因素。注意偏向能够预测抑郁症的发病风险，影响抑郁症的症状表现和持续时间（Beck, 1967; Disner et al., 2011; Xiao et al.,

2022）。因此，旨在测量抑郁个体注意偏向的反应时范式逐渐形成一种抑郁症辅助新型诊断方法。反应时范式利用电脑呈现认知任务，在任务中展示不同的图像或文字，以测量受试者对各类刺激的注意偏向，特别是在负性刺激下的注意偏向。由于反应时范式应用了计算机技术模拟和控制了实验条件，避免了过多的主观因素的影响，因此能够对患者的认知和情感状态进行更为客观、准确和迅速的评估。进一步的研究还表明，通过注意偏向矫正训练的方法对抑郁个体的注意偏向进行干预能够有效缓解抑郁症状（Koster et al.，2012）。应用反应时范式测量抑郁个体注意偏向的研究具有重要的理论和实践意义，同时也为抑郁症的预防和治疗提供了重要的指导和支持。

过度的偏向负性刺激是抑郁障碍患者主要的认知特征，也是抑郁障碍发生和维持的重要原因（Beck，1967；Disner et al.，2011；Xiao et al.，2022）。Beck 的图式理论认为抑郁障碍个体已有的负性图式会影响个体信息获取的过程，负性注意偏向反过来成为抑郁障碍发生和维持的重要原因（Beck et al.，2016；Disner et al.，2011；杨娟 等，2014）。图式是指个体储存在大脑中关于各种知识的稳定结构性记忆表征。Beck 认为抑郁个体在加工情绪信息时会自动激活已有的负性图式，使个体过多地集中注意于与图式一致的负性情绪信息（例如悲伤词汇或面孔），从而阻碍与图式不一致的正性情绪信息（例如愉快的词汇或面孔）的加工。这种注意偏向会进一步强化抑郁症患者的负性图式，导致抑郁的发展和持续。

Beck 的图式理论得到了许多研究的支持。一些研究采用问卷调查的方法测量抑郁个体的注意偏向，发现注意偏向的得分与抑郁得分显著正相关（吕遥迪 等，2016；Azriel et al.，2022）。另一些研究采用反应时范式或电生理指标的方法发现抑郁个体的负性偏向表现为以下两个方面：一是对负性刺激的注意增强，即抑郁症个体常常表现出对负性刺激选择性加工偏向，例如对负性情绪过度警觉和定向加速（Joormann et al.，2014），并更容易受到负性情绪刺激的干扰（Joormann et al.，2014）；二是对正性刺激的注意减弱，即抑郁个体容易忽视或低估正性情绪信息的价值和意义，甚至会出现积极情绪的过早脱离，导致快乐和高兴的情绪不能有效识别而出现快感的缺失（Peckham et al., 2010）。但也有一些研究只发现了阴性的研究结果，例如 Yovel 选用抑郁得分相对较高的大学生个体为被试，结果并未发现高抑郁个体存在着对负性刺激的注意偏向（Peckham et al., 2010）。

国内外综述也发现，抑郁个体存在对负性刺激（与抑郁相关）的注意偏向。研究人员通常使用情绪 Stroop 任务或点探任务来检查抑郁个体中的注意偏差（Gotlib, 2018; Mogg, 2005; 戴琴 等, 2008）。在情绪 Stroop 任务中，参与者被要求尽可能快地说出以不同颜色书写的单词的颜色，而忽略单词的含义。如果参与者在命名单词颜色的过程中出现延迟，这通常被解释为参与者的认知处理资源除了分配给单词颜色的加工，在一定程度上还会被分配给理解单词的含义的加工。一般来说，与正常对照组相比，抑郁个体在判断负性词汇时所花费的时间比判断中性词汇更长。这种结果通常被解释为抑郁个体的注意力优先分配给负性内容。点探测任务要求被试判断探测目标的位置，探测目标随机出现在中性和负性刺激的后面，大多数研究通常使用词语或情绪面孔作为刺激物。一般来说，与正常对照组相比，抑郁个体在判断负性词汇或抑郁相关面孔时比判断中性词汇或中性面孔的时间更长，表现出注意脱离困难。我国学者戴琴和冯正直（2009）在线索–靶刺激任务中使用情绪面孔作为线索，结果发现重度抑郁个体对负性刺激具有线索效度和返回抑制缺陷。负性刺激抑制不足，使他们无法消除负性刺激的干扰，导致抑郁的持续和发展。近年来，临床心理学家采用随机对照实验设计检验注意偏向与抑郁症状之间的因果关系，结果发现与安慰对照组相比，注意偏向矫正训练组抑郁症状训练后显著下降。但 Jones 和 Sharp（2017）总结了 7 篇关于注意偏向矫正训练元分析的研究，发现只有 3 篇报告了阳性干预效果［效应量（ES）=0.33～0.85）］，并且仅有 1 篇（Mogoaşe et al., 2014）以抑郁患者为主要研究对象。总的来说，以注意偏向得分和改变作为抑郁症的诊断依据具有较大的应用前景，但其对抑郁个体的诊断有效性和稳定性仍需要进一步验证。

3.3 注意偏向与青少年攻击行为的关系

攻击行为是青少年行为问题中占比最高的问题之一。在针对青少年行为问题的干预中，注意偏向是一项重要的指导原则。具体而言，注意偏向体现在干预措施的重点和侧重点上。本节主要以青少年攻击行为为例论述注意偏向在青少年行为问题的干预中可能发挥的重要作用。

在社会心理学研究领域，攻击是一个社会热点话题。从行为反应的角度来看，攻击是一种行为，它的目的是伤害他人身体和精神，其行为的意图和动机是攻击的。根据周颖（2007）的研究，攻击是指个体企图伤害他人的行为，即攻击者明知自己的行动将会伤害被攻击者，而被攻击者却想要回避这种伤害行为。刘露和施国春（2019）进一步从三个方面对攻击性进行定义：首先，攻击性具有三个特征，即其外在的行为表现可以被观察到、行为意图是攻击的，并且会造成被攻击者身体或精神方面的伤害；其次，攻击性呈现冲动和愤怒等情绪；最后，攻击性倾向的认知加工偏向指的是对外界信息的理解和加工方式出现了一定的偏差，尤其是在寻找攻击性线索的过程中，认知加工偏向性更加明显，进一步增加了发生攻击性行为的可能性。

就目前的攻击性研究领域而言，攻击性的研究已经涵盖了外显攻击性和内隐攻击性。外显攻击性是指直接的、破坏性的攻击行为。在实践中，可以采用案卷法、言语报告法、观察法等方法进行测量（安洋洋，2021）。由于外显攻击处于人的意识层面，具有破坏倾向，可能产生难以预料的后果。而当攻击意图被压抑于无意识层面时，这种潜在状态就是内隐攻击。关于内隐攻击性，杨治良和刘素珍（1996）首次采用任务分离范式和信号检测论的方法对其进行了深入研究，并证明了其存在性。周颖（2007）的研究认为，内隐攻击性是个体过去经验累积而形成的无意识结构，会自动化地影响其与攻击性相关的态度、决策和反应等。另外，张珂（2010）指出，个体在处于无意识状态下，可能存在潜在的攻击他人的行为倾向。

内隐攻击性可以分为评价型内隐攻击性和自我型内隐攻击性。评价型内隐攻击性是指个体对于攻击行为的内隐态度，即从无意识层面看待攻击性的倾向。根据戴春林等（2007）的实验结果，当个体对攻击性刺激的态度越积极，其评价型内隐攻击性也就越高。自我型内隐攻击性则是指个体对自我与攻击性刺激之间关系的内隐评估。当个体将自我与攻击性刺激联系得越密切时，其自我型内隐攻击性就越强。这两种类型的内隐攻击性都具有很强的潜在性和影响力，对个体的行为和情绪状态都会产生重大的影响。

攻击个体存在对负性刺激的注意偏向，包括对攻击性信息的注意偏向（喻丰 等，2009）。研究表明，A 型人格具有易怒、烦躁等特点，与攻击性存在显著相关关系。戴琴和冯正直（2008）通过实验发现，A 型人格个体对攻击性表情图片存在注意偏向。同时，Smith 等（2003）以暴力犯罪者为实验对象，普通大学生作为对照组，实验得到了相似的结果。多位研究者对此给出了解释，例如高攻击者更易注意负面线索，会把性质不明确的刺激理解成负性刺激，并采取攻击的方式反应（戴春林 等，2006；邹琼，2016）。喻丰和郭永玉（2009）指出，相较于正常水平，高攻击个体的注意偏向更加敏感且针对敌意性信息。此外，Crick 和 Dodge（1994）的研究证实了个体的攻击性与其对社会信息的加工偏向有关，而 Dodge 的社会认知模式理论认为，个体对外界信息的解释在个体做出攻击行为中起到决定性作用，正是由于高攻击个体容易对负性信息做出敌意性解释，因此，加工负性信息的速度更快（Dodge et al.，1990）。

目前，关于内隐攻击性与注意偏向的研究结果存在许多争议。首先，关于高低内隐攻击者对负性刺激的注意偏向，李静华（2013）采用了点探测范式，发现高内隐攻击者和低内隐攻击者对愤怒面孔都不存在显著的注意偏向。但是，其他研究者认为，高低内隐攻击者对负性刺激存在显著的注意偏向，如李海玲（2012）、黄芥（2013）和高素芳（2013）等。其次，针对注意偏向的机制，也存在争议。周颖（2007）提出了攻击性的警戒-回避假设，证实内隐攻击性者的注意偏向表现为注意警觉与回避。然而，黄芥（2013）认为高外显攻击者和高内隐攻击者对负性刺激的注意偏向表现为注意解除困难。另外，高素芳（2013）则认为外显攻击者对负性刺激的注意偏向表现为注意定向加速和注意解除困难，而内隐攻击者则表现为注意定向加速和注意回避。李海玲（2012）的研究表明，对于大学生运动员这类群体，高内隐攻击者的注意偏向过程是从注意定向加速到最初的注意回避，再到总体注意维持。

因此，内隐攻击性与注意偏向的研究仍存在着许多争议。未来的研究需要增加更多的实验证据来解决这些争议，并深入理解注意偏向的机制，从而实现更准确的内隐攻击性评估。

3.4 注意偏向与青少年手机依赖的关系

当前的青少年出生于互联网时代，科技和在线通信已经在许多青少年的日常生活中无处不在。根据中国互联网络信息中心（CNNIC）发布的第51次《中国互联网络发展状况统计报告》，到2022年12月，我国网民达到10.67亿，互联网普及率达75.6%。其中，城镇地区互联网普及率为83.1%，农村地区互联网普及率为61.9%，网民使用手机上网的比例达99.8%。《2021年全国未成年人互联网使用情况研究报告》显示，我国儿童和青少年的互联网接入率为96.8%。

随着数字技术的发展，"社交网络从根本上改变了青少年的交互和沟通方式"，并且已经成为青少年获取新闻、娱乐以及表达意见的重要平台（Whiting et al.，2013）。相应地，过度使用数字技术（包括社交媒体），即手机依赖，可能会对青少年的心理健康产生负面影响。青少年是受手机影响最大的人群之一（Andreassen et al.，2017），研究表明，青少年过度使用或沉迷于以手机为载体进行的各种活动，会影响个体学习、生活及身心健康发展（Liu et al.，2022），同时还会导致他们更易出现焦虑、抑郁情绪等（Liu et al.，2022；Demirci et al.，2015；Bianchi et al.，2005）。

为了更好地了解手机依赖的特点和影响因素，一些研究已经对不同性别和年级的青少年进行了深入的调查。例如，吴若晗等（2022）在对福建省高校大学生的研究中发现，女性更易依赖手机的使用，并且高年级比低年级有着更明显的手机依赖现象。这些差异可能与女性更容易受到手机带来的社交需求等因素影响，以及高年级青少年课业压力的增加、社交网站的使用量增加等因素有关。邹燕贞等（2020）的研究发现，留守中学生对手机依赖的程度明显比非留守中学生更严重，这可能与留守中学生面临更多的孤独感和情感需求有关。

而注意偏向很可能在手机依赖和心理障碍之间发挥着重要的作用。抑郁症的认知模型指出，抑郁的个体经常表现出对经历负面体验的选择性关注和信息处理偏向（Gotlib et al.，1988）。这个过程会导致认知系统进入一个反馈循环，触发和维持抑郁发作。此外，与未曾抑郁的个体不同，抑郁的个体从快乐内容中撤离需要更长的时间（Peckham et al.，2010）。作者推测这种"积极情感效应"可能反映了他们保持积极信息的能力（Levens et al.，2010）。药物和行为成瘾的研究表明，上瘾者往往会处理负面内容（Hu et al.，2020），尤其是表现出对负面情绪的注意偏向，这可能会加剧成瘾行为（Baker et al.，2004）。将注意力从负面信息转移到积极信息的训练可以改善成瘾者的心理健康状况，有效减少成瘾行为（Schoenmakers et al.，2010）。胡教授等（2020）发现，沉迷手机的大学生也表现出负面情感处理偏向。对于这些青少年来说，使用社交媒体可能会加剧心理健康问题或导致新的问题，因为他们更倾向于寻求和反复接触有害信息（Nesi et al.，2018）。

此外，在社交媒体上展示的内容丰富多彩，旨在吸引人们的注意（例如手机游戏、短视频、社交论坛等）。先前的研究结果表明，社交媒体使用和娱乐使用对社交媒体成瘾和主观幸福感有不同的影响。娱乐使用往往导致社交媒体成瘾，而社交媒体使用往往会改善主观幸福感（Zhao et al.，2021）。社交媒体上分享的情感价值信息可以驱动选择、注意和分享行为。沉迷于社交媒体的人可能变得更敏感和更能意识到情感刺激。Xiao等（2022）以1 652名12~18岁的中国中学生为研究对象，探讨了注意偏向和社交情感能力在手机依赖和抑郁之间的关系。研究结果表明，当青少年的社交情感能力较低时，注意偏向在社交媒体成瘾和抑郁之间发挥中介作用，但是当青少年的社交情感能力较高时，这种中介效应就不太显著。这一研究为预防手机社交媒体成瘾的负面影响提供了理论基础，同时也指明了提高青少年生活质量的途径。

3.5 注意偏向与青少年社会适应的关系

社会适应一词的定义在学术界存在一定的争议，学者们往往会关注适应过程、结果和行为，以及人格系统对社会环境的适应过程不同的方面。目前，学术界比较认可的定义有三种：第一种定义强调社会适应的过程和结果，如朱智贤（1989）和江光荣（1995）等认为，社会适应是一个动态的、持续发展的过程，是个体适应社会环境的结果。这些学者不仅关注适应行为，还关注适应背后的心理和社会层面的因素，如个体的意识形态和社会角色的认知等。第二种定义则更加注重个体的人格系统对社会环境的适应过程，如陈建文（2001）认为，个体的人格特征、态度、价值观和动机等方面对社会适应有重要影响。他们强调个体与环境的相互作用，认为适应不是单向的，而是相互影响的。第三种定义则从适应行为本身来界定社会适应，即以行为作为衡量适应水平的标准，例如美国智能与发展障碍协会（American Association on Intellectual and Developmental Disabilities，AAIDD，2010）。这些学者关注的是适应行为本身，而忽略了行为背后的心理和社会层面的因素。本书认为，在研究青少年社会适应时，需要有明确的研究对象和重点，应更加关注该群体适应社会的过程和结果。因此，本书将社会适应定义为在个体与社会环境互动的过程中，通过学习和内化社会文化，能够胜任社会所期待承担的角色的能力。这一定义明确了社会适应的内涵，并为笔者研究社会适应提供了参考。

虽然皮亚杰最早提出了社会适应理论，但随着社会的不断发展和不同文化的碰撞，社会适应构成理论纷呈。目前，主要的社会适应构成理论有因素理论、类型理论和多维理论。因素理论认为，社会适应是由生物学和心理学内部因素以及家庭、学校和社会等外部因素共同影响所形成的（Piaget，1952）。该理论强调了环境因素对社会适应的影响，为我们理解社会适应的形成和演变提供了有益的启示和指导。然而，需要指出的是，该理论没有深入探讨社会适应的具体方面，同时，忽略了社会和文化因素对社会适应的影响。类型理论将社会适应行为归类到不同的类型中，例如情感调节、学习适应和自我控制等（Hartley，1951）。该理论的主要优点在于，类型分类明确简要，便于研究和掌握，可以用于教育等实践工作中。然而，该理论可能会忽略社会适应行为的复杂性、动态性和多样性，需要进一步探索和拓展。多维理论认为，社会适应是由多个维度构成的，例如学业、行为、情感、社交和身心健康等（Knight，1961）。这种理论更全面地揭示了社会适应的本质，可以为我们深入研究社会适应的多样性和特点提供有益的启示和指导。然而，使用此理论评估和量化不同维度和因素可能具有挑战性，需要在实践中进一步探索和改进。我国在儿童社会适应方面的多维理论建立方面取得了较为显著的进展，例如崔丽霞（2005）提出了对不良社会适应行为进行分类的六个维度，即学习适应不良、攻击行为、违纪行为、退缩、神经质和考试焦虑，为我们理解社会适应的形成和结构提供了必要的理论基础。

在适应不良评估中，广泛使用了适应障碍新模块（ADNM-20）、适应障碍问卷（ADQ）、适应能力量表（ARS）和儿童行为问卷（CBQ）等常用量表。ADNM-20最早由Einsle等（1972）开发，包括20个项目，用于衡量适应障碍相关的症状。该量表适用于不同年龄段的人群。ADQ由Bryant等（2000）研发，包括29个项目，用于衡量不同年龄段的人群适应障碍相关的症状。ARS最早由Hamilton等人（1989）研发，包括4个因素和48个项目，以用于评估青少年和成人在生活中的适应状况，并衡量个体的适应能力和表现。CBQ由Rothbart等（1981）开发，用于衡量儿童或青少年在不同情景下行为和情感调节方面的适应性。这些量表普遍具有较高的信度和效度，可以用来客观、准确地评估个体的适应状况（Tang et al., 2020）。

青少年是个体发展的重要阶段，社会适应在此时期尤为重要，也是重要的发展任务和目标（邹泓，2013）。目前探讨注意偏向与青少年社会适应的关系的研究比较少，但探究注意偏向和社会适应的相互作用，对于个体的发展、教育和心理治疗，以及促进社会进步具有重要的意义。注意偏向和社会适应之间存在着密切的关系。一方面，社会适应会影响个体的注意偏向。尚亚飞（2011）的研究比较了具有不同社会适应方式的个体的注意偏向，结果发现独立组个体和依赖组个体均在对人格特质词汇的注意加工过程中表现出明显的加工偏向，且独立组选择的独立词的数目显著多于依赖组，依赖组选择的依赖词的数目显著多于独立组。但社会适应和注意偏向之间的相互作用也会受到其他因素的影响，例如性别、年级、家庭背景等。社会支持水平低的留守儿童在对待消极情绪刺激时表现出更强的分心抑制能力，其对消极词汇的再认正确率更低，对消极刺激的再认反应时间更长（杨炎芳，2017；李海华，2009；王鹏飞，2019）。在农村青少年中，包括留守儿童在内的特殊家庭与正常家庭的中学生的社会适应能力存在显著差异（柴江，2015）。另一方面，个体的注意偏向不仅影响其对外界信息的处理，还与其社会适应能力密切相关。例如楼历月（2016）的研究探讨了气质、注意偏向和社会适应之间的关系。在该研究中，研究者采用问卷调查、行为观察和视觉空间范式等多种方法，研究了儿童的气质、奖惩线索注意偏向以及社会适应能力之间的关系。结果表明，惩罚线索注意偏向对儿童气质和社会适应之间的关系具有一定的调节作用，不同的注意偏向会直接影响儿童的社会适应能力。研究注意偏向和社会适应的关系，不仅能够更加准确地评估个体的社会适应能力，为促进其社会适应和心理健康提供依据。而且我们还可以通过调节个体的注意偏向来促进其社会适应的发展。例如，通过训练改变注意偏向，可以帮助个体更加准确地接收和处理外界信息，促进个体适应不同的社会环境。

第 4 章　注意偏向视域下青少年情绪和行为问题的干预研究

4.1　青少年情绪和行为问题的干预研究的意义

习近平总书记在党的十九大报告中指出，要加强社会心理服务体系建设。国家的发展本质上是人的发展，人的发展离不开心理健康。而青少年的发展是民族振兴，国家富强的基石。随着我国经济社会的快速发展，青少年心理行为问题发生率和精神障碍患病率逐渐上升，已成为关系国家和民族未来的重要教育问题。我国政府十分重视青少年的心理健康，尤其是情绪和行为问题，并颁布了《健康中国行动——儿童青少年心理健康行动方案（2019—2022 年）》《关于加强中小学心理健康教育的若干意见》《中小学心理健康教育指导纲要》等一系列文件，明确将心理健康教育纳入德育工作内容，要求各地各校全面推进心理健康教育，引导学生形成积极健康的人格和良好的心理品质。处于青春期的青少年的情感生活不同于儿童或成人，他们对引发情绪的事件反应更强烈，情绪波动更大（Riediger et al.，2014），更容易引起情绪问题和精神障碍。因此，对青少年不良的情绪和行为问题进行干预，促进其心理健康，成为我国教育事业最为迫切的任务之一。因此，本书将从以下三点论述青少年情绪和行为问题干预研究的必要性。

4.1.1 青少年情绪和行为问题的严峻性

情绪和行为问题是个体心理不健康的重要表现之一，相较于青少年其他心理健康问题，情绪和行为问题的发生率较高，并呈现出逐年上升的趋势。WHO 在 2021 年 1 月 18 日关于青少年健康的报道中指出"精神健康状况占全球 10~19 岁人群疾病和伤害负担的 16%。一半的成人期精神健康障碍始于 14 岁，但大多数病例未被发现或未得到治疗"。在我国，青少年情绪和行为问题的发生率也不容忽视，例如，1989 年一项以北京 2 432 名中小学生的调查发现，情绪和行为障碍的发生率为 13.16%，而到了 2003 年则上升到了 18.2%（王丹，2011）。青少年情绪和行为问题显然已经成为一个严峻的社会问题，已经严重影响我国青少年心理健康的发展。在此背景下，青少年问题和情绪问题的研究和干预应该引起更多的关注和重视，各个方面都要采取措施，减少问题的发生，更好地保障青少年的身心健康。

4.1.2 青少年情绪和行为问题的危害性

在全球范围内，情绪问题是青少年疾病和残疾的重要原因。例如，抑郁症是 15~19 岁青少年疾病和残疾的第四大原因，10~14 岁儿童疾病和残疾的第十五项原因。焦虑症是 15~19 岁青少年疾病和残疾的第九大原因，10~14 岁儿童疾病和残疾的第六大原因。儿童行为障碍是 10~14 岁青少年儿童疾病负担的第二大原因，15~19 岁青少年疾病负担的第十一项原因。患有情绪障碍的青少年还可能会表现出过度烦躁、沮丧或愤怒。疾病症状可能表现为多种情绪障碍的重叠，伴有情感方面的快速骤然变化和情绪暴发。年幼青少年可能还会伴有与情绪有关的身体症状，如胃痛、头痛或恶心。这些情绪障碍可能严重影响学业和出勤等。逃避社交可能会加剧孤立和孤独感。严重的情绪障碍是青少年不良行为的重要原因之一。研究发现，造成青少年疾病和死亡的几个主要原因，例如意外、自杀、暴力、药物成瘾和进食障碍等不良行为，主要都是由情绪失控所导致的（Dahl，2004）。青少年情绪和行为问题不仅会损害他们的身心健康、影响学习和工作表现、破坏人际关系，对青少年自身造成负面的影响，还会对社会管理和治理造成困扰，形成的负性健康循环还会影响家庭、学校和社会的正常运转。因此，如何有效地干预和预防青少年情绪和行为问题，不仅是保障青少年身心健康、发展和幸福的重要一环，更是维护社会和谐稳定、促进社会进步和发展的必要手段。

4.1.3 青少年情绪和行为问题影响的深刻性

情绪和行为问题对青少年自身心理健康的发展的影响具有长久甚至终身的影响。这种长远影响通常表现在两个方面：第一，青少年时期表现出的同一种情绪和行为问题，如不加干预，很可能会以相同或者类似的形式持续到成年期。段文婷等（2022）分析了894名初中生3年的追踪数据发现，青少年早期的积极社会行为（亲社会行为倾向）可以预测到后期的反社会行为和情绪问题。具体来说，早期的亲社会行为倾向能够负向预测到后期的内化问题（情绪问题）和外化问题（反社会行为）。Kratzer等（1997）开展的一项历时16年的追踪研究发现，大约有50%~70%的青少年罪犯在成人后会再次被捕。Leiner和Steinberg（2009）开展的一项追溯性的研究发现，大多数屡次涉及违法行为的青少年在其青少年时期就表现出许多行为问题。最近，我国学者迟新丽等对深圳五所中学共1 544名初中生的适应行为进行了为期三年的追踪研究。他们发现，青少年在初中阶段的适应性行为可以有效地预测他们日后的情绪和行为问题，但在受到其他因素的影响或进行干预时，这些问题可能会有所变化（迟新丽 等，2020），这说明了尽管青少年可能会经历各种生活变化和挑战，但他们的适应性行为模式在这个阶段往往能保持相对稳定。近年来，许多国内外学者开展了一系列关于青少年情绪和行为问题的追踪和溯源研究，均发现青少年早期情绪和行为问题能够有效预测其日后的情绪和行为问题，但是受到其他因素

注意偏向视域下青少年情绪和行为问题的干预

干预时，会有所变化。第二，青少年时期表现出的情绪和行为问题，常常会发展成另一种情绪和行为问题。多项研究发现许多早期出现某一种情绪和行为问题的青少年，有可能在日后出现另一种情绪和行为问题（Dahl, 2004; Jeong et al., 2021; 罗伏生 等, 2009; 张永欣 等, 2018; Costello et al., 2008），例如，Geller 等（2001）的研究发现，在青春期即患有重度抑郁的个体，其成年后更容易患有更严重的抑郁症、双向障碍和药物滥用等障碍。青少年早期内化问题行为的持续发展会扩展到整个青少年期甚至成年期，从而可能导致学业失败、失业、自杀，成人后出现抑郁症及犯罪等。青少年期的情绪和行为问题对个人身心健康、教育和职业生涯、人际关系和社会治理等方面都会造成深刻而长远的影响。为此，应当重视和及时干预青少年情绪和行为问题，以尽早发现和缓解问题，更好地保障个人身心健康，促进青少年更加健康、积极地成长发展。

综上所述，对青少年情绪和行为问题进行干预，保护青少年远离可能影响其茁壮成长的不良经历和风险因素，提高青少年的心理健康，对于处于青春期的青少年来说至关重要，有助于提高他们在成年期的身心健康水平，维持社会稳定。因此，关于青少年情绪和行为问题的干预研究是十分有必要的，其重要的意义主要可以归纳为以下三点。

从青少年本身来看，研究青少年情绪和行为问题的潜在机制不仅可以帮助我们更好地了解这些问题的内因和外因，还可以为青少年提供更多的支持和帮助。通过了解这些潜在机制，我们可以设计出更加有效的干预策略，这些研究结果也可以帮助青少年更好地了解自己的情绪和行为模式，增强自我意识和自我控制能力。可以更有针对性地指导他们学习如何调节情绪，建立良好的人际关系，促进个人成长。总之，研究青少年情绪和行为问题的潜在机制对青少年自身有着重要的意义。它可以帮助青少年更好地应对情绪和行为问题，促进身心健康发展，为他们未来的成长奠定坚实的基础。

从学校教育方面来看，对常见的青少年情绪问题和行为问题的干预研究，尤其是通过探究青少年情绪问题和行为问题发生的主要影响因素，教育工作者能更好地了解青少年情绪问题和行为问题的现状和发展特点，制定个性化的干预策略，合理利用提高干预有效性的保护性因素，排除风险因素，并利用这些理论更好地指导教育工作者，利用心理咨询、班级思想品德教育、集体活动、运动训练等或者开展有效的、有创新性的、有针对性的干预，从而更为有效地协助和促进青少年身心健康发展。此外，教师与家长的合作与协同也至关重要。通过在社会和家庭背景中考虑个体差异，干预提供者可以更好地提高干预有效性。因此，我们在制定干预提供者的培训和指导计划时，需要考虑青少年身心发展的特点和个体差异，以维护学生身心健康的全方位成长。

从家庭和社会关系方面看，对青少年情绪问题和行为问题的干预研究，可以为家长、学校和社会如何有效地识别和干预常见的青少年情绪问题和行为问题提供有力的证据和理论支持，更加有效地指导相关工作者开展亲子沟通、亲密关系教育和社交技能等家庭和社会关系等方面的干预训练，从而提高青少年抵御压力和矛盾的适应能力，提高对情绪和行为问题的应对能力并获得有效的家庭和社会支持。同时，强化早期预防和干预的重要性，协助青少年建立积极的心理健康观念和行为习惯，有利于促进青少年身心健康成长和预防情绪和行为问题的发生。最后，对于青少年情绪和行为问题研究的干预效果研究，应特别注意对于干预措施的长期影响及其稳定性的探究，从而得到更为有效的结果。

4.2　青少年情绪和行为问题的干预研究的述评

正如前文所述，随着社会的发展，青少年情绪和行为问题的发生率逐年上升，形势十分严峻。青少年面临的情绪和行为问题包括抑郁、焦虑、攻击性行为、自残行为、网络成瘾等，其危害和影响也比较深远。这些问题不仅会影响青少年的身心健康，还会对青少年的学业和社交能力产生负面影响，同时，也可能给社会带来负面影响。因此，对青少年情绪和行为问题进行有效的干预至关重要。对青少年的情绪和行为问题进行有效的干预有助于缓解青少年在青春期所面临的困扰，提高他们在成年期的身心健康水平，从而维护社会的稳定。

近年来，国内外学者开展了一系列关于青少年情绪和行为问题干预的研究，尽管在青少年情绪和行为问题的干预方面积累了一定的实践经验和研究成果，但仍然存在以下三方面的问题。

首先，在理论基础方面，尚未有足够多的研究探讨干预发挥作用的潜在心理机制。现有的一些干预技术强调认知因素在青少年情绪和行为问题形成中的作用，例如注意控制训练。注意控制是影响青少年社会情绪能力发展中最重要的认知因素之一，是这些干预方案发挥作用的潜在心理机制（Riggs et al., 2006；许苏，2020）。此外，许多研究表明，表现出对负性情绪刺激过分的注意偏好（负性的注意偏向）是患有情绪和行为问题的个体普遍存在的特征（Bar-Haim et al., 2007；刘希平 等，2021）。因此，揭示注意偏向矫正的神经机制和明晰青少年对负性社会情绪注意偏向的特点，是情绪和行为问题干预的必要理论基础。

其次，在研究对象方面，国内的青少年情绪和行为问题干预研究以特定的群体为主，例如婴幼儿、焦虑障碍者、抑郁障碍者或青少年罪犯等。然而，留守少年这一特殊群体的相关研究尚未得到足够的关注。青春期留守少年的情感生活不同于儿童或成人，他们对引发情绪的事件反应更强烈，情绪波动更大（Yurgelun-Todd, 2007；Riediger et al., 2014）。留守少年由于家庭文化和社会环境等方面的原因，其情感生活和行为与一般青少年群体有所不同。留守少年更容易出现情绪和行为问题，并且需要面临父母外出务工所带来的负面影响。因此，针对留守少年群体进行情绪和行为问题的干预研究是十分必要和迫切的。相关研究显示，对留守儿童进行心理干预能够显著降低他们的问题行为得分，并提高他们的生活质量（Xiao et al., 2022）。

最后，在研究方法方面，现有的研究主要集中于社会学、教育学和心理测量学等领域，揭示了影响情绪和行为问题形成的内外部因素，以理论分析和实践总结检验情绪和行为问题的有效性为主。但由于这些研究方法的自身局限性，这些内外部因素发挥作用的机制仍未明晰。采用心理学严谨的实验方法可以更加科学和精准地揭示这些内外部因素的作用机制，因此，有必要进一步开展心理学实验研究，以更加准确地揭示影响青少年情绪和行为问题形成的心理机制和干预的有效性。例如，采用脑电图技术对青少年注意控制及其对情绪和行为问题的影响进行研究，有助于验证注意控制机制在情绪和行为问题干预过程中的作用机制。

总之，青少年情绪和行为问题干预研究已经取得了一定的进展，但是仍然需要加强对干预机制的研究、留守少年等特殊群体的关注和心理学实验研究的开展。通过针对这些问题的深入研究，可以更好地保障青少年的身心健康和全面发展，从而提高社会整体的心理健康水平。

4.3 注意偏向矫正技术：青少年情绪和行为问题矫正的新手段

正如前文所述，具有情绪和行为问题的青少年常常更容易倾向于选择性加工环境中的负性信息，对负性信息的选择性偏向不仅仅是情绪和行为问题所伴随的现象或症状，而且是其产生、维持和复发的原因（Beck，1967；Disner et al.，2011；Xiao et al.，2022）。如今，注意偏向的干预能够改变情绪障碍的症状已经成为大多数该领域研究者的共识。因此，旨在通过电脑控制的认知任务引导个体将注意从消极信息转移到中性信息的注意偏向矫正（attention bias modification，ABM）技术迅速崛起，并被誉为"为我们的治疗武器库增加了一种新的临床武器"（MacLeod et al.，2012：119）。

ABM 是一种基于注意偏向的认知理论的治疗方法，其目的是通过电脑控制的实验程序引导个体的注意从威胁刺激转移到中性的刺激（MacLeod et al.，1986），从而矫正个体对威胁性刺激的注意偏向，缓解情绪障碍。最经典的 ABM 的矫正任务是 Mathews（2002）改编的点探测范式，改编版的实验程序与传统的实验程序完全一致,唯一区别在于探测目标的位置不是随机的,而是更大概率(通常是90%)出现在中性刺激之后。经过一段时间的反复训练,被试对负性刺激的注意偏向会转向中性刺激,从而达到矫正的效果。大量的研究发现 ABM 能够有效地缓解个体的焦虑和抑郁的症状(方剑雯 等,2020;Beard,2011;Beard et al.,2012;MacLeod et al.,2012;Carlson et al.,2020;等)。

Jones 和 Sharp(2017)总结了9篇关于 ABM 训练元分析的研究结果,认为 ABM 训练对焦虑的干预效果较为稳健(ES = 0.13 ~ 0.74);但对抑郁的干预效果却存在争议,他们发现7篇关于 ABM 训练改善抑郁的元分析中,只有3篇报告了阳性干预效果(ES=0.33 ~ 0.85)。但需要注意的是,这些元分析的文献中仅有1篇(Mogoaşe et al.,2014)是以抑郁症患者为研究对象并以抑郁症状为最主要的结果变量。国内新近的一篇同样以抑郁个体为研究对象的元分析显示,ABM 训练能明显改善成年抑郁个体的抑郁水平、焦虑水平及冗思反应,但长期效果不确定(夏海莎,2022)。但目前应用 ABM 技术对高攻击性个体、手机依赖个体的不良行为的干预研究鲜有报道。总体而言,ABM 技术具有很大的应用前景,但它在对青少年抑郁及不良行为的干预效果方面仍需要进一步验证,并且需要更好地探究其使用的局限和限制。

迄今为止,关于情绪障碍个体 ABM 的研究发现,ABM 的干预效果会受到多方面的影响,包括训练的次数:单阶段(single session)(Hilland et al.,2018;Jonassen et al.,2019)或多阶段(multiple sessions)(Hilland et al.,2018);训练的任务:点探测任务(Dai et al.,2019;Bø et al.,2021)或视觉搜索任务(Beart et al.,2010);训练刺激的呈现时间:100ms、500ms、1 000ms、1 500ms 等(刘海宁 等,2016);疗效的追踪调查:干预后1个月(Dai et al.,2019;郑志芳,2018)、干预后3个月及以上(Shamal-Leshem et al.,2020);与药物的合并使用(刘文鑫,2018);加入奖励反馈(潘家健,2021);抑郁水平(Bø et al.,2021;Beart et al.,2010);被试的年龄(Yang et al.,2015;2016);疗效的追踪

调查（Amir et al., 2009；Carlbring et al., 2012；Boettcher et al., 2014）；与其他认知疗法的合并使用，如合并 CBT（认知行为治疗）（Boettcher et al., 2014）或解释偏差矫正程序（interpretation bias modification, IBM）（Beard et al., 2011）；以及患者对 ABM 治疗的接受度调查（Beard et al., 2012）等。这些研究得出的结果比较一致：对青少年焦虑、抑郁症状的干预来说，多阶段（4~8次）的 ABM 训练，并且阈上刺激的训练刺激时间最好在 1 000ms 以上，能够有效改变其注意偏向模式（Yang et al., 2016）。此外，当 ABM 结合 IBM 共同进行时，干预的效应值可达到中等到大（Beard et al., 2011）；患者及家属普遍认可及接受（Beard et al., 2011；2012）；治疗效果也有一定的持续作用（4 个月后疗效仍有保留）（Amir et al., 2009）。

需要注意的是，不同的影响因素可能会对干预效果产生不同程度的影响。例如，对训练次数的研究表明，多次训练比单次训练效果更好（Hilland et al., 2018；Jonassen et al., 2019）。关于任务选择，有人发现点探测任务能够更好地调节受试者的注意偏向（Dai et al., 2019；Bø et al., 2021），而视觉搜索任务也被用于某些实验中（Beart et al., 2010；李湘兰，2011）。此外，训练刺激的呈现时间（100ms、500ms、1 000ms、1 500ms 等）和疗效的追踪调查（干预后 1 个月、干预后 3 个月及以上）都对干预效果有所影响。同时，使用药物与干预组合和加入奖励反馈也是改善干预结果的可能因素（刘文鑫，2018；潘家健，2021）。

关于一些阴性结果，可能存在以下几点原因：一是可能存在操作的失败。有些早期研究没有观察到注意偏向的改变，因此没有发现情绪上的变化。不过这样的结果只能说明操作的失败，而不能证明 ABM 的无效性（Clarke et al., 2014）。二是基于平均反应时的方法计算注意偏向指标的信效度不够高。研究者认为个体的负性偏向是一个动态变化的过程，平均反应时可能存在误差，因此引起信效度的问题。在这方面，一些新的研究采用了更加严谨的方法，如基于脑电波等生理指标的研究方法来评估个体的注意偏向（Zvielli et al., 2016；Carlson, 2021）。三是设计方案可能不合理，或者被试量过小。早期部分阴性研究的被试样本量比较少，常常没有超过 20 人（Beart et al., 2010），相比之下，最近使用更大样本的研究获得了更稳定的结果。例如，一项针对有抑郁症史的抑郁患者的大样本研究表明，相对于安慰控制组，接受 ABM 多次干预的抑郁患者更显著地降低了抑郁水平（Jonassen et al., 2019）。此外，还需要注意常规枯燥 ABM 训练难以调动情绪障碍患者的积极性，尤其是快感缺失的严重抑郁患者可能对参与训练缺乏趣味性，导致效果不佳（Koster et al., 2015）。总的来说，虽然一些阴性结果的存在需要我们进一步优化研究方案，但不能简单地认为 ABM 是无效的。相反，我们仍可以看到一些初步的成效，需要在今后的研究中进行更深入的探究，以便进一步优化干预方案，提高其疗效和应用范围。

第二篇 注意偏向视域下青少年情绪和行为问题的实证研究

第 5 章　青少年焦虑与注意偏向实证研究

5.1　注意偏向与焦虑障碍的系统性综述

5.1.1　研究目的和问题提出

5.1.1.1　研究目的

本节旨在对广泛性焦虑和社交焦虑症患者在注意偏向方面的实验研究进行综述。由于DSM-V（精神疾病诊断与统计手册第五版）的定义和研究样本的限制，本研究重点关注对这两种焦虑症患者的实验研究。前人已经发现，在生物进化过程中，生物体会优先处理威胁信息和中性信息来促进生存（Ohman，1986）。因此，笔者假设焦虑症患者存在对威胁信息的注意偏向。本节将探讨焦虑症患者与健康对照组和其他临床人群相比，对不同程度的威胁信息注意偏向的表现差异。笔者将通过实验范式而非个体差异的自我报告方法来测量注意偏向，因为实验范式提供了比自我报告更客观的测量方法（Bar-Haim et al.，2007）。况且以往的研究也确定了使用实验范式能发现在其他焦虑人群中存在注意偏向。同时，本研究还将分析实验范式、实验材料等因素对广泛性焦虑个体/社交焦虑个体的注意偏向效应的影响。

5.1.1.2 研究问题的提出

通过阅读、总结和归纳经过最终审查的 18 篇文章,笔者试图回答以下主要问题:

①焦虑障碍个体与健康对照组相比是否表现出对威胁信息有更强的注意偏向?②焦虑障碍个体对威胁信息的注意偏向是否与患有其他精神疾病个体不同?③焦虑障碍个体在不同的实验范式中是否都存在类似的对威胁信息的注意偏向?④刺激呈现时间是否会影响焦虑障碍个体对威胁信息的注意偏向过程?焦虑障碍个体对情绪刺激的注意偏向是自上而下的概念驱动的加工过程还是自下而上的刺激驱动的加工过程?⑤各研究中使用了多种不同的研究材料,那么在使用不同类型的威胁刺激材料以及不同情绪效价的威胁刺激材料时,焦虑障碍个体是否存在对这些威胁刺激的注意偏向?

5.1.2 方法

5.1.2.1 搜索策略

本系统综述于 2020 年 1 月 1 日在中国知网、万方、维普和 PsycINFO、Medline 五个数据库中进行检索。中文检索词包括"注意偏向与焦虑""广泛性焦虑障碍""焦虑障碍""社交焦虑障碍"。英文检索词包括"attention bias"或"attentional bias"与"anxiety disorder""generalized anxiety disorder""panic disorder""social anxiety disorder""GAD""SAD"。两组检索词在各自数据库中进行混合搭配,以筛选出符合以下条件的文章,即仅包括人类样本的中英文研究。对于不确定是否列入的文章都与该领域的另一位有经验的研究人员(CH)进行了讨论,并就是否列入该文章达成了共识。

5.1.2.2 文献纳入与排除标准

根据本书研究的目的,筛选近六年来有关焦虑障碍的注意偏向研究,文献按以下标准进行纳入或排除。其中具体的纳入标准如下:①文献必须发表在同行评审的中、英文相关期刊,不包括非同行评审的论文、书籍、报告或会议文集。②文献必须是实验性质,且研究对象应为年龄在6~65岁的焦虑障碍个体。这些个体必须通过公认的自评量表[如Liebowitz社交焦虑量表(LSAS)、简明负面评价恐惧量表(B-FNE)、汉密尔顿焦虑量表(HAMA)等]或公认的焦虑障碍测量方法(例如,GAD-7,DSM-V)进行评估。这样的设定能确保研究的准确性和可靠性。③文献必须是实验研究,并使用实验范式(如情绪Stroop任务、点探测任务、视觉搜索任务、空间线索任务、眼动等)来评估对威胁、消极刺激与中性、其他有价刺激的注意偏向,不包括仅使用自我报告类的研究。④文献必须清晰地报告测量结果,包括所使用的工具、完整数据的报告、可提取的效果量、数据的分析描述等。⑤文献必须有明确的焦虑障碍组及非焦虑障碍对照组。⑥文献必须是论辩性的研究,与注意偏向与焦虑障碍相关,不包括综述性的研究、案例报告、信件等非论辩性文献。

5.1.2.3 质量评估

最后,对检索到的文章进行质量评估。本书使用公共卫生实验效果问卷(EPHPP)(Thomas et al.,2004)以及Q-Coh Ⅱ[①](Jarde et al.,2013)作为质量评估工具。EPHPP问卷注重对统计分析的问题进行评估,即评估研究的统计和结论是否合适。Q-Coh Ⅱ是常常被用于评估队列研究的方法学质量,特别是在进行系统评价和荟萃分析时被研究者广泛使用的评估工具。它可以帮助研究者确定所选研究的质量,并帮助研究者做出更准确的结论。使用Q-Coh Ⅱ帮助我们评估检索到的文章在实验设计方面的质量,

---

① Q-Coh Ⅱ是一个工具,用于评估研究的方法学质量,特别是在进行系统评价和荟萃分析时,它可以帮助研究者确定所选研究的质量,并帮助他们做出更准确的结论。

包括评估的选择偏差（研究的纳入标准一致性）、信息偏差（研究的评估方法和结果的有效性）、绩效偏差（研究实验程序的适用性）和损耗偏差（参与者的流失报告）。需要指出，控制这些偏差对于评估研究的质量至关重要，以避免结果被其他变量影响。其中，控制被试性别、年龄、智商、语言能力的差异以及抑郁情况的变量是非常重要的，因为这些因素在实验过程中可能会对结果产生潜在的影响。因此，笔者认为控制这些额外变量是评估研究质量的关键步骤。

5.1.3　结果

详细的搜索过程如图 5-1 所示。本研究使用上述关键词在中文数据库（中国知网、万方、维普）以及英文数据库（PsychINFO、Medline）搜索 2014 年 1 月至 2020 年 1 月的文献，共搜索到 428 篇文献（已排除单个数据库中重复的文献）。其中，中国知网有 68 篇、万方有 91 篇、维普有 14 篇，PsychINFO 检索到 139 篇文章，Medline 检索到 116 篇文章。对 5 个数据库的文章进行合并排除重复后，减少到 270 篇文献。然后依据上述纳入与排除的标准阅读题目进行筛选，排除了明显不是焦虑障碍（社交焦虑和/或广泛性焦虑）以及明显不是研究注意偏向的文献，保留 92 篇论文以供进一步检查。接下来，在这一阶段，通过阅读摘要进行筛选。摘要中明确说明了研究目的、研究对象和研究任务，这些说明中明显不符合上述纳入标准的论文有 41 篇，其中也包括综述文献。下一步对剩余文章（$n=51$）的全文进行了精读，排除不符合纳入标准的文章 33 篇，具体如下：①非实验研究及非对威胁信息的注意偏向的测量文献（$n=7$）；②没有明确的焦虑障碍个体测量或诊断方法（$n=11$）；③无健康对照组（$n=8$）；④不满足上述包含或排除标准的任何其他原因（$n=7$）。这使得进入最终审查的文章数量只剩下 18 篇独立的研究。研究纳入文献的基本叙述见表 5-1，相关结果见表 5-2。

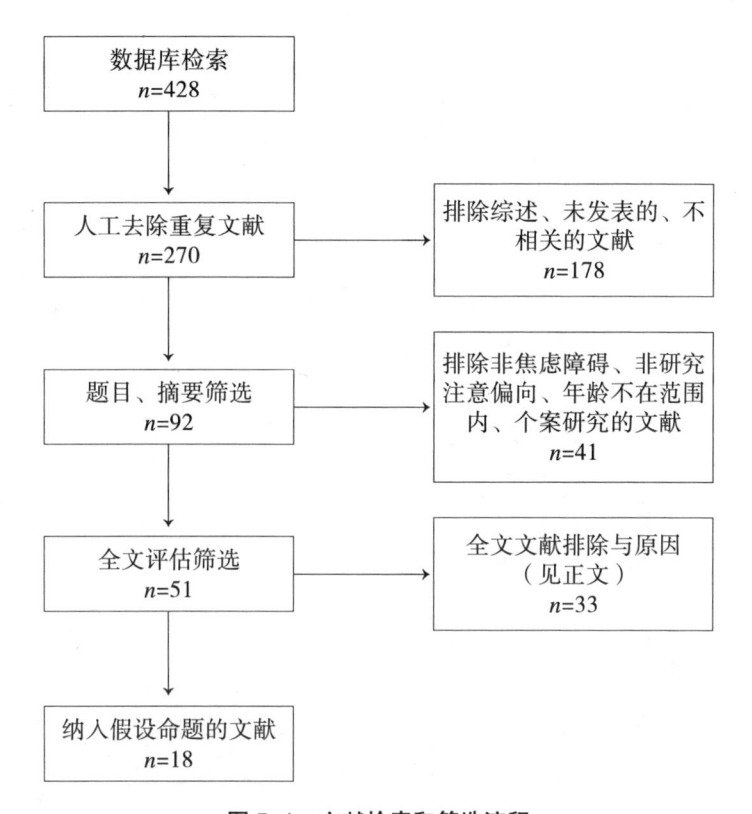

第5章 青少年焦虑与注意偏向实证研究

```
┌─────────────┐
│ 数据库检索   │
│  n=428      │
└──────┬──────┘
       │
       ▼
┌─────────────────┐      ┌──────────────────┐
│ 人工去除重复文献 │─────▶│ 排除综述、未发表的、│
│   n=270         │      │ 不相关的文献      │
└──────┬──────────┘      │   n=178          │
       │                  └──────────────────┘
       ▼
┌─────────────────┐      ┌──────────────────────┐
│ 题目、摘要筛选   │─────▶│ 排除非焦虑障碍、非研究│
│   n=92          │      │ 注意偏向、年龄不在范围│
└──────┬──────────┘      │ 内、个案研究的文献    │
       │                  │   n=41               │
       ▼                  └──────────────────────┘
┌─────────────────┐      ┌──────────────────┐
│ 全文评估筛选     │─────▶│ 全文文献排除与原因│
│   n=51          │      │ （见正文）        │
└──────┬──────────┘      │   n=33           │
       │                  └──────────────────┘
       ▼
┌─────────────────┐
│ 纳入假设命题的文献│
│   n=18          │
└─────────────────┘
```

图 5-1 文献检索和筛选流程

· 59 ·

表 5-1 纳入文献的基本特征

研究	样本	男：女比值	平均年龄（标准差）（岁）	共患病
Choi et al., 2016	社交焦虑症组 [SCID-I，SIAS ≥ 34分，SPS ≥ 24分] (n=22)，健康对照组 [SIAS < 34分，SPS < 24分] (n=20)	社交焦虑症组 =65% 男；健康对照组 =54.5% 男	社交焦虑症组 =24.1 (2.8)；健康对照组 =24.1 (1.8)	无抑郁症等共患病情况
Han et al., 2014	广泛性焦虑症组 [ADIS, HAMA] (n=16)，健康对照组 (n=17)	广泛性焦虑症组 =1：1；健康对照组 =8：9	广泛性焦虑症组 =31.56 ± 7.53；健康对照组 =32.15 ± 8.36	无抑郁症等共患病情况
Kim et al., 2018	社交焦虑症组 [LSAS ≥ 30，SIAS ≥ 34，SPS ≥ 24] (n=31)；健康对照组 [SIAS < 34，SPS < 24，B-FNE < 48，BDI < 21] (n=30)	社交焦虑症组 =48.4% 男；健康对照组 =53.3% 男	社交焦虑症组 =25.4 (3.0)；健康对照组 =25.3 (3.0)	社交焦虑症组：4 名患者有抑郁症等共患病
Pergamin-Hight et al., 2016	社交焦虑症组 [ADIS] (n=71)；非焦虑组 (n=42)	社交焦虑症组 = 40.5% 男孩；非焦虑组 = 46.5% 男孩	社交焦虑症组 = 12.5 (3.14)；非焦虑组 = 12.22 (3.12)	无抑郁症等共患病情况
Schneier et al., 2016	社交焦虑症组 [SCID, LSAS] (n=43)；强迫症组 [Y-BOCS] (n=50)；神经性厌食症组 [EDE-Q] (n=30)；健康对照组 (n=74)	社交焦虑症组 =53% 女性；强迫症组 =50% 女性；健康对照组 =51% 女性；神经性厌食症组 =97% 女性	社交焦虑症组 =28.9 (7.6)；强迫症组 =29.2 (5.9)；神经性厌食症组 =29.9 (7.5)；健康对照组 =26.9 (7.5)	健康对照组没有终生的精神障碍；神经性厌食症组可能患有强迫症或社交焦虑症
Schmidtendorf et al., 2018	社交焦虑症组 [ADIS-C] (n=37)；健康对照组 (n=42)	社交焦虑症组 =37.8% 男孩；健康对照组 =40.5% 男孩	社交焦虑症组 =11.4 (1.2)；健康对照组 =11.5 (1.4)	社交焦虑症组：16 名患者符合至少一种共患病诊断标准：严重焦虑症 (n=7)，注意力缺陷和分裂行为障碍 (n=3)，睡眠障碍 (n=2)，选择性缄默症 (n=2) 和排泄障碍 (n=2)

第5章 青少年焦虑与注意偏向实证研究

续表

研究	样本	男：女比值	平均年龄（标准差）（岁）	共患病
Shirotsuki et al., 2015	社交焦虑症组[LSAS, PAC]（n=18）；健康对照组（n=17）	社交焦虑症组=1：2；健康对照组=7：10	社交焦虑症组=31.17（8.59）；健康对照组=21.18（1.24）	无抑郁症等共患病情况
Wermes et al., 2018	社交焦虑症组[SCID, LSAS, 低状态焦虑]（n=36）；社交焦虑症组[SCID, LSAS, 高状态焦虑]（n=31）；健康对照组[低状态焦虑]（n=32）；健康对照组[高状态焦虑]（n=30）	社交焦虑症组[低状态焦虑]=7：18；社交焦虑症组[高状态焦虑]=7：13；健康对照组[低状态焦虑]=19：31；健康对照组[高状态焦虑]=3：7	社交焦虑症[低状态]=30.8（9.4）；社交焦虑症[高状态]=29.6（8.3）；健康对照组[低状态]=29.8（6.0）；健康对照组[高状态]=29.8（3.1）	SAD组中34%的参与者被诊断为单相抑郁障碍
陈婷婷，2016：实验1	社交焦虑组[B-FNE, STAI＜56分，13Beck＜9分]（n=28）；低焦虑组[STAI＜56分，13Beck＜9分]（n=28）	社交焦虑组=5：9；低焦虑组=13：15	社交焦虑组=22.57（1.9）；低焦虑组=22.00（1.8）	无抑郁症等共患病情况
陈婷婷，2016：实验2	社交焦虑组[B-FNE, STAI＜56分，13Beck＜9分]（n=14）；低焦虑组[STAI＜56分，13Beck＜9分]（n=15）	社交焦虑组=5：9；低焦虑组=6：9	社交焦虑组=22.43（1.9）；低焦虑组=22.33（1.9）	无抑郁症等共患病情况
郝麦，2016：研究1	广泛性焦虑症组[ICD-10]（n=30）；健康对照组（n=30）	未报告	广泛性焦虑组=34.17±7.62；健康对照组=35.59±7.69	均无精神活性物质滥用、精神分裂症、双相情感障碍和器质性精神障碍的既往史与现病史

续表

研究	样本	男：女 比值	平均年龄（标准差）（岁）	共患病
胡蝶，2019	社交焦虑实验组 [LSAS > 63 分]（n=23）；低焦虑组 [LSAS < 16 分]（n=23）	社交焦虑实验组 =11：12；社交焦虑对照组 =14：9；低焦虑组 =8：15	社交焦虑实验组 =19.57 ± 0.72；社交焦虑对照组 =19.48 ± 0.72；低焦虑组 =19.57 ± 0.51	排除抑郁、精神疾病、神经系统疾病等
李海玲，2014	社交焦虑组 [SIAS]（n=23）；低焦虑组（n=22）	社交焦虑组 =10：13；低焦虑组 =1：11	未报告	未报告
李辞等，2019	社交焦虑症组 IAS ≥ 50, [DSM-Ⅴ]（n=95）；健康对照组 [IAS ≤ 36, DSM-Ⅴ]（n=37）	社交焦虑症组 =27：68；健康对照组 =11：26	社交焦虑症组 =19.3 ± 1.2；健康对照组 =19.2 ± 1.2	无抑郁症等共患病情况
刘家鑫，2014：实验 1	社交焦虑组 [SPS+SIAS > 90%]（n=10）；低焦虑组 [SPS+SIAS < 10%]（n=10）	无报告	社交焦虑组 =19.20 (1.23)；低焦虑组 =18.8 (0.79)	无抑郁症、精神疾病等共患病
刘家鑫，2014：实验 2	社交焦虑组 [SPS+SIAS > 90%]（n=12）；低焦虑组 [SPS+SIAS < 10%]（n=12）	社交焦虑组 =1：1；低焦虑组 =1：1	社交焦虑组 =19.17 (1.11)；低焦虑组 =19.17 (0.94)	无抑郁症、精神疾病等共患病
刘家鑫，2014：实验 3	社交焦虑组 [SPS+SIAS > 90%]（n=11）；低焦虑组 [SPS+SIAS < 10%]（n=11）	社交焦虑组 =6：5；低焦虑组 =5：6	社交焦虑组 =19.45 (0.82)；低焦虑组 =19.27 (1.01)	无抑郁症、精神疾病等共患病
刘家鑫，2014：实验 3	社交焦虑组 [SPS+SIAS > 90%]（n=11）；低焦虑组 [SPS+SIAS < 10%]（n=11）	社交焦虑组 =6：5；低焦虑组 =5：6	社交焦虑组 =19.45 (0.82)；低焦虑组 =19.27 (1.01)	无抑郁症、精神疾病等共患病
任伊雯，2018：研究 2	社交焦虑组 [IAS]（n=27）；低焦虑组（n=27）	未报告	21.51 (2.28)	无抑郁症、精神疾病等共患病
任伊雯，2018：研究 3	社交焦虑组 [IAS]（n=25）；低焦虑组（n=25）	未报告	21.51 (2.28)	无抑郁症、精神疾病等共患病

续表

第 5 章 青少年焦虑与注意偏向实证研究

研究	样本	男：女比值	平均年龄（标准差）（岁）	共患病
易欣，2016：实验1	社交焦虑组 [LSAS > 38 分，BDI-Ⅱ ≤ 13 分] (n=25)；低焦虑组 [LSAS < 38 分，BDI-Ⅱ ≤ 13 分] (n=21)	社交焦虑组 =12：13；低焦虑组 =7：14	社交焦虑组 =18.92 (1.44)；低焦虑组 =18.81 (1.08)	排除抑郁、精神疾病、神经系统疾病等
易欣，2016：实验2	社交焦虑组 [LSAS > 38 分，BDI-Ⅱ ≤ 13 分] (n=26)；低焦虑组 [LSAS < 38 分，BDI-Ⅱ ≤ 13 分] (n=23)	社交焦虑组 =0：1；低焦虑组 =0：1	社交焦虑组 =19.85 (1.76)；低焦虑组 =19.87 (1.18)	排除抑郁、精神疾病、神经系统疾病等
易欣，2016：实验5	社交焦虑组 [LSAS > 38 分，BDI-Ⅱ ≤ 13 分] (n=28)；低焦虑组 [LSAS < 38 分，BDI-Ⅱ ≤ 13 分] (n=27)	社交焦虑组 =0：1；低焦虑组 =0：1	社交焦虑组 =19.71 (1.80)；低焦虑组 =19.08 (1.53)	排除抑郁、精神疾病、神经系统疾病等
佘香莲，2017：研究2	社交焦虑组 [LSAS > 34 分] (n=32)；低焦虑组 [LSAS < 15 分] (n=34)	社交焦虑组 =10：13；低焦虑组 =1：11	21.4 (1.8)	排除精神疾病、急慢性病等
张昊洋，2015：研究1	社交焦虑组 [SAD > 17 分] (n=26)；低焦虑组 [SAD < 4 分] (n=23)	社交焦虑组 =8：5；低焦虑组 =14：9	15 ~ 19	排除精神疾病、急慢性病等
张昊洋，2015：研究2	社交焦虑组 [SAD > 17 分] (n=13)；低焦虑组 [SAD < 4 分] (n=12)	社交焦虑组 =9：4；低焦虑组 =5：7	15 ~ 19	排除精神疾病、急慢性病等

注：ADIS-C=DSM 焦虑障碍访谈表（儿童版）；BDI-Ⅱ = Beck 抑郁量表 -2；B-FNE= 简明负面评价恐惧量表；；DSM-Ⅳ/Ⅴ = 美国精神障碍诊断与统计手册 - 第 4/5 版；EDE-Q= 进食障碍检查自评问卷；HAMA= 汉密尔顿焦虑量表；ICD-10= 国际疾病分类 - 第 10 版；LSAS=Liebowitz 社交焦虑量表；PAC= 感知焦虑控制问卷；SAS= 社交焦虑量表；SAD= 社会回避及苦恼量表；SCID = DSM 精神障碍的结构化临床访谈；SPS= 社交恐惧量表；SIAS= 社会交往焦虑量表；STAI-T= 状态 - 特质焦虑量表；Y-BOCS= 耶鲁布朗强迫症量表；13Beck=13 项 Beck 量表。

表 5-2 纳入研究的结果汇总

研究	焦虑障碍	焦虑障碍样本	测量方式	刺激呈现间隔（ms）	刺激类型	情绪（负 vs 中/正）	组别（障碍组 vs 对照组）	情绪×组别	数据指标
Choi et al., 2016	社交焦虑障碍	22	视觉搜索	2 500	情绪面孔（高兴、蔑视）和声音（自身脉搏威胁声音，控制声音）	差异不显著	差异显著	差异不显著	正确率和平均反应时
Han et al., 2014	广泛性焦虑障碍	16	情绪调节范式	5 000	情绪图片（中、负）和情绪词（中、负）	差异显著	差异显著	负图 vs 中词：差异显著	平均反应时
Kim et al., 2018	社交焦虑障碍	31	连续性能任务和fMRI	5 000 或 6 000	情绪面孔（愤怒、中性）	差异不显著	差异显著	差异显著	反应时和fMRI数据
Pergamin-Hight et al., 2016	社交焦虑障碍	71	空间线索	200	情绪面孔（愤怒、高兴、中性）	差异显著	差异不显著	差异显著	平均反应时
Schneier et al., 2016	社交焦虑障碍	43	点探测	500	情绪面孔（愤怒、中性）	差异显著	差异不显著	差异不显著	平均反应时
Schmidtendorf et al., 2018	社交焦虑障碍	37	眼动追踪	5 000	情绪面孔（愤怒、高兴、中性）和情绪图片（房子）	差异显著	差异显著	愤怒 vs 房子：差异显著	眼动数据
Shirotsuki et al., 2015	社交焦虑障碍	18	点探测	500	情绪词（中性、威胁）	差异不显著	差异不显著	差异不显著	平均反应时
Wermes et al., 2018	社交焦虑障碍	67	视觉搜索	400	情绪面孔（高兴、愤怒、中性）	差异显著	差异显著	差异显著	眼动记录平均反应时
陈婷婷, 2016: 实验1	社交焦虑障碍	28	情绪Stoop	800 或直到被试反应	情绪面孔（高兴、愤怒、中性）	差异显著	差异不显著	差异显著	平均反应时

第5章 青少年焦虑与注意偏向实证研究

续表

研究	焦虑障碍	焦虑障碍样本	测量方式	刺激呈现间隔（ms）	刺激类型	情绪（负vs中/正）	组别（障碍组vs对照组）	情绪×组别	数据指标
陈婷婷，2016：实验2	社交焦虑障碍	14	点探测和事件相关电位	500	情绪面孔（愤怒、高兴、恐惧、中性）	差异显著	差异不显著	差异不显著	平均反应率和正确率
郝羡，2016：研究1	广泛性焦虑障碍	30	点探测	100	情绪面孔（中性、厌恶）	差异显著	差异显著	差异不显著	平均反应时和正确率
胡蝶，2019	社交焦虑障碍	23	视觉搜索/事件相关电位	2 000s~3 000s	情绪面孔	（愤怒、高兴、中性）差异显著	愤怒的注意警觉：差异显著 愤怒的脱离困难：差异显著	差异显著	平均反应时
李海玲、陈永亮，2014	社交焦虑障碍	23	点测	未报告	情绪面孔（愤怒、厌恶、中性）	差异显著	差异显著	差异显著	反应时
李荦等，2019	社交焦虑障碍	95	点测	500	情绪面孔（高兴、中性、悲伤）	差异不显著	差异显著	差异显著	平均反应时
刘家鑫，2014：实验1	社交焦虑障碍	10	点测掩蔽	14和186s	情绪面孔（负性、中性、正性）	差异不显著	差异显著	差异显著	平均反应时
刘家鑫，2014：实验2	社交焦虑障碍	12	点测和眼动追踪	800	情绪面孔（负性、正性）	差异不显著	差异显著	差异显著	平均反应时和眼动数据
刘家鑫，2014：实验3	社交焦虑障碍	11	点测和眼动追踪	3 000	情绪面孔（负性、正性）	差异显著	差异显著	差异显著	平均反应时和眼动数据

续表

研究	焦虑障碍	焦虑障碍样本	测量方式	刺激呈现间隔（ms）	刺激类型	情绪（负vs中/正）	组别（障碍组vs对照组）	情绪×组别	数据指标
任伊雯,2018: 研究2	社交焦虑障碍	27	点测	1 000	情绪词	（人际接纳词、人际拒绝词、中性词）差异不显著	人际拒绝词的注意解除：差异显著	差异显著	平均反应时
任伊雯,2018: 研究3	社交焦虑障碍	25	点测	1 000	情绪词	（自我接纳/他人评价）差异不显著	自我相关的注意偏向：差异显著	差异显著	平均反应时
易欣,2016: 实验1	社交焦虑障碍	25	点测	175s	情绪面孔（轻蔑、中性）	差异不显著	差异不显著	差异显著	平均反应时
易欣,2016: 实验2	社交焦虑障碍	26	点测	175s	情绪面孔（轻蔑、中性）	差异不显著	差异不显著	差异显著	平均反应时
易欣,2016: 实验5	社交焦虑障碍	28	眼动追踪	3 000	情绪面孔（轻蔑、中性）	差异显著	差异不显著	差异显著	眼动数据
余香莲,2017: 研究2	社交焦虑障碍	32	眼动追踪	不适用	情绪面孔（愤怒、厌恶、快乐、中性）	差异显著	差异不显著	差异显著	眼动数据
张昊洋,2015: 研究1	社交焦虑障碍	26	情绪Stoop	2 500或直到被试反应	情绪词（正性、负性、中性）	差异不显著	差异不显著	差异显著	平均反应时
张昊洋,2015: 研究2	社交焦虑障碍	13	空间线索	200或500	情绪面孔（正性、负性、中性）	差异不显著	差异不显著	差异显著	平均反应时

注：fMRI为功能性磁共振成像。

5.1.3.1 参与者的特征

本研究涉及 25 项研究，共包括了 776 名焦虑障碍个体（SAD/GAD）、329 名健康对照者（其中 30 名有高状态焦虑）、355 名低/非焦虑对照者、50 名强迫症患者，以及 30 名神经性厌食症患者。其中，兴趣组（GAD/SAD）的样本大小范围在 10 至 95 人之间，并且无论样本多大都有可能出现感兴趣的结果。大多数实验研究（$n=25$）的参与者来自社交焦虑症人群，这是研究者们感兴趣的群体。其中，6 项研究使用了临床访谈来确认诊断焦虑障碍者的身份（Choi et al., 2016; Pergamin-Hight et al., 2016; Schneier et al., 2016; Schmidtendorf et al., 2018; Wermes et al., 2018; Lee et al., 2019），而其余 19 项研究则使用了自我报告的在线诊断问卷来评估参与者的焦虑障碍患病情况。这些自我报告诊断问卷量表都是经过标准化、公认的，并且具有较高的信效度，如 Liebowitz 社交焦虑量表（LSAS）、简明负面评价恐惧量表（B-FNE）、汉密尔顿焦虑量表（HAMA）、交往焦虑量表（IAS）、社交焦虑量表（SAS）、社会回避及苦恼量表（SAD）、社交恐惧量表（SPS）以及社会交往焦虑量表（SIAS）等。这些使用问卷量表的研究对"社交焦虑症"的评估分界点有所不同。一种方法是按得分从高到低排序，在选定一定数量的被试作为参与者时，将得分最高的 25%的被试选择为社交焦虑组，而将得分最低的 25%的被试选择为低社交焦虑组。例如，陈婷婷（2016）所使用的 B-FNE。其他研究如任伊雯（2018）、李海玲和陈永亮（2014）等也采用了这种方法。另一种方法是使用量表得分的分界点将高社交焦虑组和低焦虑组进行区分。例如，易欣（2016）使用 LSAS 将总分小于 38 分的被试划分为低焦虑组，将总分大于 38 分的被试则归为社交焦虑组。也有研究综合了两种方法来筛选参与者，如余香莲（2017）的研究。仅有两项研究使用广泛性焦虑障碍参与者，使用的诊断标准分别是 ADIS 与国际疾病分类（ICD-10）（Han et al. 2014; 郝爽，2016）。

研究中，有 24 项报告称他们的样本没有共患病，只有 3 项研究报告了他们有共患病情况。根据 Kim 等（2018）报告，他们的社交焦虑组中有 4 人共患抑郁症；根据 Schmidtendorf 等（2018）报告，在 16 名 SAD 患者中，7 人共患其他严重焦虑症，3 人共患注意力缺陷和分裂行为障碍，其余 6 人各患有 2 种共患病，分别是睡眠障碍、选择性缄默症和排泄障碍；根据 Wermes 等（2018）报告，有 34% 的社交焦虑参与者同时患有单相抑郁障碍。在 19 项研究中，社交焦虑症或广泛性焦虑症组参与者的平均年龄为 22.75 岁，而健康或低焦虑对照组的平均年龄为 22.17 岁。此外，1 项研究没有报告年龄分布情况，而另外 5 项研究则只报告了整个样本的年龄分布，却没有报告实验组或对照组的平均年龄。在那些报告了 GAD/SAD 组性别分布情况的 21 项研究中，GAD/SAD 组平均有 38.17% 的男性参与者。此外，这些研究的性别分布范围在 0% 的男性参与者到 69.23% 的男性参与者不等。而健康或低焦虑对照样本平均有 33.07% 的男性参与者，范围在 0% 到 60.87% 不等。

5.1.3.2　研究设计

经过对 18 篇文章的仔细阅读，总结出了 25 项符合本书的实验研究。表 5-2 简述了各项实验研究所使用的被试群体、样本大小、测量工具和刺激材料类型，并简要记录了各项研究结果的统计学分析和生物学发现。在这些研究中，有 13 项使用了点探测范式（其中 2 项同时使用了眼动追踪任务），使用视觉搜索任务范式和眼动追踪任务的各有 3 项，使用情绪 Stroop 任务和空间线索任务的变式各有 2 项，使用连续性能任务和情绪调节任务的变式各有 1 项。所有实验任务都采用了视觉刺激材料，但各研究中使用的视觉刺激类型有所不同，如面孔表情、文字语言和图片等。只有一项研究同时使用了视觉和声音刺激材料（Choi et al., 2016）。在这些研究中，实验刺激的材料性质存在差异。负性刺激材料大多是愤怒和厌恶的威胁类面孔表情，中性刺激是不能引起情绪反应的图片，如酸奶、鼠标等，或愉悦度在 5 左右和唤醒度在 4 左右的面孔图片。正性刺激材料通常是高兴和开心的面孔表情。当威胁刺激材料与不同的正性刺激材料进行比较时，实验的结论也可能出现差异。而在这些研究中有13项只将威胁的或消极的负性刺激与中性刺激进行比较（Kim，2018；Schneier et al.，2016；Shirotsuki et al.，2015；陈婷婷，2016：实验2；胡蝶，2019；李辞 等，2019；刘家鑫，2014：实验1/2/3；任伊雯，2018：研究2/3；易欣，2016：实验1/2）。另外，还有7项研究不仅比较了负性刺激与中性刺激，还将负性刺激与积极刺激进行比较（Pergamin-Hight et al.，2016；Schmidtendorf et al.，2018；Wermes et al.，2018；陈婷婷，2016：实验1；郝爽，2016；易欣，2016：实验5；张昊洋，2015：研究1）；有些研究将威胁性刺激与沮丧/厌恶刺激和积极刺激进行了比较（Han，2014；余香莲，2017：研究2），或与空白图片/词语相比（张昊洋，2015：研究2），也有研究把身体（内部）威胁刺激与社会威胁刺激进行了比较（Choi et al.，2016），但有1项研究未明确说明威胁/积极/中性刺激的比较方法（李海玲 等，2014）。

如表5-2所示，不同的研究样本使用了不同的刺激呈现时间。为了确保实验刺激材料是在意识阈限下呈现而不是在意识阈限上，有3项研究使用了掩蔽刺激（Shirotsuki et al.，2015；刘家鑫，2014：实验1；张昊洋，2015：研究2）；而在2项研究的设计中，刺激材料呈现的时间没有确定的范围而是在参与者做出反应之前一直存在，或在任务的整个过程中持续存在（陈婷婷，2016：实验1；张昊洋，2015：研究1）。值得注意的是，在情绪Stroop任务中，屏幕上呈现的颜色命名词是一直存在的，并且中间没有空白页面。其余研究的刺激呈现时间经过规定，范围在100 ms到16 000 ms之间。

5.1.3.3 整体研究结果

1. 焦虑障碍个体与健康对照组相比是否表现出对威胁信息有更强的注意偏向

根据25项研究的数据，有18项研究（72%）发现焦虑障碍的个体相对于健康对照组更加关注威胁刺激，这进一步支持了焦虑障碍个体更易产生注意偏向的假设。这25项研究中的主要结果变量都将反应速度（如反应时间、阅读时间或眼动数据）作为数据指标。正如前文所述，只有8项研究使用了临床医生诊断的焦虑障碍患者作为研究对象。在这些研究中，Choi等（2016）、Wermes等（2018）和Schneier等（2016）发现，与健康对照组相比，焦虑障碍患者对威胁性刺激并未表现出对威胁性信息明显的的注意偏向（即无显著的组间主效应，见表5-2）。然而在他们的研究中，焦虑障碍患者确实表现出对威胁性刺激的注视时间减少，这表明他们有对威胁刺激的注意回避。

在使用了自评量表诊断的焦虑障碍个体作为研究对象的16项研究中，有4项研究未报告被试抑郁水平（李海玲，2014；余香莲，2017；张昊洋，2015：实验1/2），尽管这些研究未考虑被试的抑郁水平，但它们都得出了焦虑障碍个体对威胁类刺激存在明显注意偏向的结论，而这些研究认为，由于社交焦虑者存在对威胁信息的警觉倾向，因此他们会在所处的情境中持续搜索有可能带有潜在威胁的信息和刺激，从而更容易快速捕捉到威胁性信息（张昊洋，2015）。对于那些报告了被试抑郁水平的研究，如Shirotsuki等（2015）和陈婷婷（2016：实验2）的研究和以往研究不同。这些研究发现，社交焦虑症组和低社交焦虑对照组的注意偏向没有显著差异。然而，Shirotsuki等却发现，社交焦虑症组在威胁类词语方面存在注意偏向评分差异，即对威胁性词语有接近效应。

虽然以往的研究发现，与低焦虑对照者相比，社交焦虑患者的注意偏向在威胁性刺激中显著存在，然而李辞等（2019）的研究不仅发现，SAD对愤怒、厌恶这些威胁性刺激有注意偏向，还发现健康对照组对愤怒的威胁性刺激存在一定的注意偏向。尽管以往的研究也发现低社交焦虑者可能同样有威胁性刺激的关注倾向，但低焦虑者对威胁刺激的关注程度要远低于焦虑障碍个体。

2.焦虑障碍个体的威胁信息注意偏向是否与患有其他精神疾病个体不同

只有Wermes等（2018）将社交焦虑组和健康对照组分别细分为状态

第5章 青少年焦虑与注意偏向实证研究

焦虑 SAD/ 健康组和特质焦虑 SAD/ 健康组 4 个组，以探索评估状态和特质社交焦虑对威胁的注意偏向的各种指标。结果发现，在状态和特质社交焦虑中都没有发现促进对威胁的注意偏向的证据，但在总体 SAD 患者中发现了对愤怒刺激出现较短的总注视时间，即 SAD 患者表现出对威胁信息的回避现象。这种结果可能是由于实验范式设计引起的。

3. 焦虑障碍个体在不同的实验范式中是否都存在类似的对威胁信息的注意偏向

在对 18 篇文献进行系统性综述时，发现大多数实验范式都表现出对威胁类刺激的注意偏向。其中，在 13 项使用点探测任务的研究中，有 8 项（占所有点探测任务的 62%）研究发现，焦虑障碍个体对威胁性刺激的注意力与健康对照者相比存在偏向，未能发现群体差异或交互效应的仅有陈婷婷（2016：实验2）、Shirotsuki 等（2015）、Schneier 等（2016）和易欣（2016：实验2）。值得注意的是，陈婷婷在实验 2 中发现，在点探测任务的行为实验中交互效应没有显著差异，但在进行点探测行为实验的同时使用事件相关电位，发现高社交焦虑者与健康对照者相比对威胁性情绪面孔存在最初的注意警觉。另外，在使用情绪 Stroop 范式和眼动追踪实验的 5 项研究中，都有发现焦虑障碍个体与健康对照组相比对威胁性刺激有注意偏向。

4. 在使用不同的刺激呈现时间的各研究中是否发现焦虑障碍个体对威胁信息的注意偏向有差异，在对刺激加工时是自下而上还是自上而下的

本次纳入分析的这些研究采用的实验任务以及具体的参数设置并不统一，他们分别采用了不同的刺激呈现时间（SOA），而在研究中刺激呈现时间的不同所产生的结果似乎也有些不同。刘家鑫（2014）的研究比较了阈下的刺激呈现时间（14 ms，186 ms 掩蔽刺激）和阈上的刺激呈现时间（800 ms 和 3 000 ms），刺激呈现时间的变化所得的结果差异不显著，也就是说社交焦虑参与者与低焦虑参与者相比，对威胁性刺激的注意偏向与意识阈限下或意识阈限上的条件无关。但在意识阈限下，高社交焦虑者对威胁性刺激表现出注意回避，而在意识阈限上对其存在总体的注意维持。这说明高社交

焦虑个体在对威胁性刺激进行注意的信息加工时，注意偏向是由自上而下概念驱动的加工过程或自下而上刺激驱动的加工过程共同决定，而并不总是全由两者之一决定的。

在张昊洋（2015：研究2）的实验中，使用了200ms和500ms SOA的实验条件，结果发现，当刺激呈现时间较短时：如当SOA=200ms，社交焦虑者比低焦虑者对威胁面孔的注意更具有警觉性、维持性；当刺激呈现时间较长时：如当SOA=500ms，较低社交焦虑者对威胁面孔存在最初的注意偏向、注意维持而后才对威胁信息表现出注意回避。而刘家鑫（2014：实验2/3）也使用了800ms和3 000ms SOA的实验条件，发现在800ms条件下，对于使用消极图片刺激的高社交焦虑组被试存在总体的注意维持，而这种注意维持在3 000ms时却消失了，并表现出注意回避。这种注意偏向成分的差异有可能是由于个体在较短的SOA条件下发生了对威胁信息进行自下而上的注意加工过程，而在较长的SOA条件下进行自上而下的注意加工过程。Kim等（2018）使用连续性能任务让被试暴露在5s、6s、8s和16s的刺激中，以检测社交焦虑患者与健康对照组相比对社会威胁的注意偏向是否存在。结果显示，社交焦虑患者对非任务的社会威胁存在长期的注意偏向，这个结果可能是杏仁核过度活动和包括颞叶联合区和颞下回在内的自下而上的注意网络的持续活动所致。

有65项研究使用了小于500ms的刺激呈现时间，除了Pergamin-Hight等（2016）和Wermes等（2018）的研究未发现与健康对照组相比，焦虑症者对威胁性刺激有明显的注意偏向，其余三分之二的研究都发现了这样的结果。这意味着有较多研究证明了自下而上的信息加工过程与焦虑障碍个体在进行500ms以内的刺激时发生威胁性刺激的注意偏向有关。

5. 在使用不同类型的威胁刺激材料与不同情绪效价的威胁刺激时，焦虑障碍个体是否存在对这些威胁刺激的注意偏向

1）基于语言刺激（词语）与基于图像刺激（图片/表情面孔）

所有的研究均采用视觉刺激，大多数研究采用情绪词、情绪面孔，个别研究会同时使用多种刺激材料。具体来说，这25项研究中有20项使用

了情绪面孔作为实验刺激（其中1项还同时使用了场景图片），另5项使用了情绪词（其中1项还同时使用了场景图片）作为实验刺激的研究。

以情绪面孔为实验材料的20项研究中，除了Schneier等（2016）和陈婷婷（2016：实验1和实验2）未发现焦虑患者与健康对照者之间的组间差异，其余18项研究均发现焦虑患者相对于健康对照组的对威胁性信息更加明显的注意偏向。有趣的是，易欣（2016）在应用眼动追踪技术的实验5中发现，高社交焦虑个体和低焦虑对照组对眼睛目标区域（AOI）表现出组间差异，而在面孔AOI分析中，无论是相对注视点还是相对注视时间，注意偏向效应在面孔AOI上都不显著。这说明了焦虑障碍个体对威胁类信息存在注意偏向的结果不是与整个面孔表情有关，而是与特定的面孔区域——眼睛有关。与以往研究不同，李海玲等（2014）的研究中也发现高社交焦虑者不仅对威胁性刺激存在注意偏向，也对高兴的面孔存在边缘程度的偏向，这可能是因为参与者对不同面孔的敏感程度有差异，即对相同面孔产生不同的认知评价。

另5项使用了情绪词（其中1项还同时使用了场景图片）作为实验刺激的研究均较为一致地发现焦虑患者和健康对照组显著的组间差异。这说明了采用语言刺激比面孔刺激较易发现焦虑障碍个体对威胁信息的注意偏向。这与Huw，Jenny和Colette（2017）的研究发现在GAD患者中当视觉威胁刺激不是图片形式（图像或面孔）而是文字形式（语言）时，这种对威胁信息的偏向最为明显的结论相一致。

2）情绪效价的影响

在众多实验研究中，大多数使用中性刺激材料与威胁/积极刺激进行注意偏向比较，其中大多数支持焦虑障碍个体表现出对威胁性刺激的注意偏向。只有少数研究（李海玲 等，2014）支持普遍情绪假说，即焦虑障碍个体对威胁的和积极的刺激都有注意偏向。Schmidtendorf等（2018）在愤怒－快乐面孔实验中的最初偏向分数表明，健康对照者对快乐面孔有显著的偏好，SAD个体也有同样的倾向，但无统计学意义。陈婷婷（2016）、李辞等（2019）和余香莲（2017）还比较了威胁与积极/快乐面孔材料以外的刺激,即厌恶或恶心刺激。在这些研究中,他们并未发现焦虑障碍参与者与健康对照组相比对任何刺激效价存在偏向。

3)威胁刺激的类型

最后,在威胁刺激类型的差异性方面,有几项研究对其进行了分析,比较了物理威胁和社会威胁,或身体上的威胁和外部的社会威胁。Choi 等(2016)运用 fMRI 技术比较了高低社交焦虑者的内部威胁(听到被试自己的脉搏)和外部威胁(行为任务)的注意偏向,结果表明,高社交焦虑者容易受到内部和外部社会威胁的影响,因为他们在社会环境中往往利用超反应性注意力系统的异常神经活动来监控自己。Schmidtendorf 等(2018)发现,在愤怒-中性图片的对比中,社交焦虑症组和健康对照组都倾向于中性信息,而在愤怒-房子图片的对比中,与健康被试相比社交焦虑者更偏向于社会威胁信息。相较于社会威胁,个体更容易在物理威胁的对比中得出对威胁信息的注意偏向。此外,易欣(2016)在实验 1 和 2 中使用了不同类型的表情图片,比较了高低社交焦虑者对直视面孔图片和斜视面孔图片的注意偏向。结果显示,在直视面孔图中,高社交焦虑者相对于低焦虑者来说,对威胁性刺激具有更显著的注意偏向,而在斜视图片中,无论是社交焦虑者还是低焦虑者都没有明显的注意偏向。这进一步证明了社交焦虑者对威胁信息的注意偏向与眼睛区域有关。

5.1.3.4 研究的质量

通过使用质量评估工具,对 18 篇文章的质量进行评估,并将这些文章划分为高质量、可接受质量、低质量三种。其中被评为高质量的有 4 篇(Schmidtendorf et al., 2018;胡蝶,2019;刘家鑫,2014;任依雯,2018),主要原因是这些研究能够很好地控制和考虑额外变量的干扰,并且在数据收集方面采用了标准化的方法。最主要的是他们的实验是随机对照实验(RCT)或半随机实验(CCT)。且这 4 项研究都报告了焦虑障碍个体与健康对照组相比有明显的威胁刺激注意偏向。另外,12 篇文章被评为可接受的文献,因为这些文章没有被描述为"随机"的实验,其余的项目,如被试的选择性偏差、数据的收集、主试和被试的双盲处理以及被试的损耗都有较为明确的说明，影响结果的风险较低。

剩余的2篇文章被评为低质量的研究（Shirotsuki et al.，2015；李海玲 等，2014）。这是因为这些研究除了不是RCT或CCT的研究，同时他们对混杂因素的处理也没有明确的说明。Shirotsuki等和李海玲等的研究没有明确地报告被试的年龄、性别、受教育的程度以及抑郁水平等因素，这可能会因为混杂因素的偏差从而对结果造成一定的影响。此外，在这两项研究中，Shirotsuki等并没有发现健康参与者与焦虑障碍个体对威胁信息的注意偏向有显著差异。

5.1.4 讨论

当前的系统性综述审查了那些被诊断或测量为焦虑障碍的人与健康对照组和其他临床人群相比，对威胁信息的注意偏向的经验证据。在这篇系统性评价的研究中有证据说明，社交焦虑个体、广泛性焦虑个体与健康对照者或低焦虑者相比，存在对威胁性刺激的注意偏向。在综述所探索的18篇文章中，大约五分之四的研究都发现了这个特征。但是，本章综述中较少以广泛性焦虑症个体为被试的研究，且由于样本问题，也没有研究除了广泛性焦虑症和社交焦虑症之外的其他焦虑障碍个体注意偏向文献。因此，为了更好地了解这类焦虑障碍中注意偏向的表现和特征，需要开展更多针对这些在临床中较为罕见的焦虑障碍个体的注意偏向研究。

在社交焦虑障碍个体中发现的对威胁信息的注意偏向效应与以往的综述研究结果相一致，都认为对威胁性的注意偏向常见于焦虑人群(Bar-Harim et al.，2007；Frewen et al.，2008)。本章通过系统地审查各研究中对社交焦虑症、广泛性焦虑症的具体实验操作来识别这种威胁性偏向，从而更新了现有对焦虑障碍注意偏向的研究发现。尽管只有2项广泛性焦虑症的研究符合本章系统性综述的纳入标准。但在使用广泛性焦虑患者为注意偏向实验被试的研究中，Han等（2014）发现，当使用面孔材料作为刺激物时，广泛性焦虑者与健康对照者相比存在对威胁刺激的注意偏向。郝爽（2016）虽然没有发现交互效应但也总结出广泛性焦虑者对消极刺激面孔有更高的敏感性，与高兴面孔相比，广泛性焦虑者对厌恶、愤怒的面孔反应更警觉。尽管因为搜索条件的限制，本章综述中广泛性焦虑障碍样本较少，但在Huw、Jenny和Colette（2017）对广泛性焦虑障碍个体的注意偏向的系统性综述中报告，有三分之二以上的研究发现广泛性焦虑者与健康者相比，存在对威胁刺激的注意偏向，这足以证明广泛性焦虑障碍存在威胁性注意偏向效应。

本章综述发现，在主要的实验范式中证实了焦虑障碍个体存在注意威胁刺激的偏向，这些实验范式大多是建立在最初的实验范式基础上的。通过研究各篇文献中的实验范式及其结果，发现焦虑障碍个体在使用点探测范式、情绪Stoop范式、空间线索任务和眼动追踪时，都表现出了对威胁刺激的注意偏向，但在视觉搜索任务中少有这种偏向的发现。Wermes等（2018）在他们的研究中解释道，视觉搜索任务要求被试在面孔图片中寻找异常或特定的刺激，而点探测任务只将这种特定刺激作为启动材料使用，然后要求被试对中性的探针刺激做出反应。因此，在情景压力下，个体在使用视觉搜索范式时会降低注意的可变性。然而，视觉搜索范式在过去为促进对威胁性刺激的注意偏向的研究提供了证据（Gilboa-Schechtman et al., 1999；Juth et al., 2005：研究5；Eastwood et al., 2005）。与他人的研究不同，本章综述中所研究的文献大多数使用面孔图片作为刺激材料，少数研究使用言语材料（文字），并且有80%使用言语材料（文字）的研究发现焦虑障碍个体与健康者相比时对威胁信息的注意偏向更显著，而只有70%使用面孔图片作为刺激材料的研究得出相同结论。因此，使用文字材料比图片材料更易发现焦虑障碍个体对威胁信息的注意偏向，虽然有可能是因为使用言语材料的样本量小造成的，但总体来说，刺激材料类型的不同会对测量焦虑障碍者对威胁刺激的注意偏向结果造成一定影响。

焦虑个体对威胁性刺激的注意偏向到底是验证了一分说（注意警觉或注意回避）还是二分说（注意－警觉）或者是三分说（注意增强、注意脱离困难/固着、注意回避)的问题一直是以往研究和综述的重点。有的研究使用不同的 SOA 条件,验证了三分说,认为焦虑障碍个体在面对威胁刺激时,在有掩蔽条件下的注意是注意回避,在 SOA 较短时则表现出最初的注意警觉,而在较长的 SOA 条件下最初是注意固着但在总体上是注意回避,在意识阈限下条件的实验也支持了社交焦虑机制的回避假说(刘家鑫,2014)。且还有研究探究了不同的注意偏向成分,得出了焦虑障碍个体对威胁刺激的注意偏向是注意维持和注意脱离困难(张昊洋,2015;研究 2;李辞,2019;胡蝶,2019)。只有余香莲(2017)验证了注意警觉假说,并从 fMPI 的研究结果发现对负性刺激最为敏感的区域是杏仁核。此外,很少有证据表明焦虑障碍者对威胁刺激发生注意偏向的警惕 – 回避假说(Mogg et al., 1998)。只有一项研究表明在具体评估注意偏向成分时,对威胁信息的偏向是避免威胁,而不是过度警觉(Schmidtendorf et al., 2018)。尽管在本章综述中,大多数研究都是依据注意偏向的三种成分开展的,但焦虑障碍的注意偏向成分仍存在较大争议。

　　本章的系统性综述存在一定局限性。首先,对焦虑障碍者的研究仅包括社交焦虑障碍个体和广泛性焦虑障碍个体,排除了其他临床弱势焦虑障碍患者。这样的处理可能导致被排除在外的弱势焦虑障碍个体中缺乏对威胁刺激的注意偏向审查,但这样的决定是为了明确更具体的研究问题,并针对大多数患有 SAD/GAD 的高危人群。其次,在方法学上,系统性的筛查文献可能会受到限制,由于只有一个审查者,因此可能存在主观选择上的偏见。为了克服这一缺陷,笔者与另一位权威审稿人讨论并达成了关于列入或排除条件等任何不确定性的共识。尽管如此,在文献筛选和选择的早期阶段缺少第二审稿人可能也会对结果有一定的影响。此外,在研究的质量评估方面,所使用的质量评估工具是英文版工具,翻译成中文可能会造成不适当的影响,但质量评估时的工具是标准化的量表,在确定文献质量时使用的是客观标准,以至于在一定程度上减少了这种缺陷。最后,在审查文献的大多数研究中,难以确定这些研究结论背后的确切过程,由于通过反应时的范式测量注意偏向,只能通过对比实验条件和控制条件之间的差异推论得到个体注意偏向的特点，不能直接验证注意偏向发生的机制。例如，情绪 Stroop 范式虽然验证了社会焦虑者加工威胁表情时存在注意偏向，但是这一范式不能完全解释或评估注意偏向是否更准确地衡量注意警觉、注意回避等成分（陈婷婷，2016）。

5.1.5 结论

综上所述，本章综述更新了焦虑障碍者对威胁刺激的注意加工偏向方面的证据。尽管本章综述中研究广泛性焦虑者注意偏向的文献样本较少，但经查阅他人的系统文献综述，同时结合本章综述的研究也有明显的证据表明，与健康者相比，焦虑障碍者对威胁刺激有注意偏向，这一积极的发现建立在不同的实验范式中，除了视觉搜索范式，在大多数实验范式中都有发现。本章还发现，在焦虑障碍患者中，当视觉威胁材料不是图片形式（图像或面孔）而是文字形式（口头语言）时，这种对威胁刺激的注意偏向较为明显。本章也发现使用面孔材料时焦虑障碍患者在对刺激材料进行注意时更倾向于关注眼睛区域的威胁信息而不是整个面孔的威胁信息。进一步的研究应该着眼于检验焦虑障碍患者对威胁刺激发生注意偏向的具体成分，以及与其他临床患者相比对威胁刺激的偏向研究。

5.2 焦虑情绪注意偏向干预训练的实验研究

5.2.1 引言

5.2.1.1 实验意义

焦虑情绪注意偏向干预训练的实验研究旨在通过训练来调整焦虑易感个体对负性刺激的注意偏向，并从而缓解这些个体的焦虑症状。这项研究的意义在于，焦虑症是一种常见的心理障碍，严重影响患者的生活质量和身心健康。目前已有的治疗方法包括药物治疗和行为治疗，然而二者的效果仍有限。因此，开发有效的干预方法非常必要。注意偏向干预训练方法是一种利用认知心理学原理，操作简单、成本低廉、无副作用的干预方法，其有效性已在过去的研究中得到了证实。

此外，与单一的训练方法相比，本研究将训练与奖励训练相结合，旨在探讨如何进一步提高训练效果。这对于将训练方法应用于临床实践具有重要意义。

5.2.1.2 实验目的和实验假设

正如前一节的研究结果所述，已有研究表明个体对负性刺激注意偏向会加强焦虑的易感性。许多研究者发现，可以对焦虑个体进行训练，从而缓解其焦虑的症状（Anthony，2009；Nader et al.，2009）。认知加工理论认为，注意加工过程对于焦虑症状的产生起重要作用，当负性信息和中性信息处于同等级的注意加工时，焦虑个体倾向于优先加工负性信息（Nader et al.，2009）。关于焦虑个体的注意偏向作用机制，目前的研究结果表明，注意警觉和注意脱离困难可能是主要影响成分。对威胁刺激的注意偏向可能会增强个体的对负性信息的加工，从而导致焦虑情绪增强（Heeren et al.，2012）。焦虑个体往往难以脱离威胁刺激，从而引起情感反应（Gal et al.，2013）。

近年来，人们发现通过奖励训练（reward association training，RAT）能够增强焦虑个体对非威胁刺激的注意警觉，进而影响信息加工和注意偏向（Anderson et al.，2011）。许多研究发现，当一个与先前奖励相联结的干扰刺激出现时，被试的反应时间显著增加，且高奖励条件的反应时比低奖励条件更长，说明被试对奖励相关刺激存在注意警觉（Anderson et al.，2011；Anderson et al.，2012；姚树霞，2013）。例如O'Brien和Raymond（2012）在使用面孔材料进行奖励训练时呈现奖励金额，结果表明高奖励面孔的识别效率更高，说明奖励训练使该刺激更易被注意到（O'Brien et al.，2012）。Kiss等（2009）的研究则使用奖励价值联结，以积分的形式呈现给被试，结束实验后换算成金钱，研究发现即使被试只是预期获得奖励，在高水平预期下也会对相应刺激产生注意偏向（Kiss et al., 2009）。

但是关于 ABT（注意偏向训练）和 RAT 两者的研究一直是独立的，并未有学者研究两者结合所带来的训练效果。本研究拟通过严格控制组前后测的实验设计，检验 ABT 和 RAT 两者相结合以缓解焦虑的有效性。本研究提出以下假设。

假设 5-1：通过奖励训练，增强对非威胁刺激的注意警觉能够降低被试的焦虑水平。

假设 5-2：通过注意偏向训练增强对威胁刺激的注意脱离能够降低被试的焦虑水平。

假设 5-3：将奖励训练和注意偏向训练相结合进行训练，相比于进行单个训练，被试的焦虑水平显著下降，会产生优化效果。

5.2.2 方法

5.2.2.1 被试

本研究通过 GAD-7 问卷共招募了 76 名（其中女生 36 名）焦虑值不低于 10 分的某学院在校生自愿者，并随机分到安慰剂组、无奖励有注意训练组、有奖励无注意训练组、有奖励有注意训练组，每组 19 人。

5.2.2.2 测量工具

采用广泛性焦虑量表（GAD-7）中文版，该量表只用于短时间内筛查过去两周的焦虑程度。该量表包含七道题，每道题的分数为 0~3 分，总分为 21 分。根据分数，正常水平为 0~4 分，轻度焦虑为 5~9 分，中度焦虑为 10~14 分，重度焦虑为 15 分以上。该量表的重测信度为 0.86，效度良好（曾庆枝 等，2013）。

5.2.2.3 实验材料

从现代汉语情感词系统（CAWS）（王一牛 等，2008）中选取愉悦度在 2~3 分之间（九点评定法，分数越低越消极，越高越积极，5 分为中性）的负性词语 90 个，愉悦度在 5 左右的中性词 90 个。由 18 个心理学学生重新评估，最后选择 68 个中性词和 60 个否定词。t 检验结果显示，负性词汇和中性词汇在愉悦和唤醒方面存在显著差异（$p < 0.01$）。为了防止出现练习效应，训练材料和检验材料不能相同。将 68 个中性词分为 a1 和 a2，检验结果表明两部分的愉悦度和唤醒度没有显著差异（$p > 0.05$）。将 60 个负性词分为 b1 和 b2，检验结果表明两部分的愉悦度和唤醒度没有显著差异（$p > 0.05$）。训练材料由 a1 和 b1 组成，t 检验结果表明，负性词和中性词的愉悦度和唤醒度存在显著的差异（$p < 0.01$）。测验材料由 a2 和 b2 组成，t 检验结果表明，负性词和中性词的愉悦度和唤醒度存在显著的差异（$p < 0.01$）。

5.2.2.4 实验设计

本研究采用 2 奖励（无奖励、有奖励）×2 训练（无训练、有训练）×2 时间（前测、后测）×2 词语类型（中性、负性）的四因素混合实验设计，其中奖励和注意训练为被试间变量，时间和词语类型为被试内变量。

5.2.2.5 前后测

1. 实验任务

本研究采用心云天地网上实验系统，被试可在家中完成线上实验。本研究采用的实验范式改编自 MacLoed 的改进版点探测范式，被试的任务是：当探测目标出现时，根据目标类型尽快做出按键反应。单个试次的流程如图 5-2 所示：首先屏幕中心呈现一个持续 500ms 的注视点 "+"，随后将两个情绪词语一左一右呈现在屏幕上 1 500ms。随后，词语消失，探测目标（"●" "●●"）会在其中一个情绪词语呈现过的一侧随机出现，要求被试通过点击 "F" "J" 键回应探测目标的类型（"●" 按 "F" 键，

"●●"按"J"键）。所有词语对均以白字黑底图片的形式制作，分辨率为 800×600 dpi，两个词语之间的间距为 3cm。

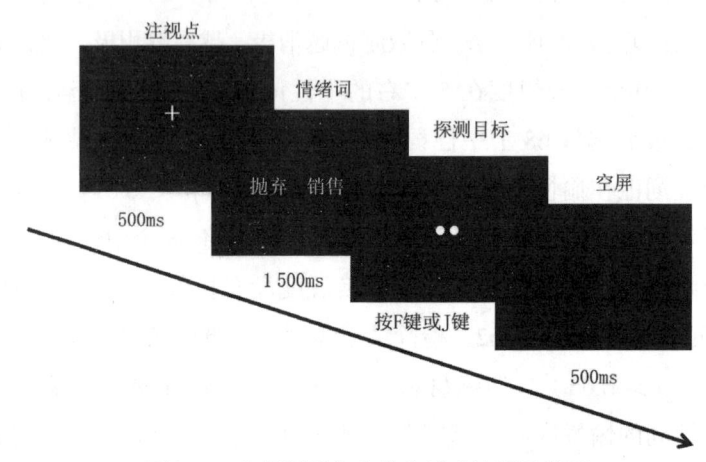

图 5-2 点探测任务中单个试次流程示意图

前后测使用了 30 个中性–负性词对和 8 个中性–中性词对。为了平衡位置效应，每个中性–负性词对都会以中性–负性词对和负性–中性词对的形式出现两次，中性–中性词对也是左右位置交替出现。总共有 136 个试次，每个试次的间隔为 200~500ms。探测目标会随机出现在任意一侧。

2. 实验程序

被试按照规定，在规定时间内进入家中一个安静的房间，并将手机调至静音状态。使用电脑打开实验链接，并通过指导语明确实验任务。随后进入练习阶段，练习阶段共有 10 个试次，且练习过程中会根据反应是否正确出现相应的反馈。练习结束后，被试需要判断自己是否理解了任务。如果被试能够理解任务，则按下"Q"键，进入正式实验。如果被试没有理解任务，他们按下"P"键并重复练习。在进入正式实验后，当完成了一半的试次后，会进入休息阶段，以减少被试因疲劳导致的误差。实验完成后，记录被试在探测任务中回应负性刺激位置探测目标的反应时。

5.2.2.6 奖励训练

在本研究中，奖励训练组采用不同类型情绪词语之间的价值联结，并

第 5 章 青少年焦虑与注意偏向实证研究

在联结训练过程中设置了不同的奖励类型。具体而言，对于不同目标词的正确反应，会给出不同的价值反馈（高回报 +10，低回报 +1）。在正确回应中性词时，有 80% 的概率获得高奖励和 20% 的概率获得低奖励，而在正确回应负性词时，有 80% 的概率获得低奖励和 20% 的概率获得高奖励。为确保被试认真完成实验任务，还引入了惩罚机制，无论哪种刺激反应错误都会扣除 5 分。练习阶段结束后，统计被试的得分，并按一定比例进行奖励（1 积分 =0.01 元）。在本次实验中，奖励训练组的被试平均正确率为 0.97。由于实验难度较低，笔者可以确保通过本次实验建立的联结是奖励性质而非惩罚性质的。

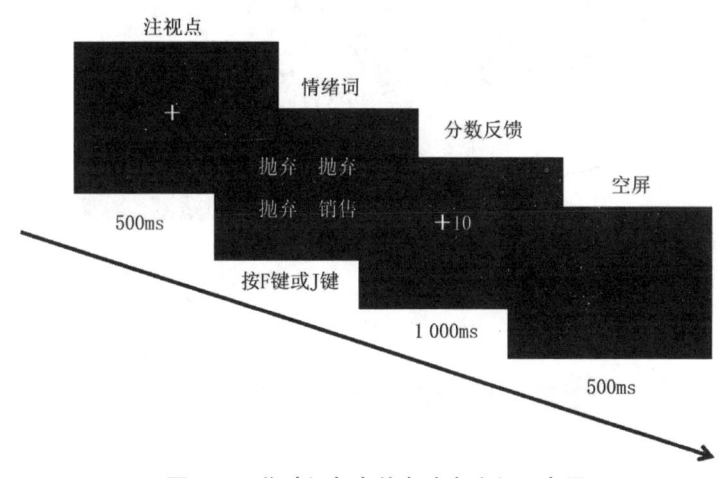

图 5-3　奖励任务中单个试次流程示意图

1. 实验任务

在本研究中，奖励组完成奖励任务，中性组完成无奖励任务，均改编自视觉搜索范式，即词语序列一半由 3 个负性词和 1 个中性词组成，另一半由 3 个中性词和 1 个负性词组成，以词汇矩阵形式呈现。参与者会被告知词汇矩阵将出现两种性质的词语，即中性词（无情绪色彩）和消极词（能够引起负面情绪），被试需要判断四个词语中唯一与其他词性质不同的是中性词还是消极词。奖励任务单单个试次的流程如图 5-3 所示。首先呈现一个注视点，随后是词语矩阵，被试根据任务要求，判断矩阵中的四个词语中唯一与其他词性质不同的是中性词还是消极词。按下"F"键表示该词是中性词，按下"J"键表示该词为消极词，直到被试完成鼠标点击，反应词语矩阵才消失。接着出现反馈画面，每个试次的间隔为200~500ms，总共进行300个试次，其中一半的目标词为中性词，另一半的目标词为负性词。中性组的无奖励任务实验程序与奖励组奖励任务基本一致，区别在于中性组的无奖励任务无奖励反馈（图5-4）。

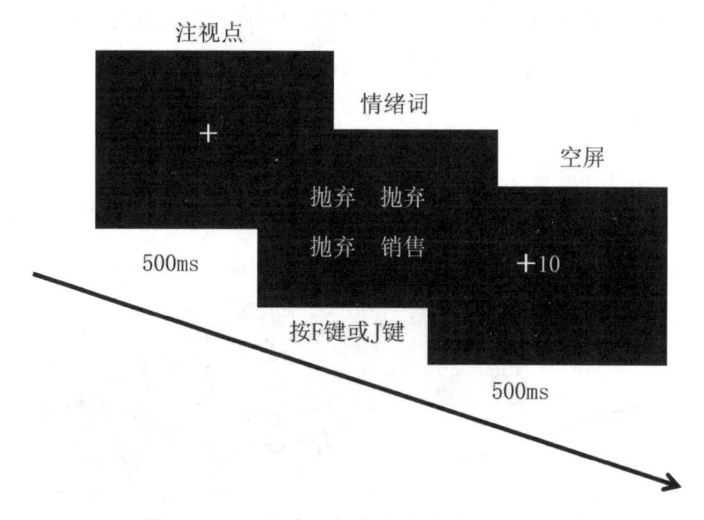

图5-4 无奖励任务中单个试次流程示意图

2. 实验程序

被试按规定，在规定时间内进入一个安静的房间，并将手机调至静音状态。他们使用电脑打开实验链接，然后在指导语中明确实验任务，并进入练习阶段。练习阶段共有15个试次，每个试次都会提供文字反馈，帮助被试理解任务。练习结束时，被试被要求判断自己是否理解了任务。如果被试能够理解任务，他们按下"Q"键，进入正式实验。如果被试没有理解任务，他们按下"P"键并重复练习。在进行正式实验时，当完成一半的试次时，被试可以休息，以减少疲劳对结果的影响。实验结束后，笔者会统计被试的正确率和奖励组得分，并按一定比例对奖励组被试进行奖励。

5.2.2.7 训练阶段

明确告知奖励训练组的被试,在训练阶段中,无论按键反应是否正确,都没有奖励或惩罚,只需完成训练即可。在训练阶段中,奖励组和中性组的实验流程完全一致,持续两周,训练的时间间隔为两天1次,共4次。

使用60个中性-负性词刺激对,每次训练包含300(60×5)个试次,单个试次流程与前测一致,每个组块结束后有一小段休息时间。有90%的概率目标出现在中性刺激呈现过的一侧之后,有10%的概率目标出现在负性刺激呈现过的一侧之后。虽然使用的材料是相同的,但每次训练中刺激对的组成都是随机匹配的。

5.2.2.8 总流程

实验分为五个阶段(图5-5),第一阶段,通过GAD-7量表筛选合适的被试;第二阶段,所有被试随机分为两组后完成前测任务;第三阶段,奖励训练组完成奖励任务,中性组完成无奖励任务;第四阶段,所有被试完成四次中性训练;第五阶段,所有被试完成后测任务。

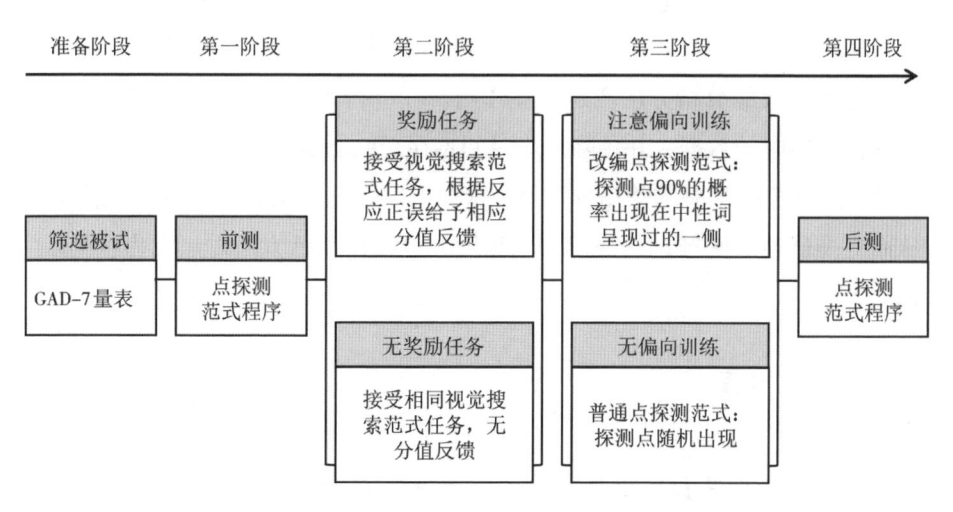

图5-5 焦虑情绪注意偏向干预实验实施步骤流程图

5.2.2.9 统计分析

1. 注意偏向指数计算方法

"RT_q"表示在中性－中性词刺激对的条件下，检测目标出现在任一中性词呈现过的一侧之后时，被试的反应时间；"RT_n"表示在负性－中性／中性－负性词刺激对的条件下，检测目标出现在负性词显现过的一侧之后时，被试的反应时间；"RT_p"表示在负性－中性／中性－负性词刺激对的条件下，检测目标出现在中性词呈现过的一侧之后时，被试的反应时间。根据 Koster 等（2004）的算法：

负性注意偏向指数 $=RT_p - RT_n$

负性注意警觉值 $=RT_q - RT_n$

负性注意脱离值 $=RT_p - RT_q$

其中，当负性注意偏向指数为正时，说明被试对负性刺激表现出注意偏向；当负性注意警觉值为正时，说明被试对负性刺激过度警觉；当注意分离值为正时，被试难以从负性刺激中分离出来（Koster et al., 2004）。

2. 数据统计

在本书中，注意偏向指数通过 Excel 公式进行计算。同时，使用 SPSS 23.0 进行两因素重复测量方差分析，比较前后测数据，显著性水平设定为 0.05，采用简单的效应分析方法测定交互作用。在进行实验前的数据预处理时，筛除错误反应的数据，并排除反应时间不在 200ms 到 1 200ms 之间的数据，以及超过 3 个标准差的数据异常值。这样可以保证数据的准确性和可靠性，从而更准确地反映被试的注意偏向程度，以评估训练方法对焦虑症状的干预效果。

5.2.3 结果

5.2.3.1 四组被试训练前后的广泛性焦虑分数（GAD-7）

采用 2 奖励（无奖励、有奖励）×2 注意训练（无注意训练、有注意训练)×2时间(前测、后测)的三因素混合重复测量方差分析。结果显示,时间主效应显著,$F(1, 71)=52.75$,$p<0.01$,$\eta^2=0.43$;奖励的主效应不显著,$F(1, 71)=2.65$,$p=0.11$,$\eta^2=0.04$;注意训练的主效应不显著,$F(1, 71)=2.17$,$p=0.15$,$\eta^2=0.030$;时间与奖励的交互作用显著,$F(1, 71)=15.30$,$p<0.01$,$\eta^2=0.18$;时间与注意训练的交互作用显著,$F(1, 71)=16.90$,$p<0.01$,$\eta^2=0.19$;奖励与注意训练的主效应不显著,$F(1, 71)=2.32$,$p=0.13$,$\eta^2=0.03$;时间、奖励与注意训练的交互作用显著,$F(1, 71)=7.60$,$p=0.01$,$\eta^2=0.09$。

上述结果中,三重交互作用显著,所以进一步进行简单效应分析,检验结果显示(图5-6):①在无奖励且无注意训练的实验条件下,与前测相比,被试后测的GAD-7得分未显著降低,$F(1, 71)=0.88$,$p=0.35$,$\eta^2=0.01$;②在无奖励且有注意训练的实验条件下,与前测相比,被试后测的GAD-7得分显著降低,$F(1, 71)=5.62$,$p<0.05$,$\eta^2=0.07$;③在有奖励且无注意训练的实验条件下,与前测相比,被试后测的GAD-7得分显著降低,$F(1, 71)=5.00$,$p<0.05$,$\eta^2=0.07$;④在有奖励且有注意训练的实验条件下,与前测相比,被试后测的GAD-7得分显著降低,$F(1, 71)=81.29$,$p<0.01$,$\eta^2=0.53$。四组被试的前后测的GAD-7得分如表5-3所示。

表5-3 四组被试前后测的GAD-7值

时间	无奖励				有奖励			
	无训练		有训练		无训练		有训练	
	均值	标准差	均值	标准差	均值	标准差	均值	标准差
前测	12.32	2.24	12.89	2.76	12.74	2.51	13.68	2.60
后测	11.63	2.52	11.11	2.92	11.10	3.01	7.11	2.97

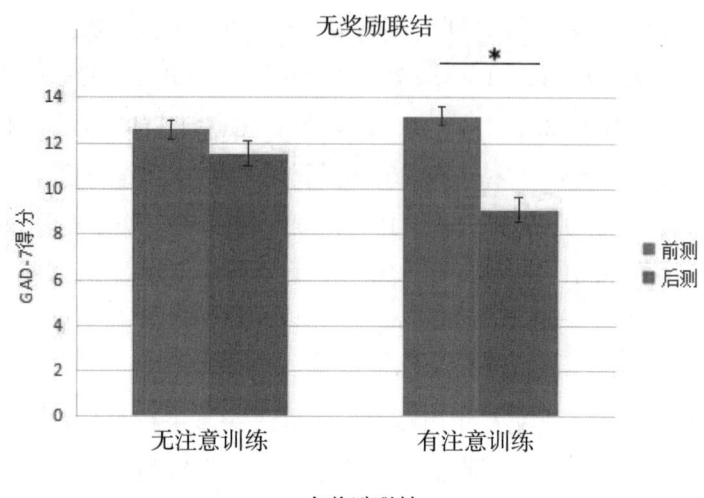

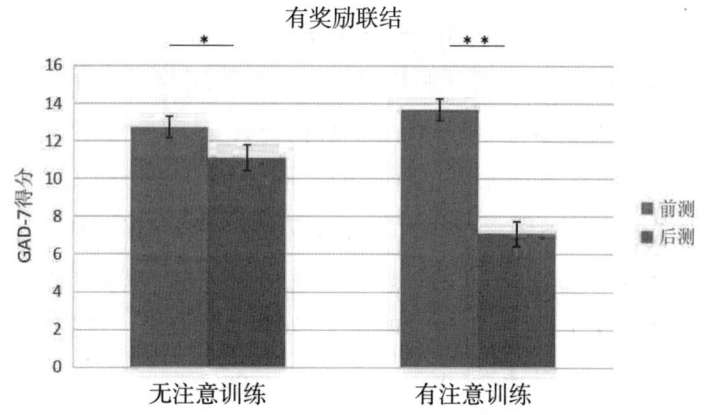

图 5-6　GAD-7 得分的简单效应分析

注：柱状图误差线代表了该条件下均值的标准误。* 代表 $p < 0.05$，** 代表 $p < 0.01$，下同。

时间与奖励的交互作用显著，进一步简单效应分析。结果显示，在前测中，有奖励与无奖励的被试 GAD-7 问卷得分没有显著差异，$F(1, 71)=1.11$，$p=0.30$，$\eta^2=0.015$；在后测中，有奖励的被试 GAD-7 问卷得分显著低于无奖励的被试，$F(1, 71)=9.45$，$p < 0.01$，$\eta^2=0.12$。

时间与注意训练的交互作用显著，进一步简单效应分析。结果显示，在前测中，有奖励与无奖励的被试 GAD-7 问卷得分没有显著差异，$F(1, 71)=1.76$，$p=0.19$，$\eta^2=0.02$；在后测中，有奖励的被试 GAD-7 问卷得分显著低于无奖励的被试，$F(1, 71)=9.84$，$p<0.01$，$\eta^2=0.12$。

5.2.3.2 四组被试训练前后对点探测任务反应时的负性注意偏向指数

采用 2 奖励（无奖励、有奖励）×2 注意训练（无注意训练、有注意训练）×2 时间（前测、后测）的三因素混合重复测量方差分析。结果显示，时间主效应显著，$F(1, 71)=16.02$，$p<0.01$，$\eta^2=0.18$；奖励的主效应显著，$F(1, 71)=9.17$，$p<0.01$，$\eta^2=0.11$；注意训练的主效应不显著，$F(1, 71)=0.02$，$p=0.88$，$\eta^2=0.01$；时间与奖励的交互作用显著，$F(1, 71)=12.12$，$p<0.01$，$\eta^2=0.15$；时间与注意训练的交互作用不显著，$F(1, 71)=0.12$，$p=0.73$，$\eta^2=0.01$；奖励与注意训练的交互作用不显著，$F(1, 71)=0.08$，$p=0.78$，$\eta^2=0.01$；时间、奖励与注意训练的交互作用不显著，$F(1, 71)=0.01$，$p=0.91$，$\eta^2=0.01$。

时间与奖励的交互作用显著，进一步简单效应分析。结果显示（图 5-7），在前测中，有奖励和无奖励条件下的被试负性注意偏向指数没有显著差异，$F(1, 73)=0.01$，$p=0.98$，$\eta^2=0.01$；而在后测中，有奖励条件下的被试负性注意偏向指数显著低于无奖励条件下的被试，$F(1, 73)=19.53$，$p<0.01$，$\eta^2=0.21$。无奖励的被试前后测注意偏向指数无显著差异，$F(1, 73)=0.13$，$p=0.72$，$\eta^2=0.01$；有奖励的被试后测的注意偏向指数显著低于前测，$F(1, 73)=29.14$，$p<0.01$，$\eta^2=0.29$。四组被试的前后测的负性注意偏向指数如表 5-4 所示。

注意偏向视域下青少年情绪和行为问题的干预

表 5-4　四组被试前后测负性注意偏向指数

时间	无奖励 无训练 均值	标准差	无奖励 有训练 均值	标准差	有奖励 无训练 均值	标准差	有奖励 有训练 均值	标准差
前测	6.68	6.28	8.50	11.44	7.42	10.56	7.57	12.58
后测	6.57	9.42	6.21	10.09	−6.05	13.76	−6.79	11.51

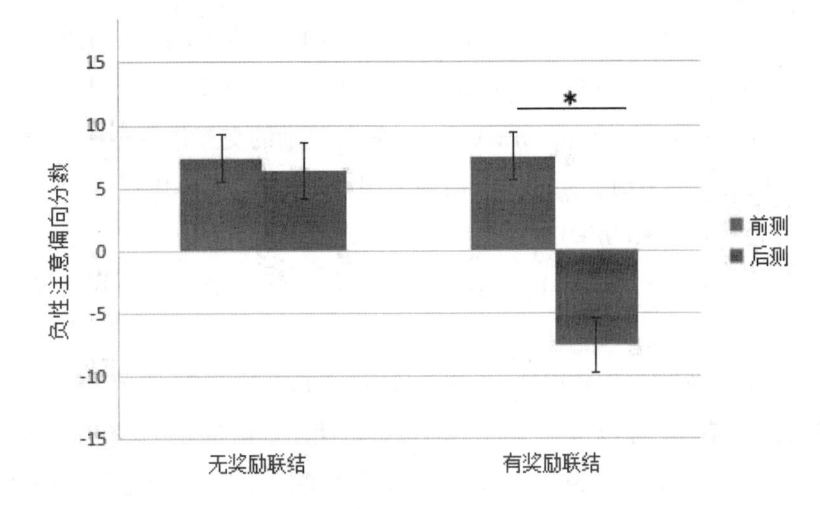

图 5-7　负性注意偏向指数的简单效应分析表

5.2.3.3　四组被试训练前后对点探测任务反应时的负性注意警觉值

采用 2 奖励（无奖励、有奖励）×2 注意训练（无注意训练、有注意训练）×2 时间（前测、后测）的三因素混合重复测量方差分析。结果显示，时间主效应显著，$F(1, 71)=14.08$，$p<0.01$，$\eta^2=0.17$；奖励的主效应不显著，$F(1, 71)=0.20$，$p=0.66$，$\eta^2=0.01$；注意训练的主效应不显著，$F(1, 71)=0.26$，$p=0.61$，$\eta^2=0.01$；时间与奖励的交互作用显著，$F(1, 71)=4.13$，$p<0.05$，$\eta^2=0.06$；时间与注意训练的交互作用不显著，$F(1, 71)=0.01$，$p=0.96$，$\eta^2=0.01$；奖励与注意训练的交互作用不显著，$F(1,$

第 5 章 青少年焦虑与注意偏向实证研究

71）=0.16，p=0.69，η^2=0.01；时间、奖励与注意训练的交互作用不显著，F（1，71）=0.19，p=0.66，η^2=0.01。

时间与奖励的交互作用显著，进一步简单效应分析。结果显示（图5-8），有奖励的被试后测的注意警觉值显著低于前测，F（1，73）= 17.39，p < 0.01，η^2=0.19。在其他条件下，未发现显著差异。四组被试的前后测的负性注意警觉值如表 5-5 所示。

表 5-5 四组被试前后测负性注意警觉值

时间	无奖励 无训练 均值	无奖励 无训练 标准差	无奖励 有训练 均值	无奖励 有训练 标准差	有奖励 无训练 均值	有奖励 无训练 标准差	有奖励 有训练 均值	有奖励 有训练 标准差
前测	18.31	10.95	14.27	14.66	19.00	16.20	19.31	16.94
后测	13.53	12.25	11.61	16.19	7.32	13.81	6.10	15.09

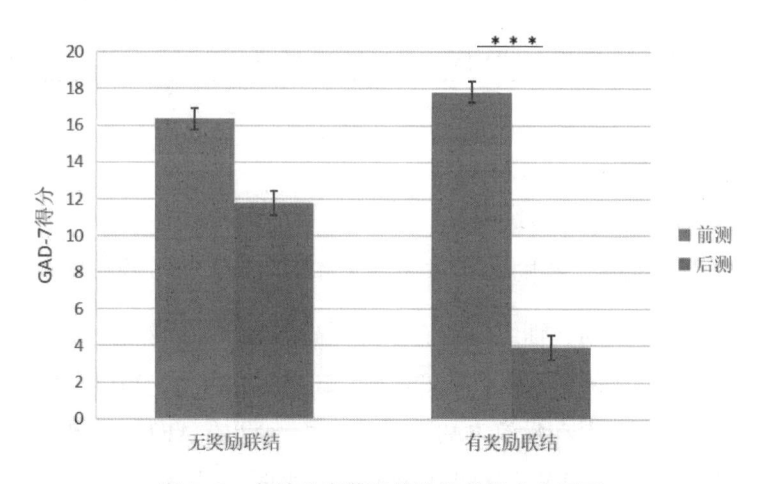

图 5-8 负性注意警觉值的简单效应分析图

5.2.3.4 四组被试训练前后对点探测任务反应时的负性注意脱离值

采用 2 奖励（无奖励、有奖励）×2 注意训练（无注意训练、有注意训练）×2 时间（前测、后测）的三因素混合重复测量方差分析。结果显示，时间主效应不显著，$F(1, 71)=0.05$，$p=0.82$，$\eta^2=0.01$；奖励的主效应不显著，$F(1, 71)=2.19$，$p=0.14$，$\eta^2=0.03$；注意训练的主效应不显著，$F(1, 71)=0.26$，$p=0.61$，$\eta^2=0.01$；时间与奖励的交互作用不显著，$F(1, 71)=0.38$，$p=0.54$，$\eta^2=0.01$；时间与注意训练的交互作用不显著，$F(1, 71)=0.11$，$p=0.75$，$\eta^2=0.01$；奖励与注意训练的交互作用不显著，$F(1, 71)=0.30$，$p=0.59$，$\eta^2=0.01$；时间、奖励与注意训练的交互作用不显著，$F(1, 71)=0.18$，$p=0.68$，$\eta^2=0.01$。四组被试的前后测的负性注意脱离值如表 5-6 所示。

表 5-6　四组被试前后测负性注意脱离值

时间	无奖励				有奖励			
	无训练		有训练		无训练		有训练	
	均值	标准差	均值	标准差	均值	标准差	均值	标准差
前测	−11.63	10.41	−5.78	21.71	−11.57	16.95	−11.58	23.55
后测	−6.95	13.86	−4.94	23.37	−13.36	14.17	−13.13	19.71

5.2.4　讨论

5.2.4.1　训练、奖励训练对焦虑个体 GAD-7 分数的影响

本研究结果表明，训练可以有效降低高焦虑个体的焦虑水平，这一结论与以往的研究结果相一致（周文霞 等，2015；于欢 等，2014；来枭雄 等，2015）。结果显示，在没有 RAT 的条件下，如果有 ABT，接受 ABT 的被试后测时的 GAD-7 得分显著低于前测。这表明，只要进行了训练，被试的广泛性焦虑值都有明显下降。

本研究的亮点在于加入了奖励训练，该训练对焦虑水平的降低有明显的效果。结果显示，在有 RAT 的条件下，无论有无 ABT，接受 RAT 的被试后测时的 GAD-7 值显著低于前测，且安慰组的前后测 GAD-7 值无明

显变化。这表明，加入了奖励的被试，焦虑水平有明显的下降。姚树霞等（2013）在威胁面孔注意偏向实验中，也使用了奖励范式，并发现与高奖励相联结的面孔识别度更高，更容易被注意警觉。本研究通过奖励训练，增强了被试对中性刺激的注意，降低了被试对负性刺激的注意，从而在一定程度上降低了焦虑水平，达到了研究目的。

由此可见，奖励训练以及训练都能降低焦虑水平，这为焦虑患者的治疗提供了一些新思路。

5.2.4.2　训练、奖励训练对焦虑个体注意偏向指数的影响

注意偏向指数的结果表明，在有 RAT 的条件下，被试后测的负性注意偏向指数显著低于前测，而在没有 RAT 的条件下，被试前后测负性注意偏向指数无显著差异。无论有无 ABT，被试前后测注意偏向指数均无显著差异。另外，负性注意警觉值的结果表明，在有 RAT 的条件下，被试后测的注意警觉值显著低于前测，而在其他条件下未发现显著差异。然而负性注意脱离值的结果表明，无论有无 ABT 或 RAT，负性注意脱离值在训练前后都没有显著性的差异。

上述结果表明，奖励促使焦虑个体的注意偏向发生改变这一研究结果与许多前人的研究结果一致。例如，O'Brien 和 Raymond（2012）等在奖励阶段使用面孔材料与奖励进行联结，发现高奖励面孔的识别率更高，表明奖励能让被试实现注意的优先选择。姚树霞等（2013）通过价值联接的方式，探讨了其对愤怒面孔优势效应的潜在影响。研究者使用简笔画面孔作为实验材料，将高价值（高奖励或高惩罚）与高兴面孔相联结，低价值（低奖励或低惩罚）与愤怒面孔相联接。结果发现，即使撤销所有价值操作，愤怒面孔的优势效应消失，说明奖励联接来可以改变对愤怒面孔的注意偏向。我们的研究结果进一步证明了奖励联接主要作用于对负性刺激的警觉阶段，这与孙丽静（2016）的研究结果一致。

另外，本研究的结果显示，训练对焦虑个体负性注意偏向的改变没有显著性影响，此研究结果与前人的研究结果一致。程冰（2020）的研究

结果显示训练不能使高考试焦虑个体的注意偏向发生显著性变化。王逸等（2014）的研究结果也表明训练对社交焦虑障碍个体的注意偏向的改变没有显著性影响。

5.2.4.3 奖励训练和训练相结合的训练效果

本研究结果表明，时间、奖励和训练三者交互作用显著，说明与单独使用某一种训练方式相比，奖励和训练相结合对缓解广泛性焦虑具有更好的效果，能够有效地降低焦虑水平并帮助焦虑个体调节情绪状态。具体而言，经过奖励和训练后，广泛性焦虑个体在GAD-7量表中的得分显著降低，且降幅也比单独使用某一种训练方式更为显著。这一结果与本实验的假设相符，充分证明了奖励训练和训练相结合对降低焦虑个体的焦虑水平具有最优的效果。

尽管前人的研究中并没有将两种训练方式相结合使用，但本次研究的结果也验证了奖励训练能够让焦虑个体将高奖励与非威胁刺激相结合（姚树霞，2013），而训练能够有效缓解焦虑个体的焦虑水平（董云英 等，2020；郭晨红 等，2016）。笔者认为本研究将两种方法相结合，可以取得最优效果。一方面，在奖励阶段，焦虑个体能够建立中性刺激与高奖励之间的相互连接，这种联系使焦虑个体在进行训练时能够更快地对中性刺激做出反应。另一方面，通过改进的点探测任务能够将焦虑个体的注意转向中性刺激。因此，本研究的方法双管齐下，使焦虑个体能够更好地降低焦虑水平。

5.2.5 结论

仅进行奖励训练可以显著地降低被试的负性注意偏向指数，并能在一定程度上缓解被试的广泛性焦虑症状；仅进行训练可以有效缓解被试的广泛性焦虑症状，但被试的负性注意偏向指数无显著变化；而将奖励训练和进行训练相结合的训练效果最优，前后测降幅最大。

5.2.6 不足与展望

5.2.6.1 不足

第一，本研究属于线上实验，主试无法直观地观察到被试进行实验时的表现，当被试遇到问题时，只能通过网络进行沟通，使得沟通时间延长，大大增加了主试的工作量。此外，线上实验也无法精确控制被试的实验环境。

第二，本研究的实验材料是词语，单一的刺激可能会引起被试的疲劳，对实验结果造成一定影响。

第三，虽然本研究的结果表明训练和奖励训练都能降低焦虑患者的焦虑水平，但没有对其时效性进行验证。

5.2.6.2 展望

本研究采用词语作为实验材料，得出了可观的结果，未来的研究可以尝试改变材料的性质，比如使用图片刺激，继续探讨该研究方式对降低焦虑水平的效果。同时，可以采取多评估手段，得到更精准的数据，在条件允许的情况下，可以结合眼动仪或脑电实验进行研究。在未来的研究中，还可以通过长期的追踪训练，探讨其对被试造成的长期影响。

第 6 章　青少年抑郁与注意偏向实证研究

6.1　青少年注意偏向与抑郁情绪的相关研究

6.1.1　引言

6.1.1.1　研究意义

本研究具有深入探究青少年抑郁情绪形成机制和危险因素的重要意义，为抑郁干预和预防提供了有价值的指导。首先，通过研究青少年对不同类型信息的注意偏向与抑郁情绪之间的关系，揭示了减轻青少年负性认知偏向对于抑郁情绪干预的关键因素，为制定有效的防治策略提供了有益的理论指导，对青少年的身心健康成长具有积极作用。其次，通过分析不同年级、年龄的青少年对正性和负性信息的注意偏向以及抑郁情绪的变化规律，可以了解青少年的心理发展情况，指导教育者和家长科学引导孩子的认知和情绪发展，促进其全面成长。最后，本研究还探究了留守青少年的抑郁情绪心理状态，为解决中国乡村留守青少年的心理困境提供了新思路和理论支持，同时也为社会和决策者提出了一些性别、年龄和留守情况

第6章 青少年抑郁与注意偏向实证研究

等层面的心理健康关怀和支持计划,具有重要的现实意义和社会意义。

6.1.1.2 研究目的与假设

多数成年抑郁症患者的首次发病发生在青少年期,据统计,过去十年内青少年抑郁发病率增长了15%(Charles et al.,2017)。抑郁症不仅会影响青少年的学习成绩,还会对社交、自我价值感、日常生活中的动机和兴趣等方面带来负面影响(邢超,2008)。负性认知偏向是抑郁症产生、持续和复发的关键因素,即一个人持有消极、悲观或否定的思维方式,对周围的事物、事件和人员抱持消极的解释观点(世界卫生组织,1993)。而负性注意偏向是指一个人对负面信息和情境更为敏感,容易将注意力集中在负面信息上,这一现象是负性认知偏向的一部分(Kovacs,1978)。抑郁情绪和抑郁症是不同的概念,但长期的抑郁情绪是引发抑郁症的危险因素(Compare et al.,2014),可能增加个体患抑郁症的风险,并可能加剧抑郁症的持续和复发。因此,本研究揭示了青少年对不同类型信息的注意偏向与抑郁情绪之间的关系,对于预防和治疗青少年抑郁情绪具有重要的参考价值。本研究的结果有望推动青少年抑郁情绪的防治研究,并为心理学工作者设计干预策略提供重要指导。

张雅静(2021)以中等职业学校学生为研究对象,发现女生的抑郁水平显著高于男生。徐莹(2022)研究不同年龄段的学生后发现,在高年龄组中,抑郁症状检出率要比低年龄组高出10%。而初中不同年级的学生在心理素质和应对压力能力等方面存在一定差异,这可能是导致抑郁水平差异的主要原因(范子璇,2022)。另外,瞿廷念(2022)通过一系列问卷调查和分析发现,留守儿童面临家庭亲情缺失、社会环境变化等多重困境,更易产生抑郁情绪和倾向。

基于以上情况,本研究假设:

假设6-1:不同性别的青少年在对正性、负性信息的注意偏向以及抑郁情绪上存在差异。

假设6-2:不同年级的青少年在对正性、负性信息的注意偏向以及抑郁情绪上存在显著差异。

假设 6-3：不同年龄的青少年在对正性、负性信息的注意偏向以及抑郁情绪上存在显著差异。

假设 6-4：留守情况不同的青少年在对正性、负性信息的注意偏向以及抑郁情绪上存在差异。

假设 6-5：抑郁程度与正性信息注意偏向存在显著的负相关，与负性信息注意偏向存在显著的正相关。

6.1.2 方法

6.1.2.1 对象

本研究在韶关市南雄市随机选取了一所普通公办中学，共有 900 名学生填写了量表。剔除填写基本信息不完整或存在规律性答卷的数据后，最终将 888 份有效数据纳入研究，有效问卷率为 98.67%。研究对象的年龄介于 12~15 岁之间，平均年龄为 13.28±0.89 岁，其中，男生 487 人，女生 401 人。研究对象的人口统计信息详见表 6-1。

表 6-1 研究对象人口学信息

变量		人数（人）	占比（%）
性别	男	487	54.84
	女	401	45.16
年级	七年级	320	36.04
	八年级	302	34.01
	九年级	266	29.95
年龄	12 岁	190	21.40
	13 岁	327	36.82
	14 岁	300	33.78
	15 岁	71	8.00
留守情况	留守	269	30.29
	非留守	619	69.71

6.1.2.2 研究工具

调查问卷由基本情况、正性负性信息注意量表和流调中心用抑郁量表组成。基本信息包括性别、年龄、年级和留守情况等。调查采用现场测试的方式，学生自行填写问卷，最长时间限制为20分钟，完成后当场回收问卷。

1. 正性负性信息注意量表

本研究采用戴琴等（2015）修订的正性负性信息注意量表，该量表共包含22个条目，分别组成正性信息注意（API）和负性信息注意（ANI）两个分量表，旨在评估个体对生活中正性和负性信息的注意偏向程度。该量表采用5点计分，API得分越高说明正性注意偏向越明显，ANI得分越高说明负性注意偏向越明显。该量表具有较高的信度和效度。本研究中，两个子量表的内部一致性 α 系数分别为0.79和0.71。

2. 流调中心用抑郁量表

本研究采用流调中心使用的抑郁量表（CES-D），该量表用于评估被试在最近1周内抑郁症状的程度，主要关注抑郁情感或心境。该量表共包含20个条目，采用0~3分四级评分，总分为60分。总分越高表示被试抑郁程度越深。该量表的内部一致性 α 系数和Spearman-Brown系数均高于0.90，表明该量表具有很好的信度和效度。

6.1.2.3 统计分析

本章中，显著性水平 p 取0.05。本研究剔除无效问卷后得到888份有效数据，经过检查无误后录入计算机。使用统计软件SPSS 22.0进行数据的统计描述和分析。为检验是否存在共同方法偏差，采用哈曼（Harman）单因素分析。接着，采用独立样本 t 检验和单因素方差分析对不同人口学变量下注意偏向和抑郁情绪的差异进行检验。最后，采用皮尔逊（Pearson）积差相关分析探究注意偏向和抑郁情绪之间的相关关系。

6.1.3 研究结果

6.1.3.1 共同方法偏差检验

本研究的数据均来自学生的自我报告,因此可能存在采取同一方法测量或是短暂情绪影响带来的偏差。为检验是否存在共同方法偏差,本研究采用 Harman 单因素分析对各题目未旋转的主成分因素进行分析。结果显示,9 个因子的特征根均大于 1,第一个公因子的方差解释率为 18.70%,小于 40%,表明本研究中不存在严重的共同方法偏差。

6.1.3.2 村镇中学生注意偏向的现状

1. 不同性别的中学生注意偏向的比较

表 6-2 显示了不同性别的中学生正性和负性信息注意维度总分的平均值（M）和标准差（SD）。针对正性和负性信息注意维度总分,本研究进行了独立样本 t 检验。结果显示（见表 6-2）,不同性别的中学生在正性信息注意维度总分上不存在显著差异,$p > 0.05$,这表明男女生在关注正性事件方面表现一致。同时,不同性别的中学生在负性信息注意维度总分上也不存在显著差异,$p > 0.05$,这说明男女生在关注负性事件方面表现一致。

表 6–2 不同性别的中学生的正性负性信息注意维度总分差异检验

维度	男 M	男 SD	女 M	女 SD	t	p
正性信息注意维度	44.03	7.91	43.26	7.40	1.48	0.14
负性信息注意维度	33.20	6.84	33.61	6.83	−0.88	0.38

2. 不同年级的中学生注意偏向的比较

表 6-3 显示了不同年级的中学生正性和负性信息注意维度总分的平均值和标准差。本章对正性和负性信息注意维度总分进行了单因素方差分析。

结果显示（见表6-3）。

①不同年级的中学生在正性信息注意维度总分上存在显著差异 [$F(2, 885)=4.35$, $p<0.05$]。进一步分析发现，九年级学生（$M=44.78$，SD=7.68）的得分显著高于七年级学生（$M=43.51$，SD=7.61）和八年级学生（$M=42.91$，SD=7.70），这表明九年级的学生比七年级和八年级的学生更关注正性事件。

②不同年级的中学生在负性信息注意维度总分上不存在显著差异 [$F(2, 885)=0.42$, $p>0.05$]，这说明不同年级的学生在关注负性事件方面表现一致。

表6-3 不同年级的中学生的正性负性信息注意维度总分差异检验

维度	七年级 M	七年级 SD	八年级 M	八年级 SD	九年级 M	九年级 SD	F	p
正性信息注意维度	43.51	7.61	42.91	7.70	44.78	7.68	4.35	0.01
负性信息注意维度	33.15	6.88	33.38	6.73	33.67	6.92	0.42	0.66

3. 不同年龄的中学生注意偏向的比较

表6-4显示了不同年龄的中学生正性和负性信息注意维度总分的平均值和标准差。本章对正性和负性信息注意维度总分进行了单因素方差分析。结果显示（见表6-4）。

①对于正性信息注意维度总分，不同年龄之间的差异呈边缘显著，$F(3, 884)=2.35$，$p=0.07$，进一步分析发现，14岁学生的得分（$M=44.62$，SD=7.72）显著高于13岁学生的得分（$M=43.06$，SD=7.41），并且边缘显著（$p=0.09$）高于12岁学生（$M=43.42$，SD=7.84）的得分，说明14岁的学生比13岁的学生更加关注正性事件，但仅稍微比12岁的学生关注正性事件。

②对于负性信息注意维度总分，不同年龄的中学生之间不存在显著差异，$F(3, 884)=0.42$，$p>0.05$，说明不同年龄的中学生对负性事件的关注程度一致。

表 6-4 不同年龄的中学生的正性负性信息注意维度总分差异检验

维度	年龄								F	p
	12 岁		13 岁		14 岁		15 岁			
	M	SD	M	SD	M	SD	M	SD		
正性信息注意维度	43.42	7.84	43.06	7.41	44.62	7.72	43.28	8.22	2.35	0.07
负性信息注意维度	33.32	6.75	33.14	6.72	33.53	7.05	34.06	6.74	0.42	0.74

4. 留守与非留守中学生注意偏向的比较

表 6-5 显示了不同留守情况的中学生正性和负性信息注意维度总分的平均值和标准差。本研究对正性和负性信息注意维度总分进行了独立样本 t 检验。结果显示（见表 6-5）：不同留守情况的中学生在正性信息注意维度总分上没有显著差异（$p > 0.05$），同时不同留守情况的中学生在负性信息注意维度总分上也没有显著差异（$p > 0.05$）。这表明无论是关注正性事件还是负性事件，留守和非留守中学生的情况相似。

表 6-5 不同留守情况的中学生的正性负性信息注意维度总分差异检验

维度	留守情况				F	p
	留守		非留守			
	M	SD	M	SD		
正性信息注意维度	43.67	8.03	43.69	7.55	−0.03	0.98
负性信息注意维度	33.83	7.01	33.19	6.76	1.27	0.21

6.1.3.3 村镇中学生的抑郁情绪的现状

1. 不同性别的中学生抑郁情绪的比较

表 6-6 描述了不同性别的中学生的抑郁量表总分的平均值和标准差。

对总分进行独立样本 t 检验，结果表明（见表6-6）：不同性别的中学生的抑郁总分之间的差异极其显著，$t=-3.55$，$p<0.01$。进一步分析发现，男中学生（$M=16.55$，$SD=9.94$）显著低于女中学生的总分（$M=19.29$，$SD=12.55$），这表明女中学生的抑郁程度比男中学生更大，可能更容易产生抑郁情感或心境。

表6-6　不同性别的中学生的抑郁量表总分差异检验

变异来源	男 M	SD	女 M	SD	t	p
抑郁总分	16.55	9.94	19.29	12.55	-3.55	0.00

2. 不同年级的中学生抑郁情绪的比较

表6-7显示了不同年级的中学生抑郁量表总分的平均值和标准差。本研究对总分进行了单因素方差分析。结果显示（见表6-7）：不同年级的中学生在抑郁总分上没有显著差异（$p>0.05$），这说明初中各年级的学生的抑郁情绪没有较大的变化。

表6-7　不同年级的中学生的抑郁量表总分差异检验

变异来源	七年级 M	SD	八年级 M	SD	九年级 M	SD	F	p
抑郁总分	18.74	11.54	17.66	10.88	16.78	11.33	2.25	0.11

3. 不同年龄的中学生抑郁情绪的比较

表6-8描述了不同年龄的中学生的抑郁量表总分的平均值和标准差。本研究对总分进行单因素方差分析，结果表明（见表6-8）：不同年龄的中学生的总分不存在显著差异，$p>0.05$，这说明12～15岁年龄段的学生的抑郁情绪没有较大的变化。

表 6-8　不同年龄的中学生的抑郁量表总分差异检验

变异来源	年龄								F	p
	12 岁		13 岁		14 岁		15 岁			
	M	SD	M	SD	M	SD	M	SD		
抑郁总分	19.05	11.19	17.48	10.84	17.21	11.65	18.24	11.74	1.18	0.32

4. 留守与非留守中学生抑郁情绪的比较

表 6-9 描述了不同留守情况的中学生的抑郁量表总分的平均值和标准差。对总分进行独立样本 t 检验，结果显示（见表 6-9）：不同留守情况的中学生的总分没有显著差异，t=1.13，p=0.26，说明留守和非留守中学生的抑郁程度相似。

表 6-9　不同留守情况的中学生的抑郁量表总分差异检验

变异来源	留守情况				t	p
	留守		非留守			
	M	SD	M	SD		
抑郁总分	18.43	10.48	17.51	11.59	1.13	0.26

6.1.3.4　抑郁情绪与注意偏向的关系

表 6-10 显示了正性、负性信息注意维度总分与抑郁量表总分的平均值和标准差。本研究对各总分进行皮尔逊积差相关分析后，结果显示（见表 6-10）：负性信息注意偏向和正性信息注意偏向均与抑郁情绪显著正向相关（r=0.40 和 0.38，$p<0.01$）。这表明，对负性事件高度关注的个体也可能对正性事件高度关注，容易抑郁的个体也可能对负性事件高度关注。与此相反，正性信息注意偏向与抑郁情绪之间存在极其显著的负相关（r=-0.18，$p<0.01$）。这表明，对正面事件关注较少的个体更容易抑郁。

表 6-10 抑郁情绪与正性、负性信息注意偏向的相关性

变量	M	SD	正性总分	负性总分	抑郁总分
正性总分	43.69	7.69	1.00		
负性总分	33.38	6.83	0.40***	1.00	
抑郁总分	17.79	11.27	−0.18***	0.38***	1.00

注：* 代表 $p < 0.05$，** 代表 $p < 0.01$，*** 代表 $p < 0.001$。

6.1.4 讨论

首先，在性别变量上，村镇男女中学生对正性、负性事件的关注情况较为接近。但与城镇中学生的情况不同，村镇中学生接触到的新鲜事物较少，相较于城镇中学生，受到新异观念的冲击也较少，因此对负性刺激的敏感度较低。然而，村镇女中学生普遍存在着严重的抑郁情感或心境，如张雅静（2021）所述，这与国内外大部分研究结果趋势一致。造成这一现象可能是因为女性青少年更易陷入反思循环，难以解脱。因此，针对这一问题，可采取心理治疗、家庭教育等措施，来帮助女性青少年缓解抑郁情绪。

其次，在年级和年龄变量上，结果趋势一致，九年级和14岁的学生比七、八年级和12、13岁的学生更关注正性事件。推测可能是因为九年级的学生比七年级的学生和八年级的学生更适应学校生活（贺雨诗，2021），因此，他们有更多的精力关注生活中的正性事件。然而，不同年级和年龄的中学生在对负性事件的关注程度上差异不大，原因可能是因为不同年级的初中生在心理健康和人际交往方面的安全感水平相似（张晓州，2020），因此警觉水平也不会显著不同。不同年级和年龄的中学生在抑郁情绪水平方面差异不大，这与徐莹和范子璇的研究结果不一致（徐莹，2022；范子璇，2022）。不同之处可能在于初中生经历的负性生活事件对于不同年级的学生来说并不存在差异，且负性生活事件与抑郁情绪有显著的正相关性（于丹丹，2016），因此对抑郁情绪的影响相对一致，未产生明显差异。

最后，本研究显示，对负性事件关注程度较高的个体也可能对正性事

件关注较多。这可能是因为注意到负性生活事件的个体会更关注生活事件，从而更容易注意到正性生活事件，同时这些个体的抑郁情绪水平相对较高。事实上，负性生活事件对个体的主观幸福感评价有着显著的影响（周末，2007），还能够显著预测焦虑情绪（李双双，2013）。因此，这些人会经历更大的心理压力，对生活不满意，容易产生抑郁情绪。相比之下，那些对正性事件关注较少的个体可能更容易感到抑郁，因为这些人的积极事件获得量相对较少，他们的敏感性也更高。在留守情况变量上，本章结果表明，无论是对正性、负性事件的关注还是抑郁情绪，留守情况似乎对中学生的影响不大。这可能是因为随着科技的进步，如手机、网络等技术的不断普及，留守少年与父母的联系变得更加便捷，物理距离对留守少年的影响逐渐减小。

综上所述，村镇中学生在正性事件的关注程度上存在年级和年龄的显著差异，但在性别和留守情况方面则没有明显的不同。在对负性事件的关注程度方面，性别、年级、年龄和留守情况均未表现出明显差异。男女生在抑郁情绪水平方面存在明显差异，但在年级、年龄和留守情况方面差异不显著。此外，青少年的抑郁情绪与对正性、负性信息的注意偏向存在明显的相关关系。

6.2 留守抑郁青少年注意偏向特点的实验研究

6.2.1 引言

6.2.1.1 研究意义

针对留守儿童抑郁问题的研究已引起广泛关注，但对该群体注意偏向特点的深入研究尚不足。本研究采用点探测范式探究了不同抑郁水平下留守儿童的注意偏向特点及其成分，对解决留守儿童问题提供了有益的补充。

研究发现，留守抑郁儿童对拒绝性词和悲伤词的注意偏向更为显著，而留守非抑郁儿童则表现出对拒绝性词的注意偏向，这对于制定干预留守抑郁儿童注意力问题的具体策略具有重要指导意义。同时，本研究的实验范式和方法为研究注意偏向的特点提供了一个独特的样本，可以进一步促进该领域的深入发展。最终，这些结果将有助于指导留守儿童心理问题干预工作，帮助留守儿童建立健康、积极的认知模式，提高他们的心理健康水平，从而摆脱不良处境。

6.2.1.2 研究目的和实验假设

随着经济的快速发展，大量的劳动力从农村转移到城市，中国出现了一个特殊群体——留守儿童。而抑郁是留守儿童群体中最为常见的心理问题之一。与非留守儿童相比，留守儿童可能会经历更多的负性生活事件，而且受到的社会支持和关怀也相对较少，抚养者社会经济地位相对较低（范方，2008）。这些因素容易导致留守儿童表现出消极的认知特征，包括信息加工和行为归因。在情况没有得到外部实际改善的情况下，通过调整留守儿童的注意模式，是能有效解决这个问题的切入点。因此，将注意力引导到积极信息上是一个可行的做法，以形成积极的行为偏向（杨炎芳，2008）。然而，在以往的研究中，对于抑郁个体的详细信息注意模式和注意成分的研究较为缺乏。此外，研究对象多集中于大学生，实验材料也多为中性/正性、负性两类情绪面孔。与此不同，本书采用了留守儿童这一特殊群体，并以悲伤、拒绝、中性三种情绪词作为实验材料。笔者通过点探测范式来探究留守儿童在不同抑郁水平下的注意偏向特点及其成分。期望能更深入地了解留守儿童和正常儿童在注意偏向特点上的差异。这将为留守儿童注意偏向的实证研究做出有益补充，并有助于引导留守儿童建立健康、积极的认知模式，从而摆脱不良处境。

综上所述，本实验旨在探索不同抑郁状况的留守儿童注意偏向特点。基于前人的研究结果，笔者做出以下假设。

假设6-6：对于留守非抑郁儿童，他们会对拒绝性词汇产生注意偏向；

而对于留守抑郁儿童,则更倾向于产生对拒绝性词汇和悲伤词汇的注意偏向,其中对悲伤词汇的注意偏向更为显著。

假设6-7:对于非留守抑郁儿童,他们仅具有对悲伤词汇的明显注意偏向;而非留守非抑郁儿童则对悲伤词汇和拒绝性词汇均无明显的注意偏向。

6.2.2 方法

6.2.2.1 被试选取

在广东省某实验中学通过现场发放问卷的方式,招募被试填写留守基本信息、流调中心抑郁量表和广泛性焦虑自评量表。总共发放问卷数为1 314份,回收问卷数为1 266份。通过排除GAD-7量表得分高于15分的高焦虑个体,笔者筛选出了符合以下条件的被试:父母在本市其他县、本省、外省工作,且半年以上回一次家的被试作为留守组;父母在家待业或在本县(区)工作,且每天或每周见面的被试作为非留守组。根据CES-D量表的得分,笔者筛选出高于平均分0.5个标准差的被试为抑郁组;低于0.5个标准差的被试则作为非抑郁组。最终,笔者从符合条件的被试中随机挑选出141名被试(留守抑郁组40人、留守非抑郁组33人、非留守抑郁组31人、非留守非抑郁组37人)参加了实验。被试的性别分布为男生79人,女生62人,平均年龄为13.79 ± 0.937岁。这样的样本规模和设计可以较好地探究不同抑郁状况的留守儿童的注意偏向特点,并提高研究结果的稳健性和可重复性。

6.2.2.2 实验材料

1. 流调中心用抑郁量表(CES-D)

CES-D量表为20项,包含了抑郁症状的主要方面,可反映抑郁状态的六个侧面,包括抑郁心情、罪恶感和无价值感、无助和无望感、精神运动性迟滞、食欲丧失以及睡眠障碍等。该量表已在青少年中得到了广泛应用,并证明其Cronbach's α系数为0.88,具有良好的信度和效度(陈祉妍，2009）。

2.广泛性焦虑量表（GAD-7）

该量表主要用于对焦虑障碍进行筛查或辅助诊断，同时可用于评估焦虑障碍的严重程度。该量表包含7个条目，采用0~3分4级计分，其主要统计指标为总分，得分越高表明焦虑水平越严重。总分0~4分为无具临床意义的焦虑，5~9分为轻度焦虑，10~14分为中度焦虑，大于15分为重度焦虑，分界值为10分（刘洋，2017）。该量表已经被广泛应用于焦虑症状的评估，具有较好的信度和效度。

3.情绪词材料

从现代汉语情感词系统（CAWS）（王一牛，2008）中选择48组双字词语，其中，形容词和动词各半，由两位心理学专家进行初步评定，根据评定结果最终筛选出中性词8个，悲伤词10个，拒绝词8个。然后由不参与正式实验的34名中学生对这三类词语的接纳度、悲伤度、愉悦度、唤醒度和熟悉度进行1～9级评分。根据所得评分数据，筛选词汇的标准如下：接纳度低、愉悦度低，唤醒度、熟悉度均在2.5～5之间为拒绝词；悲伤度高、愉悦度低、唤醒度大于5、熟悉度在3～5之间为悲伤词；愉悦度在4～5之间、唤醒度在2.5～4.5之间、熟悉度在3～5之间为中性词。最终选取三类词语各5组，分别是拒绝词：排斥、背叛、嫌弃、抛弃、排挤；悲伤词：去世、自杀、绝望、崩溃、无能；中性词：平民、评估、编辑、降临、销售。根据SPSS统计分析结果发现拒绝词、悲伤词和中性词均在接纳度、悲伤度、唤醒度、愉悦度存在显著差异（$p<0.01$），在熟悉度上不存在显著差异（$p>0.05$），见表表6-11。

表6-11 情绪词的接纳度、悲伤度、愉悦度、唤醒度、熟悉度（$M±SD$）

情绪词	接纳度	悲伤度	愉悦度	唤醒度	熟悉度
拒绝词	2.06 ± 1.31	7.61 ± 1.38	2.00 ± 1.20	5.38 ± 2.26	4.25 ± 1.86
悲伤词	2.66 ± 1.63	7.99 ± 1.12	1.94 ± 1.19	5.88 ± 2.22	4.64 ± 2.07
中性词	4.68 ± 0.96	3.96 ± 1.33	4.42 ± 1.27	3.41 ± 1.30	4.22 ± 1.17

6.2.2.3 实验设计

本研究使用 E-prime 软件来控制和呈现所用刺激。本研究采用的实验设计为 2（组别：留守、非留守）×2（抑郁状况：有、无）×3（情绪词：悲伤、拒绝、中性）三因素混合实验设计。其中组别与抑郁状况为被试间变量，情绪词为被试内变量，因变量为注意偏向的 RT 值。

6.2.2.4 实验程序

在本书中，笔者采用了 E-prime 软件呈现实验材料，并在规定的实验室内进行团体施测。所有实验材料都在计算机显示器上呈现，背景为黑色。被试与计算机显示器的距离为 60cm，并保持眼睛与显示器中心平行。在实验开始前，被试被告知若在实验过程中感到紧张或不适可自行终止实验。主试打开实验程序后，在指导语中明确告知被试实验任务：实验分为练习阶段和正式实验阶段，练习阶段有正确率要求，若正确率不达标将重新进入练习阶段。被试需要在探测目标出现时，根据目标类型尽快做出按键反应。练习阶段共有 10 个试次可用于练习，根据按键是否正确会出现相应的反馈。练习阶段结束后进行正确率计算，只有在正确率达到 90% 以上才能按空格键进入正式实验。在正式实验阶段中，每完成 64 个试次后会进入休息阶段，以减少被试因疲劳导致的误差。单个试次的流程如下（见图 5-2）：首先，在屏幕中心呈现一个持续 500ms 的注视点"+"，随后将两个情绪词汇同时呈现在屏幕左右两边，呈现时长为 1 500ms。随后，情绪词汇消失，探测目标（"●""●●"）随机出现在其中一个情绪词汇呈现过的位置，呈现时间最长为 1 500ms。被试需要通过按下"F""J"键来回应探测目标的类型（"●"按"F"键，"●●"按"J"键）。探测目标随机出现在屏幕左侧和右侧，并为了平衡位置效应，所有词汇呈现的位置都是左右交替出现的（情绪类型有：悲伤词–中性词、拒绝词–中性词、中性词–中性词）。实验总共包含 192 个试次（分 3 个组块，每个组块有 64 个试次），每个试次的间隔为 200～500ms。

6.2.2.5 统计分析

对于被试的原始实验数据，剔除反应错误的数据以及 200～2000ms 之外的反应时数据，分别计算出每个被试对两种词汇的注意偏向 RT 值，计算方法如下：

拒绝词注意定向加速 $=N_1-R$；悲伤词注意定向加速 $=N_2-S$

拒绝词注意警觉 $=O-R$；　　悲伤词注意警觉 $=O-S$

拒绝词注意脱离 $=N_1-O$；　　悲伤词注意脱离 $=N_2-O$

其中，O 表示被试对出现在中性词 – 中性词对中任一词汇位置后的探测点的反应时间；R 表示被试对出现在中性词 – 拒绝词对中拒绝词汇位置后的探测点的反应时间；N_1 表示被试对出现在中性词 – 拒绝词对中中性词汇位置后的探测点的反应时间；S 表示被试对出现在中性词 – 悲伤词对中悲伤词汇位置后的探测点的反应时间；N_2 表示被试对出现在中性词 – 悲伤词对中中性词汇位置后的探测点的反应时间。

将四组被试在两种词汇的注意定向加速 RT 值、注意警觉 RT 值和注意脱离 RT 值分别导入到统计学软件 SPSS 22.0 中，进行 2（组别：留守、非留守）×2（抑郁水平：高、低）×2（情绪词：拒绝、悲伤）三因素重复测量方差分析进行假设检验。

6.2.3 结果

6.2.3.1 被试基本情况

表 6–12 描述了四组被试的年龄、抑郁和焦虑得分的均值和标准差。通过 2×2 的方差分析结果显示，抑郁组在抑郁和焦虑方面的得分显著高于非抑郁组，$F(1, 137)=1\,480.74$，$F(1, 137)=346.77$，$p<0.001$。留守组与非留守组之间的抑郁和焦虑指标无显著差异（$p>0.05$），各组间的年龄无显著差异（$p>0.05$）。

表 6-12　四组被试的基本情况（$M \pm SD$）

变量	留守抑郁组 （n=40）	留守非抑郁组 （n=33）	非留守抑郁组 （n=31）	非留守非抑郁组 （n=37）
年龄	13.95 ± 0.96	13.64 ± 0.93	13.80 ± 1.60	13.76 ± 0.82
性别	男 18 人， 女 22 人	男 26 人， 女 7 人	男 9 人， 女 22 人	男 26 人， 女 11 人
CES-D 得分	28.45 ± 5.16	4.90 ± 2.73	31.73 ± 4.81	3.90 ± 4.86
GAD-7 得分	8.79 ± 3.06	1.67 ± 2.19	9.63 ± 3.00	1.19 ± 1.57

6.2.3.2　注意定向加速 RT 值

表 6-13 描述了自变量留守、抑郁对拒绝、悲伤词汇的注意定向加速 RT 值的平均值、标准差、最大值、最小值及各组人数。对注意定向加速 RT 值进行三因素重复测量方差分析的结果见表 6-12。

表 6-13　不同组别对两种词汇的注意定向加速 RT 值

留守	抑郁	词汇	M	SD	最大值	最小值	n
是	是	拒绝词	22.421	31.914	102.313	-33.310	40
		悲伤词	20.834	32.307	128.968	-58.312	
	否	拒绝词	5.201	35.893	158.910	-54.158	33
		悲伤词	7.910	29.276	98.453	-45.807	
否	是	拒绝词	-6.382	37.863	80.348	-99.750	31
		悲伤词	11.491	38.204	96.715	-37.498	
	否	拒绝词	-0.935	30.352	74.888	-51.040	37
		悲伤词	-12.480	33.652	101.82	-74.500	

在注意定向加速 RT 值上，词汇、留守、抑郁三因素的交互作用显著，$F(1, 137)=4.001$，$p < 0.05$，进一步做简单效应分析，结果如图 6-1 所示。

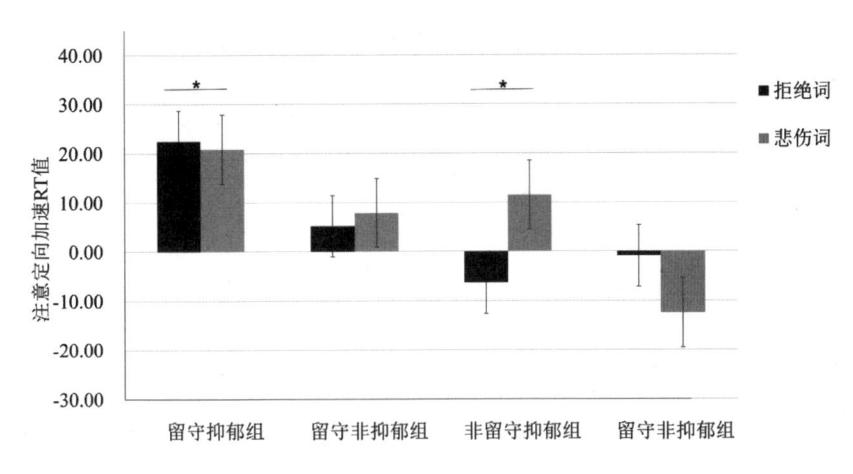

第 6 章 青少年抑郁与注意偏向实证研究

图 6-1 四组青少年对两类词汇的注意定向加速交互作用图

在非留守抑郁组中，相对于拒绝词（M=-6.382，SD=37.863），被试对悲伤词的注意定向加速值（M=11.491，SD=38.204）显著地更大（$p < 0.05$），且对悲伤词的注意定向加速值为正值，而对拒绝词的注意定向加速值为负值，说明非留守抑郁组被试仅对悲伤词有明显的注意偏向，对拒绝词则不存在注意偏向。而在其他三组被试中，对这两类词汇的注意定向加速值无显著差异（$p > 0.05$）。

参见表 6-14，在注意定向加速值上，留守的主效应极其显著，$F(1, 137)$=17.862，$p < 0.01$，事后多重比较发现，与非留守组（M=-2.077，SD=2.752）相比，留守组（M=14.092，SD=2.658）的注意定向加速值显著地更大（$p < 0.01$），且留守组的注意定向加速值为正值，非留守组的注意定向加速值为负值，说明留守组的被试对负性刺激存在明显的注意偏向。抑郁的主效应极其显著，$F(1, 137)$=10.115，$p < 0.01$，事后多重比较发现，与非抑郁组（M=-0.076，SD=2.706）相比，抑郁组（M=12.091，SD=2.704）的注意定向加速值显著地更大（$p < 0.01$），且抑郁组的注意定向加速值为正值，非抑郁组的注意定向加速值为负值，说明抑郁组的被试对负性刺激存在明显的注意偏向。其他主效应及其交互作用均不显著（$p > 0.05$）。

注意偏向视域下青少年情绪和行为问题的干预

表 6-14　注意定向加速值的重复测量方差分析

变异来源	F	p	η^2
词汇	0.195	0.659	0.001
留守	17.862**	0.000	0.115
抑郁	10.115**	0.002	0.069
留守 × 抑郁	0.576	0.449	0.004
词汇 × 留守	0.095	0.758	0.001
词汇 × 抑郁	2.222	0.138	0.016
词汇 × 留守 × 抑郁	4.001*	0.047	0.028

注：* 代表 $p < 0.05$，** 代表 $p < 0.01$，*** 代表 $p < 0.001$。

6.2.3.3　注意警觉 RT 值

表 6-15 描述了自变量留守、抑郁对拒绝、悲伤词汇的注意警觉 RT 值的平均值、标准差、最大值、最小值及各组人数。对注意警觉 RT 值进行三因素重复测量方差分析的结果见表 6-16。

表 6-15　不同组别对两种词汇的注意警觉 RT 值

留守	抑郁	词汇	M	SD	最大值	最小值	n
是	是	拒绝词	21.626	30.307	88.145	-91.815	40
		悲伤词	25.673	30.792	111.288	-37.823	
	否	拒绝词	-2.747	22.766	71.940	-52.788	33
		悲伤词	1.325	22.372	48.040	-44.843	
否	是	拒绝词	-9.890	35.902	24.690	-140.388	31
		悲伤词	-2.022	38.854	67.065	-125.17	
	否	拒绝词	-0.100	23.831	73.398	-46.798	37
		悲伤词	-9.168	25.776	39.308	-61.690	

在注意警觉值上，留守的主效应极其显著，$F(1, 137)=17.485$，$p < 0.01$，事后多重比较发现，相对于非留守组（$M=-5.295$，SD=2.883），留守组（$M=11.469$，SD=2.785）的注意警觉值显著地更大（$p < 0.01$），且留守组

的注意警觉值为正值，非留守组的注意警觉值为负值，说明留守组的被试更容易对负性刺激过度警觉。抑郁的主效应极其显著，$F(1, 137)=8.258$，$p<0.01$，事后多重比较发现，相对于非抑郁组（M=-2.673，SD=2.836），抑郁组（M=8.847，SD=2.834）的注意警觉值显著地更大（$p<0.01$），且抑郁组的注意警觉值为正值，非抑郁组的注意警觉值为负值，说明抑郁组的被试更容易对负性刺激过度警觉。留守、抑郁两因素交互作用极其显著，$F(1, 137)=10.261$，$p<0.01$，进一步做简单效应检验，结果发现，在留守条件下，与留守非抑郁组（M=-0.711，SD=4.123）相比，留守抑郁组（M=23.650，SD=3.745）的注意警觉值显著地更大（$p<0.01$），且留守抑郁组的注意警觉值为正值，留守非抑郁组的注意警觉值为负值，说明与留守非抑郁组相比，留守抑郁组的被试更容易对负性刺激过度警觉。在非留守条件下，抑郁两个条件的注意警觉值差异不显著（$p>0.05$）。其他主效应及其交互作用均不显著（$p>0.05$）。

表 6-16 注意警觉 RT 值的重复测量方差分析

变异来源	F	p	η^2
词汇	0.358	0.550	0.003
留守	17.485**	0.000	0.113
抑郁	8.258**	0.005	0.057
留守 × 抑郁	10.261**	0.002	0.070
词汇 × 留守	0.648	0.422	0.005
词汇 × 抑郁	2.139	0.146	0.015
词汇 × 留守 × 抑郁	2.152	0.145	0.015

注：* 代表 $p<0.05$，** 代表 $p<0.01$，*** 代表 $p<0.001$。

6.2.3.4 注意脱离 RT 值

表 6-17 描述了自变量留守、抑郁对拒绝、悲伤词汇的注意脱离 RT 值的平均值、标准差、最大值、最小值及各组人数。对注意脱离 RT 值进行三因素重复测量方差分析的结果见表 6-18：在注意脱离值上，留守和抑郁

两因素的交互作用显著，$F(1, 137)=4.246$，$p<0.05$，进一步做简单效应检验发现，在留守条件下，与非抑郁组（$M=7.267$，SD=4.959）相比，留守抑郁组（$M=-2.022$，SD=4.505）的注意脱离值更小，但在统计学上差异不显著（$p=0.168$）；在非留守条件下，高、低抑郁中学生之间并没有显著的差异（$p>0.05$）。在抑郁条件下，与非留守抑郁组相比，留守抑郁组的注意脱离值更小，但在统计学上差异不显著（$p=0.125$），在非抑郁条件下，留守和非留守的中学生之间并没有显著的差异（$p>0.05$）。说明被试无论留守、抑郁与否，均不存在注意脱离。其他主效应及其交互作用均不显著（$p>0.05$）。

表 6-17　不同组别对两种词汇的注意脱离 RT 值

留守	抑郁	词汇	M	SD	最大值	最小值	n
是	是	拒绝词	0.795	41.237	87.380	-80.575	40
		悲伤词	-4.839	32.663	71.912	-76.130	
	否	拒绝词	7.948	24.336	86.970	-36.610	33
		悲伤词	6.585	23.329	76.583	-36.555	
否	是	拒绝词	3.509	35.186	67.050	-84.390	31
		悲伤词	13.509	51.882	189.893	-40.408	
	否	拒绝词	-0.837	22.684	51.268	-49.825	37
		悲伤词	-3.313	31.568	51.923	-89.208	

表 6-18　注意脱离 RT 值的重复测量方差分析

变异来源	F	p	η^2
词汇	0.002	0.967	0.000
留守	0.015	0.902	0.000
抑郁	0.180	0.893	0.000
留守 × 抑郁	4.246*	0.041	0.030
词汇 × 留守	1.338	0.249	0.010
词汇 × 抑郁	0.427	0.514	0.003
词汇 × 留守 × 抑郁	1.780	0.184	0.013

6.2.4 讨论

本研究采用了点探测实验范式，以情绪词（拒绝、悲伤、中性）为材料，旨在探究不同抑郁状况下的留守及非留守儿童的注意偏向特点。通过分析注意警觉反应时间（RT）的结果，笔者发现，留守与抑郁之间存在显著的交互作用。进一步分析表明，与非抑郁组相比，抑郁组对负性刺激存在明显的注意警觉，即高抑郁水平的儿童对负性刺激存在注意偏向。在注意定向加速 RT 值上发现，词汇、留守与抑郁三因素的交互作用显著：在非留守抑郁组中，与拒绝词相比，悲伤词引起了更明显的注意定向加速，这说明高抑郁水平的被试仅对悲伤词存在明显的注意偏向，而对拒绝词则不存在注意偏向。这些结果与张立伟（2019）、戴琴（2008）和 Mennen（2019）等的研究相一致，支持了贝克（Beck）的认知图式理论，即抑郁个体更倾向于关注与记忆中已有的图式相一致的刺激信息，进而引起相关的注意偏向。

此外，本研究还发现留守的主效应显著。进一步分析表明，与非留守组相比，留守组被试对负性刺激存在明显的注意偏向，包括注意定向加速和注意警觉。虽然还无法确定具体是哪一类词引起了留守儿童的注意偏向，但杨炎芳（2017）基于社会认知模型认为，由于长期缺乏父母关爱以及不利的生活环境，留守儿童面临更多的负面信息和同伴拒绝，从而更容易在认知加工方面表现出拒绝敏感的消极特点，进而诱发更多负面情绪和适应不良反应。然而，在本研究中，笔者并没有观察到留守组被试对拒绝词的注意脱离困难。这可能是因为在前人的研究中，筛选留守儿童的标准为双留，即其父母双方都已外出务工数年（在小学入学前已外出），而本研究仅选取父母中有任意一方外出务工半年及以上的被试作为留守组，因此没有观察到留守组被试对拒绝词的明显注意偏向。

对于非留守非抑郁组，注意偏向三个指标值均为负值，但未达到显著水平。这表明正常个体能够在一定程度上自主调节注意偏向，忽略无关的干扰信息，并不会对负性刺激产生明显的注意偏向。

综上所述，本研究以注意的机制为切入点，考察了不同抑郁状况下留守儿童的注意偏向特点。研究结果为下一步基于注意偏向的训练干预提供了思路，旨在改善农村留守儿童的抑郁情绪，帮助他们建立健康、积极的认知模式，并摆脱不良处境，进而更好地推进留守儿童的心理健康关爱和维护工作。

6.2.5 结论

非留守抑郁组被试对负性刺激存在明显的注意偏向，具体表现为对悲伤词存在注意定向加速；留守抑郁组被试对负性刺激存在注意偏向，具体表现为注意警觉；留守非抑郁组、非留守非抑郁组对负性刺激没有表现出注意偏向。

6.2.6 不足与展望

首先，本研究仅对四组被试的注意偏向特点进行了初步探讨，尚未开展基于注意偏向的训练干预。其次，在实验设计中，笔者仅采用了 1 500ms 这一刺激时间间隔，无法探究被试的注意偏向伴随时程的变化特点。最后，本研究只采用了行为实验方法，未采用神经生理机制的研究方法。在未来的研究中，笔者将结合眼动、脑电等研究设备，进一步深入探讨留守抑郁儿童的注意偏向问题，并为训练的研究提供重要的实证依据。

6.3 留守青少年注意偏向干预训练的抑郁实验研究

6.3.1 引言

6.3.1.1 研究意义

本研究旨在探究奖励训练和训练相结合对留守青少年抑郁症状的干预

效果。从而对有效的干预治疗策略进行探讨和评估。通过本研究的创新实验设计，可以基于具体的标准化测量来观察这些干预策略对留守儿童的干预作用，从而促进更有效的治疗策略的发展和推广。此外，本研究的实验方法精细且严谨，对于心理学领域的实验设计研究做出了诸多有益的尝试，为学术界提供了更严密可靠、精准的实验控制手段与研究方法，为心理学领域的理论和实践做出了积极的贡献。最终，本研究对于获得更多的理论和实证知识、提高留守青少年抑郁症的干预效果，以及促进未来研究的发展具有重要意义。

6.3.1.2 研究目的和实验假设

近年来，抑郁症在我国儿童青少年群体中的发病率呈现低龄化趋势，已成为最为严重的心理障碍之一。抑郁症对青少年的身心健康产生了重要影响，可能对认知能力、社交关系和学业成绩造成严重不良影响。一项研究显示，我国儿童青少年抑郁症状的流行率为15.4%（李玖玲，2016）。虽然已经有很多研究证明训练（ABT）对抑郁症的干预临床效果不错，但是针对留守青少年群体的适用性仍然需要探究。例如，Yang等（2015）的研究认为，通过点探测任务的ABT在从训练前到训练后，注意力偏差和抑郁症状都有显著地降低且具有长期效果，但是在安慰剂组和控制组的条件下却没有变化。在前文中，笔者也介绍了奖励训练（RAT）对抑郁症状的缓解效果。然而，针对留守青少年的干预效果如何仍有一定的争议。因此，本研究运用一组严谨的、前后测实验来测试ABT和RAT的联合干预效果，以探究其对留守青少年抑郁症状的干预作用。基于此，本研究提出以下假设。

假设6-8：奖励训练能够提高非威胁刺激的注意力水平，改善留守儿童的抑郁症状。

假设6-9：训练能够提高躲避威胁刺激的注意水平，缓解留守儿童的抑郁症状。

假设6-10：通过ABT和RAT结合的训练，留守儿童的抑郁症状能够更明显地缓解并达到最佳效果。

6.3.2 方法

6.3.2.1 被试

本研究从韶关市两所中学收集了大量的问卷数据，经对相关数据进行统计处理，最终筛选出了 83 名符合研究参与要求的留守抑郁儿童作为本研究的研究样本。其中，男性 41 人，女性 42 人。这些被试的平均年龄为 13.95 岁（标准差 SD=0.92）。为了进行对照实验，将被试随机分配到四个组中：奖励拒绝注意训练组 20 人，无奖励拒绝注意训练组 20 人，奖励悲伤训练组 22 人，无奖励悲伤注意训练组 21 人。在进行对照实验时，本研究使用了流调中心抑郁量表（CES-D）问卷来筛选出抑郁值大于平均值加 0.5 个标准差的留守儿童作为参与者。同时，笔者还使用 GAD-7（7 项广泛性焦虑量表）来筛选出分数低于 15 分的被试进一步参加研究实验。

表 6-19 各组被试的性别及人数分布表

组别	性别 男	性别 女	合计
奖励拒绝训练组	10	10	20
无奖励拒绝训练组	9	11	20
奖励悲伤训练组	12	10	22
无奖励悲伤训练组	10	11	21

6.3.2.2 实验材料

1. 流调中心抑郁量表（CES-D）

本研究使用了包含 20 题的流调中心抑郁量表（CES-D），其中有 4 个问题需要进行反向计分，以筛选出随意填写的被试。该量表要求被试使用 0～3 之间的数字对最近一周内症状出现的频率进行评定。被试需要具备初中以上的阅读水平。CES-D 总分范围为 0 ~ 60 分，通常使用 16 分作为分界点，但研究者也曾尝试使用不同的分界点，例如 17 分作为可能存在抑郁的标准，23 分为很可能存在抑郁，或使用 28 分作为更严重患者的分界点。该量表测量内容包含 4 个因素：抑郁情绪、积极情绪、躯体症状和活动迟滞、人际关系。CES-D 总分越高，表明被试抑郁出现的频度越高。CES-D 具有良好的内部一致性信度，其 Cronbach's α 系数为 0.88，因素结构得到了充分验证。该量表在青少年群体中的使用显示出良好的信度和效度，并基本适用于我国青少年（陈祉妍，2009）。

2. 词语

从现代汉语情感词系统（CAWS）中选取中性词语 19 个，悲伤词语 19 个，拒绝词语 9 个。对中性词语、悲伤词语和拒绝词语进行评定，在韶关市某中学，随机选取初一至初三不参与正式实验的 34 名学生对词语的接纳度、悲伤度、愉悦度、唤醒度、熟悉度进行 9 点评定。根据评定结果，选出中性词 – 悲伤词、中性词 – 拒绝词各 5 个，筛选词汇标准如下：接纳度低、愉悦度低，唤醒度、熟悉度均在 2.5 ~ 5 之间为拒绝词；悲伤度高、愉悦度低、唤醒度大于 5、熟悉度在 3 ~ 5 之间为悲伤词；愉悦度在 4 ~ 5 之间、唤醒度在 2.5 ~ 4.5 之间、熟悉度在 3 ~ 5 之间为中性词，最终选取拒绝词、悲伤词、中性词各 5 组，且在接纳度上，拒绝词（M=2.06，SD=1.31）、悲伤词（M=2.66，SD=1.63）和中性词（M=4.68，SD=0.96）存在显著差异（$p<0.01$）；在悲伤度中，拒绝词（M=7.61，SD=1.38）、悲伤词（M=7.99，SD=1.12）和中性词（M=3.96，SD=1.33）存在显著差异（$p<0.01$）；在愉悦度上，拒绝词（M=2，SD=1.20）、悲伤词（M=1.94，SD=1.19）和中性词（M=4.42，SD=1.27）存在显著差异（$p<0.01$）；在唤醒度上，拒绝词（M=5.38，SD=2.26）、悲伤词（M=5.88，SD=2.22）和中性词（M=3.41，SD=1.31）存在显著差异（$p<0.01$）；在熟悉度上，拒绝词（M=4.25，SD=1.86）、悲伤词（M=4.64，SD=2.07）和中性词（M=4.22，SD=1.17）不存在显著差异（$p>0.05$）。

6.3.2.3 实验设计

本实验采用2奖励(有、无)×2训练(拒绝、悲伤)×2时间(前测、后测)×3词语类型(中性、拒绝、悲伤)的四因素的混合实验设计。奖励训练和注意偏向训练为被试间设计,其中奖励包括奖励和无奖励2组。注意训练也包括拒绝训练和悲伤训练2种训练。训练采用点探测范式,奖励训练采用视觉搜索范式。而时间作为被试内变量,有两个水平,分别为前测和后测。因变量为注意偏向指标,即注意定向加速、注意警觉和注意脱离。

6.3.2.4 实验程序

本实验的所有程序均通过E-prime软件进行编制。整个实验流程共分为五个阶段,分别是筛选被试阶段、前测阶段、奖励训练阶段、训练阶段以及后测阶段(如图6-2所示)。

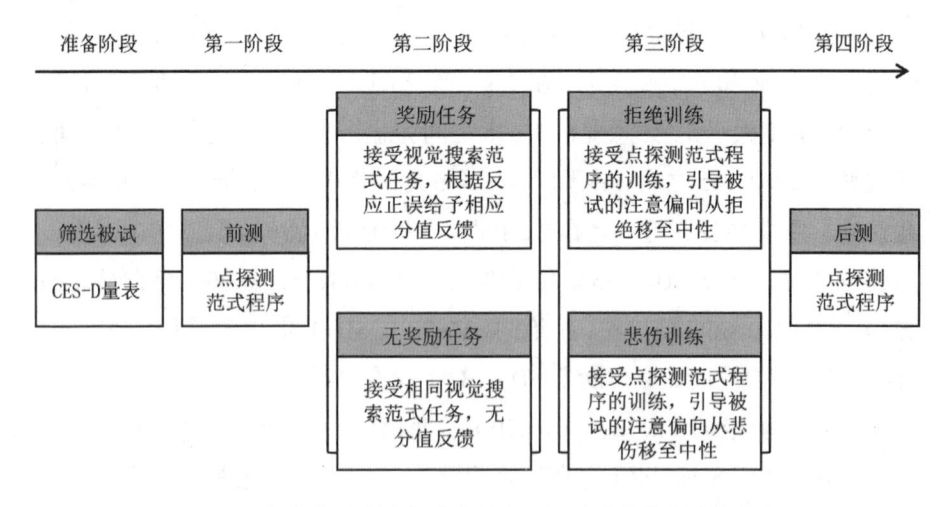

图6-2 抑郁留守青少年注意偏向干预实验实施步骤流程图

1. 前后测阶段

实验的前后测阶段使用E-prime软件进行,主试为被试打开实验页面。在进入实验后,屏幕会呈现指导语告知被试实验任务:当探测刺激出现时,根据探测目标尽快做出按键反应。首先被试进入练习阶段,在此阶段中被

第6章 青少年抑郁与注意偏向实证研究

试做出按键反应并得到正确与否的反馈，一共有10个试次的练习。练习阶段是为了让被试充分理解实验任务，如果被试能够理解实验任务就按"Q"键进入正式实验，如果未能理解则按"P"键再次进入练习阶段。被试实验正确率低于90%，会重新返回练习阶段。为了缓解被试长时间实验出现的疲劳效应，正式实验分为两个组块，被试在完成一半试次后可选择是否休息一小段时间再进行实验。单个试次的流程如下（图5-2）：首先黑色屏幕中央会固定出现红色十字500ms，然后随机同时呈现两个情绪词，情绪词分成3种类型（中性词汇、悲伤性词汇、拒绝性词汇），存在着3种类型的排列组合（中性词-中性词、中性词-拒绝词、中性词-悲伤词），词对呈现位置在屏幕的一左一右，词对呈现时间为1 500ms，目的是为了让被试有更加充裕的时间去加工刺激内容，然后词对消失，在其中一个情绪词语呈现过的位置随机出现探测目标（"●""●●"），被试根据看到的探测目标类型进行按键反应，如果屏幕出现"●"被试按"F"键，如果是"●●"则按"J"键。每个情绪词语（中性词、悲伤词、拒绝词）和探测目标（"●""●●"）在屏幕中每次出现的概率是相同且随机的。前测实验材料采用24个词语刺激对（中性词-悲伤词/中性词-拒绝词/中性词-中性词）。为了平衡位置效应，同一词语对会以相反位置再次呈现（如第1次是中性词-悲伤词，第2次为悲伤词-中性词）。实验总共分为3个组块，每个组块有64个试次，共192个试次，设置每个试次的间隔时间为500ms。所有词语对统一使用白字黑底图片的形式，两个词语的间距为3cm。在后测阶段，所有组别的被试再次完成与前测完全相同的实验任务以及CES-D的量表，记录反应时和正确率，统计问卷得分。

2.奖励阶段

实验中，被试对目标词语进行按键反应，目标词语不一样，得到的数值反馈也不同。数值反馈主要分为奖励性质和惩罚性质。如果被试按键反应正确，屏幕中央会呈现奖励性质的数值反馈，按键反应错误，则呈现惩罚性质的反馈。奖励反馈有两种，高奖励反馈+10分，低奖励反馈+1分。本实验中，当被试对中性词语反应正确会有80%的概率获得高奖励反馈或者是 20% 的概率的低奖励反馈，对悲伤性词语或拒绝性词语反应正确则有 80% 的概率获得低奖励反馈以及 20% 的概率获得高奖励反馈。无论哪种词性，如果被试按键反应错误，都会统一得到 −5 分的惩罚反馈。因为本阶段的实验操作较为简单，所以在实验中建立的联结主要是奖励性质的，而非惩罚性质，惩罚环节的加入主要是为了确保被试认真对待实验。实验完成后，计算被试得分，按照积分情况，给予被试一定物质奖励。

奖励训练流程：在此阶段，在屏幕中以 2×2 矩阵的形式呈现词语，存在四种组成方式：第一种组合方式为 3 个中性词语和 1 个拒绝性词语搭配；第二种组合方式为 1 个中性词语和 3 个拒绝性词语搭配；第三种组合方式为 3 个中性词语与 1 个悲伤性词语搭配；第四种组合方式为 1 个中性词语与 3 个悲伤性词语搭配。奖励训练阶段采用视觉搜索任务，在指导语中告知被试，屏幕会出现 3 种类型的词语，一种是中性词，第二种是悲伤性的词汇，第三种是拒绝性的词汇。被试需要对矩阵中不一样的情绪词进行按键反应。如同时呈现 3 个悲伤词或拒绝词和一个中性词，被试需对中性词进行按键反应。或者同时呈现 3 个中性词和一个悲伤词或拒绝词，被试需对悲伤词或拒绝词进行按键反应。单个试次的流程（图 5-3、图 5-4）如下：黑色屏幕中央会固定出现红色十字持续 500ms，然后随机呈现 2×2 的情绪词矩阵，被试对矩阵中不一样的情绪词进行按键反应。如果判断为中性词按"F"键，判断为悲伤词或拒绝词按"J"键，被试每完成一次按键反应，屏幕就呈现一次 1 000ms 的数值反馈。

控制组的实验程序基本上与上述一致，唯一的区别是控制组进行按键反应后没有数值反馈（图 5-3）。实验总共分为两个组块，共 160 个试次，设置每个试次的间隔时间为 500ms。所有词语矩阵统一使用白字黑底图片的形式，相邻词语之间的间距为 3cm。

3. 注意偏向训练阶段

在进行训练实验前，对奖励组的被试进行说明，在此阶段无论按键反应是否正确，都不会再有数值反馈，只要完成实验即可。在训练阶段中，将被试分成两个组别进行训练。第一个组别为悲伤训练组，在进行训练时，探测刺激（"●""●●"）会有90%的概率出现在中性词后，10%的概率出现在悲伤词后。第二个组别为拒绝训练组，在进行训练时，探测刺激（"●""●●"）会有90%的概率出现在中性词后，10%的概率出现在拒绝词后。此次实验材料采用100个词语刺激对，每一对词均为一个中性词和一个负性词（包括"悲伤""拒绝"两类），即"中性词–悲伤词"和"中性词–拒绝词"两大类各50对。为了平衡位置效应，同一类型的词语对会以相反的位置再次呈现（如第1次是中性词–悲伤词，第2次为悲伤词–中性词）。为了保证最大化的训练效果，悲伤训练组和拒绝训练组都采用了ABBA位置平衡法。悲伤训练组单个试次的流程（图5-3）如下：黑色屏幕中央会固定出现红色十字持续500ms，然后随机呈现中性词–悲伤词（悲伤词–中性词）组成的词对持续1 500ms，词对消失后，接着呈现探测界面，被试对探测刺激（"●""●●"）进行按键反应。如果判断为"●"按"F"键，判断为"●●"按"J"键。拒绝训练组单个试次的流程（图5-3）如下：黑色屏幕中央会固定出现红色十字持续500ms，然后随机呈现中性词–拒绝词（拒绝词–中性词）组成的词对持续1 500ms，词对消失后，接着呈现探测界面，被试对探测刺激（"●""●●"）进行按键反应。如果判断为"●"按"F"键，判断为"●●"按"J"键。单次训练共有160个试次，分为2个组块进行。每完成一个组块被试会有一小段休息时间。训练一共进行4次，隔一天进行一次。所有实验阶段都记录下被试按键的反应时和正确率。

6.3.2.5 数据分析

1.数据统计

在对数据进行分析之前，先用E-DataAid剔除掉反应时小于200ms和大于1 200ms的数据，并剔除反应错误的数据。之后使用Excel软件计算注意偏向指标，并将计算后的注意偏向指标导入SPSS 20.0中，采用2奖励（有、无）×2训练（拒绝、悲伤）×时间（前测、后测）×词汇（中性、拒绝、悲伤）四因素重复测量方差分析，取0.05作为显著性水平，采用简单效应分析方法测定交互作用。

2. 注意偏向指标计算方法

注意偏向值的计算方法见 6.2.2.5 节统计分析。

6.3.3 结果

6.3.3.1 四组被试在训练前后对点探测任务反应时的注意偏向值

表 6–20 展示了奖励和无奖励训练前后留守抑郁中学生对拒绝和悲伤词汇注意偏向值的平均值和标准差。通过对定向加速值进行四因素重复测量方差分析（参见表 6–21），时间、词汇、训练和奖励四因素的交互作用不显著（$p=0.286$）；但是时间、词汇和训练三因素的交互作用显著 $F(1, 79)=50.323$，$p < 0.001$。进一步进行简单效应分析（详见图 6–3），在拒绝训练条件下，存在拒绝偏向的留守抑郁中学生偏向对拒绝词的注意偏向值（$M=32.738$，SD=21.655）显著大于对悲伤词的偏向值（$p < 0.001$）。但后测中，存在拒绝偏向的留守抑郁中学生对两种词汇的偏向值均为负值，且差异不显著（$p=0.534$）；在悲伤训练条件下，存在悲伤偏向的留守中学生对悲伤词的注意偏向值（$M=26.773$，SD=21.779）显著大于对拒绝词的偏向值（$p < 0.001$）。但后测中，存在悲伤偏向的留守抑郁中学生对两种词汇的偏向值均为负值，且差异不显著（$p=0.629$）；悲伤训练组对悲伤词反应的偏向值显著大于拒绝词（$p < 0.001$）。总的来说，这些结果表明，通过纠正拒绝注意偏向可以有效地改善拒绝偏向的留守抑郁中学生对拒绝词的注意偏向；同时，通过纠正悲伤注意偏向可以有效地改善悲伤偏向的留守抑郁中学生对悲伤词的注意偏向。

第 6 章 青少年抑郁与注意偏向实证研究

表 6-20 奖励和无奖励训练前后留守抑郁中学生对拒绝和悲伤词汇注意偏向值的平均值和标准差

目标词汇	矫正训练	奖励	前测 T1 M	SD	后测 T2 M	SD
拒绝	拒绝	奖励 G1	30.155	18.668	−11.380	34.717
		无奖励 G2	35.321	24.993	7.420	44.480
	悲伤	奖励 G3	−3.157	26.069	−6.453	36.296
		无奖励 G4	−14.932	26.223	−4.864	28.424
悲伤	拒绝	奖励 G1	−5.869	22.367	−10.745	50.877
		无奖励 G2	−8.888	29.005	17.181	35.512
	悲伤	奖励 G3	28.497	25.015	−10.262	24.564
		无奖励 G4	24.966	18.867	−8.841	30.129

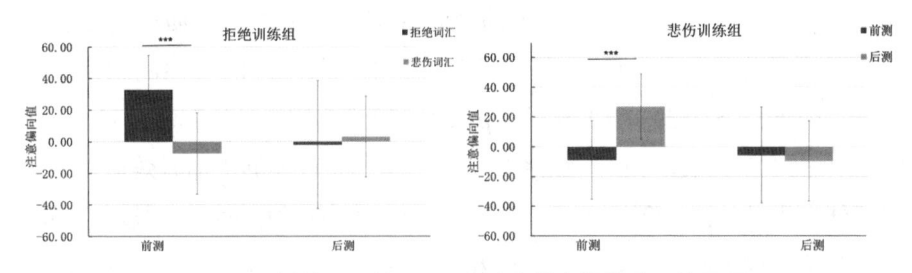

图 6-3 训练 × 时间 × 词汇注意偏向值的交互作用图

注：柱状图误差线代表了该条件下均值的标准误，* 代表 $p < 0.05$，** 代表 $p < 0.01$，*** 代表 $p < 0.001$，下同。

表 6-21 训练后注意偏向值的重复测量方差分析

变异来源	df	F	p
时间	1	20.129	0.000
奖励	1	1.565	0.215
训练	1	2.722	0.103
词汇	1	0.043	0.837
时间 × 奖励	1	6.123	0.015
时间 × 训练	1	0.477	0.492
时间 × 词汇	1	0.222	0.639

续表

变异来源	df	F	p
奖励 × 训练	1	4.377	0.040
词汇 × 奖励	1	0.094	0.760
词汇 × 训练	1	20.683	0.000
时间 × 奖励 × 训练	1	1.068	0.305
词汇 × 奖励 × 训练	1	0.059	0.809
时间 × 词汇 × 奖励	1	0.138	0.711
时间 × 词汇 × 训练	1	50.323	0.000
时间 × 词汇 × 奖励 × 训练	1	1.153	0.286
误差	79		

此外，方差分析的结果还发现，时间和奖励训练存在显著的交互作用，$F(1, 79)=6.123$，$p<0.05$。进一步进行简单效应分析（图6-4），前测时，奖励条件下和无奖励条件下的留守抑郁中学生对负性词汇的注意偏向值没有显著差异（$p=0.423$），但在后测中，奖励组的负性注意偏向值（$M=-10.795$，$SD=29.107$）显著（$p<0.05$）低于无奖励组（$M=-0.909$，$SD=37.759$）。这表明相对于无奖励条件，奖励条件能够更加有效地减少留守抑郁个体对负性刺激的注意偏向。除了上述两因素的交互作用显著以外，笔者还发现词汇和注意训练、奖励和训练的交互作用以及时间主效应也显著，但其他交互作用和主效应没有显著差异。

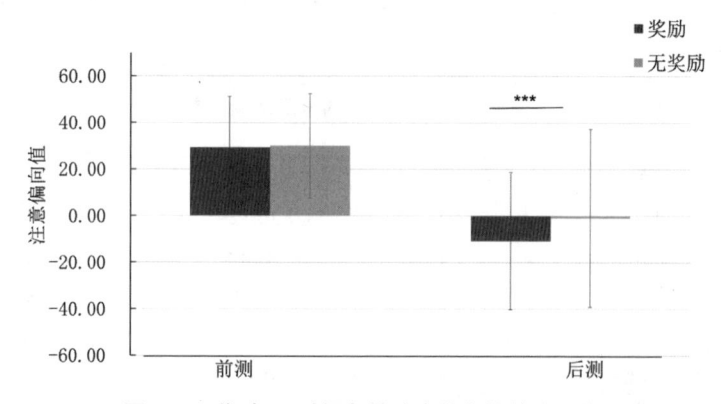

图6-4 奖励 × 时间负性注意偏向值的交互作用图

6.3.3.2 四组被试在训练前后对点探测任务反应时的注意警觉值

表 6-22 展示了奖励和无奖励训练前后留守抑郁中学生对拒绝和悲伤词汇注意警觉值的平均值和标准差。对注意警觉值进行四因素重复测量方差分析的结果参见表 6-23，时间、奖励训练、注意训练和词汇四个因素之间存在显著的交互作用，$F(1, 79)=4.018$，$p<0.05$。进一步进行简单效应分析（详见图 6-5），在拒绝训练条件下，无论在前测时有或没有奖励，存在拒绝偏向的留守抑郁中学生对拒绝词的注意警觉值均为正值，但差异不显著。在进行拒绝训练后，在有或没有奖励的条件下，留守抑郁中学生对拒绝词的注意警觉值均为负值，并且显著低于前测。此外，在奖励条件下，留守抑郁中学生对拒绝词的注意警觉值（M=-6.539，SD=26.852）低于无奖励条件（M=-2.552，SD=26.199）下留守抑郁中学生对拒绝词的注意警觉值。有拒绝偏向的留守抑郁中学生对悲伤刺激没有显著偏向。在进行拒绝训练后，在奖励条件下，留守抑郁中学生对悲伤词的注意警觉值（M=-15.521，SD=37.005）显著低于无奖励条件留守抑郁中学生（p=0.022）对悲伤词的注意警觉值。但是在悲伤训练条件下，无论是否奖励，有悲伤偏向的留守抑郁中学生，前后测没有显著差异。这些结果表明，通过纠正拒绝注意偏向，可以有效地改善拒绝偏向的留守抑郁中学生对拒绝和悲伤词汇的注意警觉。另外，奖励条件下的改善效果更为显著。

表 6-22 奖励和无奖励训练前后留守抑郁中学生对拒绝和悲伤词汇注意警觉值的平均值和标准差

目标词汇	矫正训练	奖励	前测 T1 M	前测 T1 SD	后测 T2 M	后测 T2 SD
拒绝	拒绝	奖励 G1	19.351	25.818	-6.539	26.852
拒绝	拒绝	无奖励 G2	25.075	20.076	-2.552	26.199
拒绝	悲伤	奖励 G3	-7.433	29.242	-11.755	32.971
拒绝	悲伤	无奖励 G4	-6.951	27.560	-1.859	24.474
悲伤	拒绝	奖励 G1	-1.992	21.012	-15.521	37.005
悲伤	拒绝	无奖励 G2	0.436	29.756	7.259	28.218
悲伤	悲伤	奖励 G3	9.139	30.633	-0.206	25.174
悲伤	悲伤	无奖励 G4	9.728	21.150	-4.796	32.160

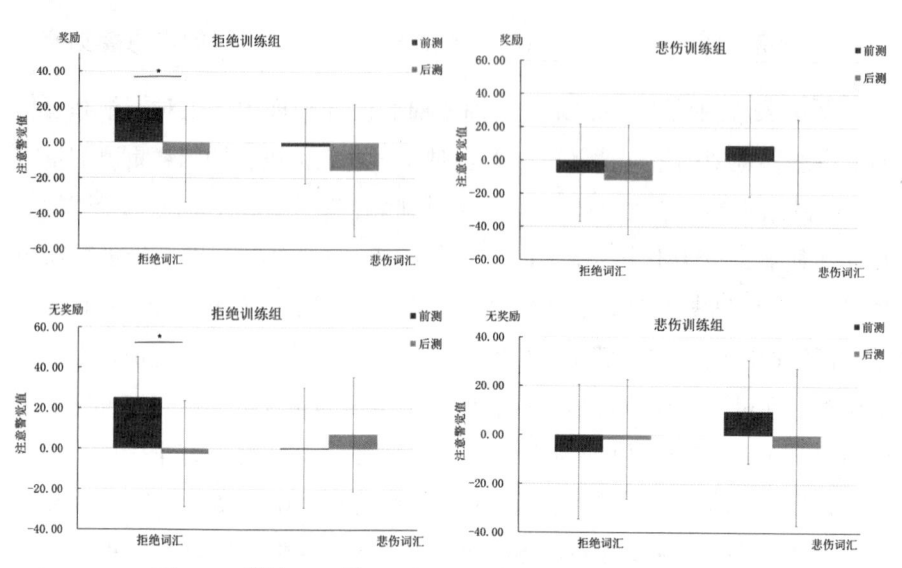

图 6-5 训练 × 时间 × 词汇 × 奖励注意警觉值的交互图

此外，方差分析的结果还发现，时间、词汇和注意训练三因素的交互作用显著 $F(1, 79)=15.248$，$p < 0.001$；进一步进行简单效应分析（图 6-6），在拒绝训练条件下，在前测时，存在拒绝偏向的留守抑郁中学生只对拒绝词的注意警觉值（$M=22.214$，$SD=22.721$）显著大于对悲伤词的注意警觉值（$p < 0.001$），但在后测中，存在拒绝偏向的留守抑郁中学生对两种词汇的警觉值均为负值，并且差异不显著（$p=0.943$）；在悲伤训练条件下，在前测时，存在悲伤偏向的留守抑郁中学生对悲伤词的注意警觉值（$M=9.428$，$SD=25.815$）显著大于对拒绝词的注意警觉值（$p < 0.001$），但后测中，存在悲伤偏向的留守抑郁中学生对两种词汇的注意警觉值均为负值，并且差异不显著（$p=0.440$）；悲伤训练组对悲伤词反应的注意警觉值显著大于对拒绝词（$p < 0.001$）的注意警觉值。这些结果说明通过拒绝注意偏向的矫正能够有效改善拒绝偏向的留守抑郁中学生对拒绝词的注意警觉，通过悲伤注意偏向的矫正能够有效改善悲伤偏向的留守抑郁中学生对悲伤词的注意警觉。除了上述四因素和三因素的交互作用显著以外，笔者还发现词汇和注意训练以及时间主效应也显著，但其他交互作用和主效应不显著。

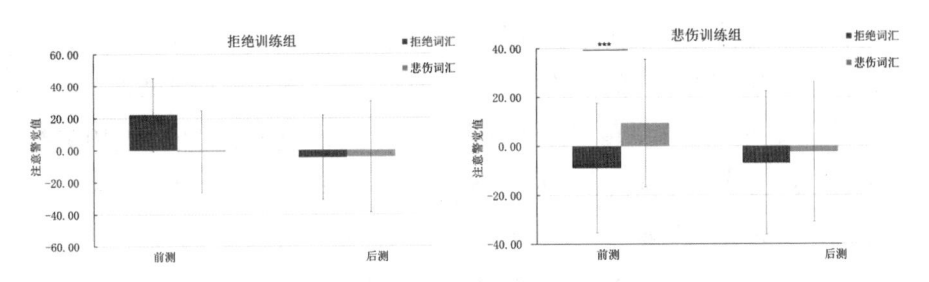

第 6 章 青少年抑郁与注意偏向实证研究

图 6-6 训练 × 时间 × 词汇注意警觉值的交互作用图

表 6-23 训练前后注意警觉值的重复测量方差分析

变异来源	df	F	p
时间	1	9.485	0.003
奖励	1	1.922	0.169
训练	1	1.772	0.187
词汇	1	0.025	0.875
时间 × 奖励	1	0.713	0.401
时间 × 训练	1	1.883	0.174
时间 × 词汇	1	1.468	0.229
奖励 × 训练	1	0.918	0.341
词汇 × 奖励	1	0.003	0.957
词汇 × 训练	1	17.542	0.000
时间 × 奖励 × 训练	1	0.282	0.597
词汇 × 奖励 × 训练	1	2.068	0.154
时间 × 词汇 × 奖励	1	0.168	0.683
时间 × 词汇 × 训练	1	15.248	0.000
时间 × 词汇 × 奖励 × 训练	1	4.018	0.048
误差		79	

6.3.3.3 四组被试在训练前后对点探测任务反应时的注意脱离值

表 6-24 描述了奖励和无奖励训练前后留守抑郁中学生对拒绝和悲伤词汇注意脱离值的平均值和标准差。对注意脱离值进行四因素重复测量方差分析的结果见表 6-25，尽管时间、词汇、训练和奖励四因素的交互作用不

显著，但时间、词汇和训练三因素的交互作用显著 $F(1, 79)=31.000$，$p < 0.001$，进一步进行简单效应分析（图6-7），在拒绝训练条件下，在前测时，存在拒绝偏向的留守抑郁中学生对拒绝词的注意脱离值（M=10.524，SD=23.795）显著大于对悲伤词的注意脱离值（$p < 0.001$），但后测中，存在拒绝偏向的留守抑郁中学生对两种词汇的注意脱离值均为负值，并且差异不显著（p=0.384）；在悲伤训练条件下，在前测时，存在悲伤偏向的留守抑郁中学生对悲伤词注意脱离值（M=17.345，SD=33.572）显著大于对拒绝词的注意脱离值（$p < 0.001$），但后测中，存在悲伤偏向的留守抑郁中学生对两种词汇的注意脱离值均为负值，并且差异不显著（p=0.123）；悲伤训练组对悲伤词反应的注意脱离值显著大于拒绝词（$p < 0.001$）的注意脱离值。这些结果说明通过拒绝存在注意偏向的矫正能够有效改善存在拒绝偏向的留守抑郁中学生对拒绝词的注意脱离困难，通过悲伤注意偏向的矫正能够有效改善存在悲伤偏向的留守抑郁中学生对悲伤词的注意脱离困难。除上述三因素的交互作用显著以外，笔者还发现词汇和注意训练的交互作用显著，但其他交互作用和主效应不显著。

表6-24 奖励和无奖励训练前后留守抑郁中学生对拒绝和悲伤词汇注意脱离值的平均值和标准差

词汇	训练	奖励	前测 T1 M	前测 T1 SD	后测 T2 M	后测 T2 SD
拒绝	拒绝偏向	奖励 G1	10.801	27.167	−4.842	28.544
		无奖励 G2	10.247	21.303	9.973	32.498
	悲伤偏向	奖励 G3	4.277	35.569	5.301	28.805
		无奖励 G4	−7.980	24.788	−3.003	31.208
悲伤	拒绝偏向	奖励 G1	−3.876	21.520	4.774	32.289
		无奖励 G2	−9.324	17.389	9.921	24.971
	悲伤偏向	奖励 G3	19.358	41.377	−10.056	28.914
		无奖励 G4	15.236	24.827	−4.046	24.503

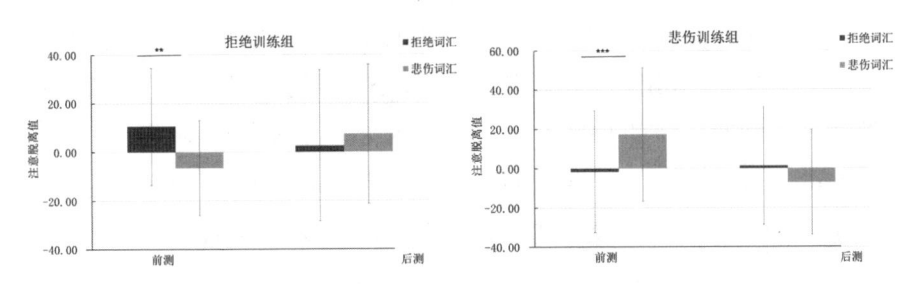

第 6 章 青少年抑郁与注意偏向实证研究

图 6-7 训练 × 时间 × 词汇注意脱离值的交互作用图

表 6-25 训练前后注意脱离值的重复测量方差分析

变异来源	df	F	p
时间	1	1.227	0.271
奖励	1	0.024	0.879
训练	1	0.078	0.781
词汇	1	0.016	0.901
时间 × 奖励	1	2.085	0.153
时间 × 训练	1	3.886	0.052
时间 × 词汇	1	0.378	0.540
奖励 × 训练	1	1.127	0.292
词汇 × 奖励	1	0.126	0.724
词汇 × 训练	1	4.386	0.039
时间 × 奖励 × 训练	1	0.183	0.670
词汇 × 奖励 × 训练	1	2.769	0.100
时间 × 词汇 × 奖励	1	0.006	0.937
时间 × 词汇 × 训练	1	31.000	0.000
时间 × 词汇 × 奖励 × 训练	1	0.383	0.538
误差	79		

6.3.3.4　四组被试训练前后的 CES-D 值和 GAD-7 值

表 6-26 呈现了奖励和无奖励训练前后的 CES-D 值和 GAD-7 值。对 CES-D 值和 GAD-7 值进行三因素重复测量方差分析（详见表 6-26）。在 CES-D 值方面，时间、奖励训练和注意训练三个因素的交互作用显著，

$F(1, 79)=6.887$, $p < 0.05$。进行进一步的简单效应分析（详见图6-8）。在前测中，奖励悲伤组和无奖励悲伤组的CES-D值无显著差异。然而，在后测中，奖励悲伤组的CES-D值（$M=17.818$，$SD=6.012$）显著低于无奖励悲伤组（$p < 0.05$）。结果表明，通过奖励训练，尤其是特别针对悲伤偏向的奖励训练，可以有效改善留守抑郁中学生的抑郁症状。

表6-26 训练前后的CES-D值和GAD-7值

词汇	训练	奖励	前测 T1 M	前测 T1 SD	后测 T2 M	后测 T2 SD
CES-D 值	拒绝偏向	奖励 G1	25.900	3.307	21.600	8.543
		无奖励 G2	28.354	5.029	20.300	6.018
	悲伤偏向	奖励 G3	27.318	4.78	17.818	6.012
		无奖励 G4	28.000	5.176	23.190	7.480
GAD-7 值	拒绝偏向	奖励 G1	8.850	3.232	7.450	4.989
		无奖励 G2	8.850	3.117	7.2000	3.237
	悲伤偏向	奖励 G3	7.409	3.633	5.636	3.185
		无奖励 G4	7.666	3.637	7.809	3.172

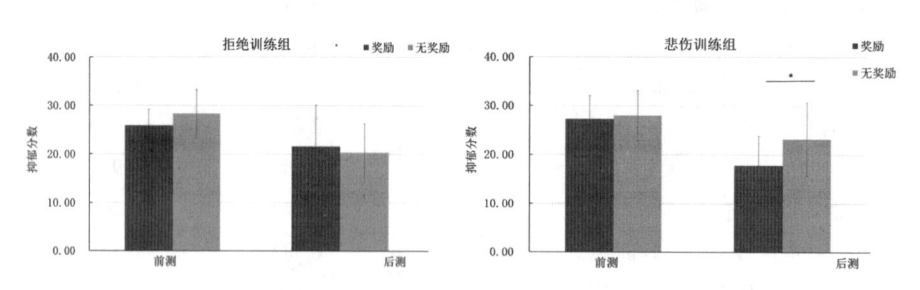

图6-8 训练 × 时间 × 奖励 CES-D值的交互作用图

在CES-D值上，除了上述三因素交互作用显著以外，笔者还发现时间主效应显著，而其他交互作用和主效应不显著。在GAD-7值上，时间主效应显著，但其他主效应及其交互作用均不显著（见表6-27和表6-28）。

表 6-27　训练前后 CES-D 值的重复测量方差分析

变异来源	df	F	p
时间	1	68.664	0.000
奖励	1	3.002	0.087
时间 × 奖励	1	0.085	0.772
时间 × 训练	1	0.369	0.545
奖励 × 训练	1	1.387	0.242
时间 × 奖励 × 训练	1	6.887	0.010
误差	79		

表 6-28　训练前后 GAD-7 值的重复测量方差分析

变异来源	df	F	p
时间	1	7.876	0.006
奖励	1	0.676	0.413
时间 × 奖励	1	0.998	0.321
时间 × 训练	1	0.725	0.397
奖励 × 训练	1	1.022	0.315
时间 × 奖励 × 训练	1	1.687	0.198
误差	79		

6.3.4　讨论

本研究使用电脑化的基于奖励的训练，旨在探究其能否改善留守抑郁青少年的注意偏向和抑郁症状。实验结果表明，该训练能够有效改善留守抑郁青少年对负性信息的注意偏向及抑郁症状的出现。根据贝克的抑郁认知理论，个体对负性信息的注意偏向是导致抑郁症状产生及维持的重要原因之一。本研究采用不同的训练任务有针对性地对留守抑郁青少年的认知图式进行干预。对于存在悲伤图式的被试进行悲伤训练，对于存在拒绝图式的被试进行拒绝训练。实验结果能够有效验证抑郁认知理论，同时，使用电脑化的矫正训练改善青少年抑郁症状，具有实际的应用价值。

本研究的结果与以往的一些研究结果一致。以往研究发现，通过注意偏向矫正训练，留守抑郁个体的抑郁症状得到了明显的改善（戴婷，2012）。同时，施行奖励训练的组别表现出更为有效的训练效果（Xiao W et al., 2022）。本研究发现训练能够改善拒绝训练组对拒绝信息的注意偏向，作用于拒绝定向加速阶段。这些研究结果加深了我们对于训练的理解，并为相关领域的临床干预提供了新的思路。

本研究与以往研究的不同之处在于，本研究不仅发现经过拒绝偏向的矫正训练后，留守抑郁中学生对拒绝注意警觉都会显著地下降，转为负值（即不存在注意偏向），并且还发现相对于无奖励条件，奖励条件下留守抑郁中学生对拒绝注意警觉缓解效果更加明显。对于悲伤警觉值，经过拒绝训练后，有拒绝偏向的留守抑郁中学生对悲伤刺激没有显著偏向，且无论是否设置奖励条件，前后测间均无显著差异。相反，在悲伤训练条件下，有悲伤偏向的留守抑郁中学生在前后测之间对悲伤词的注意警觉值和拒绝词的注意警觉值均没有显著差异。这些结果表明，通过拒绝注意偏向的矫正，能够有效改善存在拒绝偏向的留守抑郁中学生对拒绝词汇和悲伤词汇的注意警觉，其中，奖励条件能够进一步增强训练效果。这与留守抑郁青少年所处的特殊情境有关。留守抑郁青少年对拒绝性信息更为敏感，而当其认知图式与外部信息不一致时，会对外部信息更为排斥，导致对负性信息的注意偏向。采用注意矫正训练对留守抑郁青少年特有的认知图式进行干预能够减弱负性信息偏向。同时，奖励训练能够显著减轻留守抑郁青少年的抑郁症状，但其具体发挥作用的机制仍需进一步探究。

6.3.5 结论

①奖励训练可以显著降低被试的负性注意偏向指数，同时可以显著降低被试的抑郁水平。

②与无奖励组相比，奖励组被试的拒绝注意定向加速值和被试注意警觉值显著降低，说明奖励可以促进留守抑郁个体注意偏向的改变。

③无奖励组与奖励组的CES-D值都显著降低,但与无奖励组相比,奖励训练后被试的CES-D值显著降低,说明奖励可以缓解被试的抑郁症状。

6.3.6 限制

本研究虽然证实了奖励训练对改善留守抑郁儿童抑郁症状具有增强效果,但仍存在一些不足之处。首先,本研究的被试样本较少,因此可以考虑扩大样本范围进一步探讨该研究结果的适用性。其次,本次研究所采用的实验材料均为词语,且数量较少。在未来的实验研究中,可以考虑采用其他形式的实验材料,比如图画和影片等,以此丰富被试的体验,减少被试疲劳所引起的实验误差。

第 7 章　青少年攻击性与注意偏向实证研究

7.1　基于情绪 Stroop 范式下高攻击个体注意偏向的特点

7.1.1　引言

7.1.1.1　研究意义

研究基于情绪 Stroop 范式下高攻击个体的注意偏向的特点具有重要的理论和实践意义。首先，本研究能够深入揭示高攻击个体在情绪 Stroop 任务中的注意偏向模式，为进一步探究高攻击个体行为问题的心理机制提供基础研究。其次，深入研究高攻击个体的注意偏向模式有助于制定预防和干预策略，降低高攻击个体的攻击行为发生率，并以此促进健康社会的建设。最后，基于情绪 Stroop 范式下高攻击个体的注意偏向研究，能够提高公众对心理健康问题的认知水平，为心理学在相关领域的应用提供支持和依据。

7.1.1.2 实验目的和实验假设

情绪冲突是指无关情绪性刺激对当前认知任务的干扰（Amit et al., 2006），情绪冲突研究是在认知冲突的研究基础上发展起来的（胡治国 等, 2008）。随着信息时代的到来，个体将接受各种信息的影响，这会导致情绪上的波动和易产生情绪冲突。在高攻击群体中，这一现象尤其明显。高攻击个体在情绪方面最典型的表现是具有比较强烈的冲动和愤怒情绪，对敌意性信息更敏感，更容易对事件做出消极性解释（赵辉 等, 2019），也易把性质不明确的刺激理解成负性刺激，并且会采取攻击的方式反应（赵科 等, 2009）。特别是 Dodge 的社会认知模式理论认为，个体是否做出攻击行为取决于对外界信息的解释（毋嫘 等, 2016），而对外界信息的解释又与注意、加工信息的类型有关。许多研究发现，高攻击个体表现出对负性信息过分的注意偏向（彭程, 2012；黄芥, 2013）。情绪面孔作为最重要的社交信息之一，在情绪冲突的注意调控过程中发挥着极其重要的作用。关于情绪冲突的研究范式有多种，包括情绪 Stroop 范式、词-面孔 Stroop 范式等。词-面孔 Stroop 范式是在经典 Stroop 范式和情绪 Stroop 范式的基础上改进而来的，此范式使用不同类型的情绪面孔与不同类型的情绪词汇，构成了一致性条件和不一致性条件，具体做法是将情绪词汇叠加在情绪面孔上，要求个体判断面孔的情绪效价（Stenberg et al., 1998）。因此，本研究拟采用情绪 Stoop 范式，考察高攻击个体对不同情绪面孔注意偏向的特点，以探索高攻击个体应对情绪冲突的潜在心理机制。本研究的假设如下。

假设 7-1：如果个体存在情绪冲突，那么与一致性条件（无冲突条件）相比，个体在判断不一致性条件（冲突条件）时的正确率更低，反应时更长。

假设 7-2：如果个体对不同类型的情绪的注意偏向程度不同，那么判断愤怒面孔、悲伤面孔的正确率和反应时会存在差异。

假设 7-3：如果具有不同攻击水平的个体对负性信息的注意偏向程度不同，那么与低攻击水平的个体相比，高攻击水平的个体判断愤怒、悲伤面孔的正确率更高，反应时更短，但在其他情绪面孔条件下，高低攻击性个体无显著的差异。

7.1.2 方法

本研究采用中文大学生版 Buss-Perry 攻击性量表（见附录五）、焦虑自评量表（见附录六）和抑郁自评量表（见附录七）组成一套问卷，对大一到大四的大学生进行发放，回收问卷共 780 套，有效问卷 750 套，有效率达 96.15%。

有研究表明，高焦虑与高抑郁个体对负性情绪信息存在注意偏向（Alvaro et al.，2013；毋嫘 等，2016），故采用焦虑自评量表和抑郁自评量表进行筛查，经过量表筛选后的被试均无高焦虑（M=42.78，SD=9.88）与高抑郁（M=47.74，SD=11.28）。

根据中文大学生版 Buss-Perry 攻击性量表的得分，选取高分端 5% 和低分端 5% 的个体作为高、低外显攻击性水平被试进行实验。其中，有 9 名被试因正确率低于 80% 而不纳入数据分析中。因此，实际有效被试为 59 人，包括高外显攻击被试 30 人（男女各 15 人）和低外显攻击被试 29 人（男生 15 人，女生 14 人）。

高外显攻击组平均得分 M=73.20，SD=7.17，低外显攻击组被试平均得分 M=35.38，SD=4.61。t 检验的结果表明，高攻击组与低攻击组在攻击性得分上存在显著差异，$t(57)$=23.99，$p < 0.05$。

高攻击组的平均年龄为 19.77 岁，SD=1.33，低攻击组的平均年龄为 19.59 岁，SD=0.98。高攻击组与低攻击组在年龄上无显著差异，$t(57)$=0.59，$p > 0.05$。

本研究招募的参与者均为自愿参与，他们都是右利手并且双眼裸视或矫正视力正常，没有生理或心理上的疾病，并且没有参加过类似的实验。所有被试在实验前都已签署了知情同意书，并且在实验结束后将会获得相应的报酬。

7.1.2.1 测量工具

1. 焦虑自评量表（SAS）

焦虑自评量表（Zung，1971）因能较直观地反映焦虑的主观感受而被广泛应用。本量表有 20 个题目，包括 15 个正向评分题目，5 个反向评分题目。每题进行 1～4 级评分，累计所有题目的分数得到粗分，再乘以 1.25 后得到标准分。标准分范围为 20～80 分，分数越高即反映焦虑程度越高。此量表标准分的分界值为 50 分，其中 50～59 分为轻度焦虑，60～69 分为中度焦虑，70 分以上为重度焦虑。

2. 抑郁自评量表（SDS）

抑郁自评量表（Zung et al.，1965）因能较直观地反映抑郁的主观感受而被广泛应用。本量表有 20 个题目，包括 10 个正向评分题目，10 个反向评分题目。每题进行 1～4 级评分，累计所有题目的分数得到粗分，再乘以 1.25 后得到标准分，标准分范围为 20～80 分，分数越高即反映抑郁程度越高。此量表标准分的分界值为 53 分，其中 53～62 分为轻度抑郁，63～72 分为中度抑郁，73 分以上为重度抑郁。

3. 中文大学生版 Buss-Perry 攻击性量表（CC-BPAQ）

本量表（吕路 等，2013）共 22 个项目，包括四个方面的内容：身体攻击（5 题）、冲动（6 题）、易怒性（3 题）和敌意（8 题），均采用正向计分。量表采用 5 点计分，累计所有题目的分数得到总分，总分范围为 22～110 分，问卷中某个因子的分数越高，表示该因子上被试攻击性越强；总分越高，表示攻击性越强。全卷 Cronbach's α 系数为 0.89，4 个分量表的 α 系数为 0.73～0.85，2 周后总量表的重测信度为 0.91，4 个分量表的重测信度为 0.75～0.80。该问卷在相关研究中得到广泛应用，并被证明具有良好的信效度。

7.1.2.2 研究仪器和研究材料

本研究的实验仪器采用 E-prime 软件。

实验材料包括面孔材料和词语材料。面孔材料选自中国化面孔情绪图片系统（龚栩 等，2011），词语材料选自现代汉语情感词系统（CAWS）（王一牛 等，2008）。

本研究采用四种情绪面孔（愤怒面孔、悲伤面孔、中性面孔、高兴面孔）与四种情绪词汇（愤怒词汇、悲伤词汇、中性词汇、高兴词汇）进行实验。

从中国化面孔情绪图片系统中粗选出四种情绪面孔各26张，男女各半。根据面孔材料入选标准（戴琴 等，2008）：愉悦度小于2分，唤醒度大于5分为愤怒面孔；愉悦度小于3分，唤醒度大于4分为悲伤面孔；愉悦度处于3~5分，唤醒度小于3分为中性面孔；愉悦度大于5分，唤醒度大于4分为高兴面孔。从现代汉语情感词系统中粗选出四种情绪词汇各25个进行评定。

邀请18位心理学专业的同学使用问卷星进行材料评定，根据各维度的需求选定四种情绪面孔各13张（男女各半）和四种情绪词汇各13个。评定者对情绪面孔材料的愉悦度（7点评分法，分数越高表示越积极，分数越低表示越消极，4分代表中性）和唤醒度（7点评分法，分数越高表示越兴奋，分数越低表示越不兴奋，4分代表中性）进行评定。同时对词汇材料的认同度（提供四个情绪种类：愤怒、悲伤、中性和高兴，选择词汇最能代表的情绪种类）、强度（9点评分法，分数越高表示越兴奋，分数越低表示越不兴奋，5分代表中性）进行评定。

接着将实验材料的评定数据进行统计分析，情绪面孔材料的评定结果见表7-1，词汇材料的评定结果见表7-2。

表7-1 情绪面孔材料的愉悦度和唤醒度的统计结果

维度	情绪面孔							
	愤怒		悲伤		中性		高兴	
	M	SD	M	SD	M	SD	M	SD
愉悦度	2.25	0.21	2.29	0.28	3.58	0.19	4.88	0.30
唤醒度	4.67	0.14	4.60	0.18	2.83	0.07	4.68	0.11

在面孔材料上，四种情绪面孔的愉悦度有显著差异，$F(3, 44)=92.70$，$p < 0.05$，事后检验发现，愤怒和悲伤面孔的愉悦度不存在显著差异，高兴

面孔和中性面孔之间以及其他两种面孔的愉悦度差异均显著；四种情绪面孔的唤醒度有显著差异，$F(3，44)=576.59$，$p<0.05$，进一步事后检验发现，愤怒、悲伤和高兴面孔的唤醒度不存在显著差异，但中性面孔与其他面孔有显著差异。

表 7-2　词汇材料的认同度、强度和愉悦度的统计结果

维度	情绪词汇							
	愤怒		悲伤		中性		高兴	
	M	SD	M	SD	M	SD	M	SD
认同度	0.80	0.16	0.86	0.15	1.00	0.00	0.81	0.11
强度	6.20	0.38	6.33	0.55	4.33	0.20	6.44	0.38
愉悦度	2.93	0.18	3.03	0.13	5.50	0.29	7.05	0.16

在词汇材料上，四种情绪词汇的认同度有显著差异，$F(3，44)=7.19$，$p<0.05$，事后检验发现，愤怒、悲伤和高兴词汇的认同度不存在显著差异，但中性词汇的认同度与其余词汇有显著差异；四种情绪词汇的强度有显著差异，$F(3，44)=76.20$，$p<0.05$，事后检验发现，愤怒、悲伤和高兴词汇的强度不存在显著差异，但中性词汇的认同度与其余词汇有显著差异；愉悦度的数据来自现代汉语情感词系统，四种情绪词汇的愉悦度有显著差异，$F(3，44)=692.81$，$p<0.05$，事后检验发现，愤怒、悲伤词汇的愉悦度不存在显著差异，其他词汇的愉悦度均有显著差异。

为保证被试对图片的视觉感受基本一致，采用软件处理图片，使图片的亮度与大小保持一致。同时将词语设置为白色宋体加粗，放在面孔的中央（鼻子部位），面孔和词语构成复合图片。图片的大小为 7.67cm × 7cm，情绪字的大小约为 1.5cm × 1.5cm。

7.1.2.3　实验设计

采用 2（外显攻击性水平：高外显攻击性、低外显攻击性）× 4（情绪面孔：愤怒面孔、悲伤面孔、中性面孔、高兴面孔）× 2（情绪冲突条件：一致性、不一致性）三因素混合实验设计。其中，外显攻击性水平为被试

间变量，情绪面孔和情绪冲突条件为被试内变量；因变量是被试判断面孔种类的正确率和反应时。

7.1.2.4 实验任务

本研究采用词–面孔 Stroop 范式。被试任务是观看图片，对情绪面孔的种类进行判断。愤怒和悲伤面孔按"F"键，中性和高兴面孔按"J"键。单个试次的流程如下（见示意图 7-1）：首先黑底中央呈现红色的"+"注视点，呈现时间为 500ms；在"+"注视点消失后会呈现空屏，呈现时间为 400~600ms；然后在屏幕中央呈现目标刺激，呈现时间为 300ms；随后在屏幕中间呈现"？"图片，此时被试需要在 2 000ms 内做出按键反应。如果在规定时间内未做出反应，系统会自动判定为无效反应，并跳转到下一环节；最后屏幕会呈现空屏，空屏呈现的时间为 1 000ms，结束后开始下一个试次。

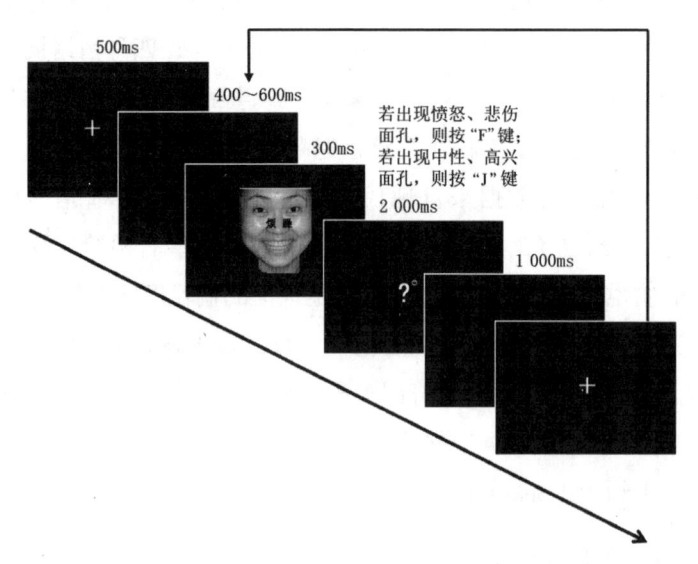

图 7-1 情绪 Stroop 任务单个试次流程示意图

7.1.2.5 实验程序

采用 E-prime 软件进行编程。实验程序分为练习阶段和正式实验两个部分。练习阶段共有 8 个试次，其中一致和不一致条件各 4 个试次，按键反应后会有反馈。正式实验包括 3 部分，每部分有 64 个试次，一共 192 个试次，其中一致和不一致条件各占一半。

在开始实验之前，主试向被试说明基本流程和注意事项，并要求被试签署实验知情同意书。在实验进行过程中，被试需坐在一个距离电脑屏幕 75cm 远的扶椅上，并使用电脑打开实验程序。在指导语中，向被试明确解释了实验任务，随后进入练习阶段。每次按键是否正确都会有文字反馈信息。练习结束后，当被试的正确率达到 80% 以上时，可以按"Q"键进入正式实验。如果正确率未达到 80% 需要再次练习，直至正确率达到 80% 后才能进行正式实验。正式实验中完成一个部分后，进入休息阶段，休息结束后继续完成下一部分的实验。实验完成后，由主试检查实验数据是否完整，检查结束后，让被试离开。

7.1.2.6 数据处理

对实验数据进行预处理，剔除反应时短于 100ms 或超过 1 500ms 的极端数据，再剔除错误率高于 20% 的被试数据，共剔除了 9 份数据，获得有效数据 59 份（高外显攻击性 30 份，低外显攻击性 29 份）。

预处理后数据使用 SPSS 软件对被试判断面孔种类的正确率和反应时进行统计分析。

7.1.3 结果与分析

7.1.3.1 正确率

表 7-3 描述了在外显攻击性水平、情绪冲突条件和情绪面孔类型条件下正确率的平均值和标准差。对正确率采用重复测量方差分析的方法，结果见表 7-4，情绪面孔的主效应极其显著，$F(3, 171)=18.42$，$p < 0.05$，事后比较发现，悲伤面孔的正确率（0.94 ± 0.01）和高兴面孔的正确率（0.94 ± 0.01）均显著高于愤怒面孔的正确率（0.86 ± 0.01）和中性面孔的正确率（0.87 ± 0.01）。

其次，情绪冲突条件的主效应也极其显著，$F(1, 57)=36.97$，$p < 0.05$，事后比较发现，一致性条件的正确率（0.93 ± 0.01）显著高于不一致性条件的正确率（0.88 ± 0.01）。

表7-3　高、低外显攻击性组判断不同情绪面孔的正确率

组别	情绪面孔	一致性条件 M	一致性条件 SD	不一致性条件 M	不一致性条件 SD
高外显攻击性（$n=30$）	愤怒	0.91	0.07	0.85	0.12
	悲伤	0.94	0.07	0.92	0.06
	中性	0.90	0.12	0.82	0.14
	高兴	0.95	0.09	0.91	0.08
低外显攻击性（$n=29$）	愤怒	0.89	0.11	0.80	0.13
	悲伤	0.96	0.06	0.92	0.08
	中性	0.93	0.07	0.85	0.11
	高兴	0.96	0.05	0.92	0.06

表7-4　正确率重复测量方差分析结果

变异来源	平方和	自由度	均方	F	p
情绪面孔	0.56	3	0.19	18.42	0.00**
一致性	0.35	1	0.35	36.97	0.00**
组别 × 情绪面孔	0.08	3	0.03	2.65	0.05*
组别 × 情绪冲突条件	0.00	1	0.00	0.287	0.60
情绪面孔 × 情绪冲突条件	0.06	3	0.02	5.86	0.00**
组别 × 情绪面孔 × 情绪冲突条件	0.00	3	0.00	0.37	0.78

注：*代表$p < 0.05$，**代表$p < 0.01$，***代表$p < 0.001$。

外显攻击性水平与情绪面孔之间存在显著的交互作用，$F(3, 57)=2.65$，$p < 0.05$，进一步进行简单效应分析，结果见图7-2：在高外显攻击性组中，悲伤面孔的正确率（0.94 ± 0.01）显著高于中性面孔的正确率（0.873 ± 0.013），而在低外显攻击性组中，悲伤与中性面孔的正确率差异不显著（$p > 0.05$）；在低外显攻击性组中，高兴面孔的正确率（0.94 ± 0.01）显著高于愤怒面

孔的正确率（0.87±0.01），而在高外显攻击性组中，高兴与愤怒面孔的正确率差异不显著（$p > 0.05$）。

情绪面孔与情绪冲突条件之间存在显著的交互作用，$F(3, 171)=5.86$，$p < 0.05$，进一步的分析发现，在每一种情绪面孔中，一致条件下的正确率均高于不一致条件下的正确率。外显攻击性水平与情绪冲突条件之间不存在显著的交互作用。外显攻击性水平、情绪面孔与情绪冲突条件三因素之间的交互作用不显著。

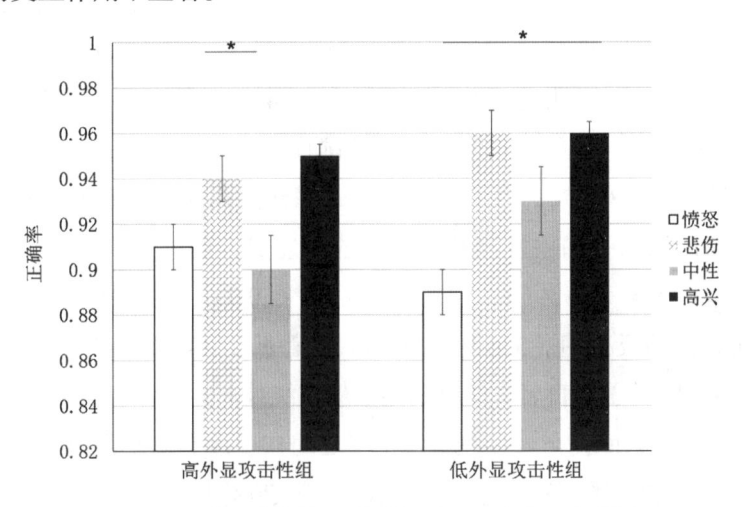

图 7-2　外显攻击性 × 情绪面孔正确率交互作用图

7.1.3.2　反应时

表 7-5 描述了在外显攻击性水平、情绪冲突条件和情绪面孔类型的条件下反应时的平均值和标准差。

表 7-5　高、低外显攻击性组判断不同情绪面孔反应时的平均值和标准差

组别	情绪面孔	一致性条件 M	一致性条件 SD	不一致性条件 M	不一致性条件 SD
高外显攻击性（$n=29$）	愤怒	381.60	114.05	419.20	152.43
	悲伤	358.61	119.32	395.63	126.16
	中性	375.88	108.54	404.93	122.30
	高兴	306.78	93.05	330.79	118.90

续表

组别	情绪面孔	一致性条件 M	SD	不一致性条件 M	SD
低外显攻击性（n=29）	愤怒	352.91	98.54	385.34	97.07
	悲伤	309.63	71.68	346.21	105.05
	中性	335.71	100.38	366.21	120.58
	高兴	271.60	68.49	313.82	90.67

对反应时采用三因素重复测量方差分析的方法，结果发现情绪面孔类型的主效应极其显著，$F(3, 171)=36.39$，$p < 0.05$，事后多重比较发现，愤怒面孔的反应时（384.76±14.72）和中性面孔的反应时（370.68±14.42）均显著长于悲伤面孔的反应时（352.52±13.55）和高兴面孔的反应时（305.74±11.45）。其中，悲伤面孔和高兴面孔之间有显著差异，而愤怒面孔和中性面孔之间无显著差异。此外，情绪冲突条件的主效应也极其显著，$F(1, 57)=56.67$，$p < 0.05$；进一步的分析发现，一致性条件的反应时（336.59±11.55）显著低于不一致性条件的反应时（370.26±14.05）。再者，组别的主效应在统计上并不显著。

此外，情绪面孔与外显攻击性水平之间在统计上无显著的交互作用，情绪面孔与情绪冲突条件之间不存在显著的交互作用。

7.1.4 讨论

本研究采用词-面孔 Stroop 的实验范式，旨在探究不同攻击水平大学生的情绪冲突效应。

首先，本研究结果与现有研究相一致。前人运用词-面孔 Stroop 范式进行了大量研究，以往许多研究表明，个体对情绪信息存在情绪效价的冲突效应，且与不一致条件对比，在判断一致性条件下的反应时更短，正确率更高（Amit et al., 2006；Kazufumi et al., 2006；姚昭 等，2011；高超 等，2019）。本实验的结果也验证了此观点，也基本符合假设 7-1。实验结果表明，高、低攻击个体无论面对哪一种的情绪面孔，与不一致性条件对比，在判断一致性条件下的正确率会更高,反应时会更短,且达到了统计上的显著差异。本实验结果也支持资源共享理论(Pessoa,2009),情绪刺激和冲突加工共同争夺资源,导致冲突加工的资源减少。

其次,本研究结果进一步对不同种类的负性情绪进行探究。近年来有研究表明,伤心和恐惧同属于负性情绪,而伤心和惊恐两种情绪对情绪冲突效应产生不一样的影响(Melcher et al.,2012)。因此,本实验对个体对其他种类的负性情绪是否存在不同情绪冲突效应展开探讨。由正确率的实验结果可以看出,愤怒面孔和悲伤面孔的情绪冲突效应会存在差异,且在统计上存在显著差异。愤怒面孔的反应时显著长于悲伤面孔的反应时,悲伤面孔的正确率显著高于愤怒面孔的正确率。这一实验结果基本符合假设7-2。

最后,本次研究结果存在与假设不相符的情形。实验结果表明在高、低外显攻击组中,四种情绪面孔在正确率和反应时方面没有存在显著差异,假设7-3没有在实验结果中得到验证。这个研究结果可能跟以下两个原因有关。第一,可能与内隐－外显结构分离论有关(吕晓勇 等,2013),内隐－外显结构分离论指出内隐攻击水平较高的个体的外显攻击水平不一定会高,反之亦然。在本次实验中,笔者对外显攻击水平进行筛选,分出高、低外显攻击性,并未对内隐攻击性进行匹配,可能会存在同时具备低外显攻击与高内隐攻击的个体,影响了实验结果,导致在高、低外显攻击组中,四种情绪面孔在正确率和反应时方面没有存在显著差异。第二,可能与综合认知模型的敌意解释偏向有关(杨丽珠 等,2011),该模型认为在对攻击性信息加工的过程中有三个重要的过程,分别是敌意解释、反思注意和努力控制。高特质愤怒者对模棱两可的情境更容易形成敌意解释,可能将中性面孔认为是嘲笑和讽刺,引发攻击行为,导致四种情绪面孔之间无显著差异。

本研究也存在一定的局限性。

首先,从被试方面来看,研究攻击性应同时考虑外显攻击性和内隐攻击性,同时增加不同年龄段的被试群体。本次研究只考虑了外显攻击性,对内隐攻击性的考虑不充分，对外显攻击性和内隐攻击性进行严格考虑有利于得出更有针对性的结果。其次，从研究工具上来看，有许多研究使用眼动跟踪技术、事件相关电位等神经生理方法和行为实验一起来进行研究，进一步研究个体内在的认知机制。未来的研究可以将多种方法结合起来，形成系统性的实验研究。最后，从研究材料上来看，未来可以考虑增加不同效价的情绪面孔来进行实验，可以更加全面地考察情绪冲突效应。

7.1.5 结论

①个体对情绪信息存在情绪效价的冲突效应，与一致性条件相比，个体在判断不一致性条件时正确率更低，反应时更长。

②个体对不同种类的负性情绪存在不同的情绪冲突效应，愤怒面孔和悲伤面孔的情绪冲突效应在正确率方面存在显著差异。

7.2 基于快速呈现范式下高攻击个体注意偏向的特点

7.2.1 引言

7.2.1.1 实验意义

研究基于快速呈现范式下高攻击个体注意偏向的特点具有重要的理论和实践意义。首先，本研究可以更深入地探究高攻击个体的注意偏向模式，并为进一步了解高攻击个体行为问题的心理机制提供基础研究。其次，通过深入研究高攻击个体的注意偏向模式，可以制定更有效的预防和干预策略，促进高攻击个体的行为调适，降低攻击行为的发生率。最后，该研究有助于促进公众对心理健康问题的认识，提高人们对青少年心理健康问题的关注，推动心理学在解决青少年心理问题方面的应用。总之，基于快速呈现范式下高攻击个体注意偏向的研究对于深入探究青少年行为问题的心理机制、保障青少年的心理健康和促进社会健康发展具有重要的现实和理论意义。

7.2.1.2 研究目的和假设

正如上一节所述，对青少年攻击行为的研究越来越具有必要性，而高攻击个体常常表现出对负性信息的注意偏向。注意瞬脱是注意偏向领域中一个新的研究热点，研究者常常通过考察个体对情绪信息的注意瞬脱情况来测量其对负性信息的注意偏向。而快速呈现范式（rapid serial visual presentation，RSVP）是研究注意瞬脱最常用的实验范式。但是以往的研究主要集中在采用 RSVP 范式测量注意瞬脱现象来考察研究焦虑个体或抑郁个体对负性信息的注意偏向，而使用 RSVP 范式来考察高攻击个体注意偏向的研究十分有限。

因此，本研究拟通过两个实验来探索不同攻击水平个体的注意瞬脱现象，以解释高攻击个体注意偏向的特点。实验一的目的是采用 RSVP 范式考察青春期后期的青少年对负性情绪词注意瞬脱的现象，实验二采用 RSVP 范式考察青春期后期的青少年对负性情绪面孔注意瞬脱的现象。本研究的假设如下。

假设 7-4：如果高、低攻击个体存在不同程度的注意瞬脱，那么与高攻击个体相比，低攻击个体会报告更大程度的注意瞬脱并且在刺激判断任务中的正确率更低。

假设 7-5：如果不同性质的刺激会影响不同程度的注意瞬脱，那么与中性刺激相比，负性刺激会表现为更小程度的注意瞬脱。

假设 7-6：如果刺激类型不一致会影响不同程度的注意瞬脱，那么与面孔类型的情绪刺激报告相比，词汇类型的情绪刺激会报告更小程度的注意瞬脱。

7.2.2 实验一：高低攻击水平个体对情绪词汇注意瞬脱的不同特点

7.2.2.1 方法

1. 被试

本研究在广东省某学院内通过 Buss-Perry 攻击性量表、焦虑量表和抑郁量表筛选出年龄在 18～26 岁之间的大学生被试。其中，Buss-Perry 攻击性量表共 22 个项目，包括身体攻击（5 题）、冲动（6 题）、易怒性（3 题）和敌意（8 题）四个方面，均采用正向计分；焦虑量表有 15 道正向评分题，5 道反向评分题；抑郁量表有 10 道正向评分题，10 道反向评分题。焦虑量表和抑郁量表各 20 题。共回收问卷 780 套，有效问卷 750 套，有效率达 96.15%。

本研究在筛选过程中剔除了中高焦虑及中高抑郁个体，选择攻击性量表得分前 27% 的被试作为高攻击性被试，以及后 27% 的被试作为低攻击被试，共选取 68 位被试。为尽可能控制额外变量，将被试按高、低攻击性分成两组。数据处理后剔除 3 位被试，其中，两人为自愿退出面孔实验的被试，最终获得有效被试 65 人，平均年龄为 19.7±1.2 岁，其中高攻击被试 34 人（男性 17 人，女性 17 人），低攻击被试 31 人（男性 13 人，女性 18 人），所有被试均为右利手，视力或视力矫正正常，皆无色盲或色弱，并签署了被试知情同意书，以前未参加过类似的心理学实验。

2. 实验设计

本实验采用 2（高、低攻击性）×3（正性词、中性词、负性词）×3（200ms、300ms、700ms）混合实验设计。其中，因变量为 T1 正确前提下的 T2 的正确率。

3. 实验材料

实验材料包括负性词汇、中性词汇以及正性词汇三类。

情绪词汇是在现代汉语双字名词词库中选出的情绪强度在 6～9 之间

的正性情绪词汇和负性情绪词汇，以及情绪强度在 3～5 之间的中性情绪词汇，经过 35 名心理学学生重新评定后，选出唤醒度为 4～6 的面孔词汇。其中，正性词汇愉悦度为 6.63±0.18，共 10 个；中性词汇愉悦度为 5.25±0.13，共 48 个；负性词汇愉悦度为 2.35±0.17，共 10 个。中性情绪词汇用于做目标刺激 T1 和无关刺激使用，目标刺激 T1 与无关刺激的词汇不重复，正性情绪词汇与负性情绪词汇经过 SPSS 分析，在唤醒度方面并无显著差异［$t(18)$=0.142，p=0.889］。

所有的词汇经过 Photoshop 处理，统一以黑色为背景，尺寸大小等参数全部一致，T1 为红色或者蓝色，T2 的边框颜色为橙色，线条粗细为 1.5 磅。分辨率为 1 024×768dpi。任务中所呈现的左右两个刺激在位置和颜色上已经经过平衡，以控制颜色本身对实验结果的影响。

4. 实验程序

实验皆在同一个专业心理学实验室内进行，该实验室的光线充足且隔音效果良好，每次实验均由同一个主试负责接待，一次实验平均 4 名被试同时进行，被试在实验过程中可选择戴上隔音耳机。具体步骤如下。

被试自愿参加实验并签订知情同意书，被试被指定坐在相应的实验仪器前，并熟悉电脑仪器，做好完成实验的准备，被试被要求调整到舒适的坐姿，与电脑屏幕的视距保持在 60cm 左右。告诉被试在实验的任何过程中，如果觉得有疑问可以随时举手示意工作人员，等被试觉得可以开始实验之后，正式开始实验。

实验开始会呈现欢迎词和指导语，被试按"Q"键确认明白指导语后，会进入练习部分。

如图 7-3 所示，实验首先会呈现一个 500ms 的黑色底色的白色"+"注视点，接着会快速呈现一系列的情绪词汇刺激组成，每个刺激的呈现时间均为 100ms，每个刺激流由 13 个分心刺激和 2 个目标刺激组成。其中，两个目标刺激分别为 T1 和 T2，T1 会随机出现在第 3、4、5 的位置，T2 会随机出现在 T1 出现之后的第 2、3、7 的位置，刺激流呈现完毕后，会出现第一个迫选任务，在屏幕的左侧和右侧同时呈现两个除词汇不一致，其他参数全部一致的两个词汇刺激,要求被试选出目标刺激 T1,红色按"F"键,蓝色按"J"键,判断后呈现第二个迫选任务,要求被试判断探测刺激 T2 呈现在配对词汇的左侧还是右侧,左侧按"F"键,右侧按"J"键。按键反应时间为 5 000ms 内,按键反应完成后,随即呈现 500ms 的空屏,进入下一序列。练习部分有 10 个试次,实验分为练习部分和正式部分,正确率需要达到 60% 才可进入正式实验,正式实验与练习部分程序一样,正式实验中共有 2 个组块,每个组块包括 54 个试次,共 108 个试次,每个试次随机呈现。

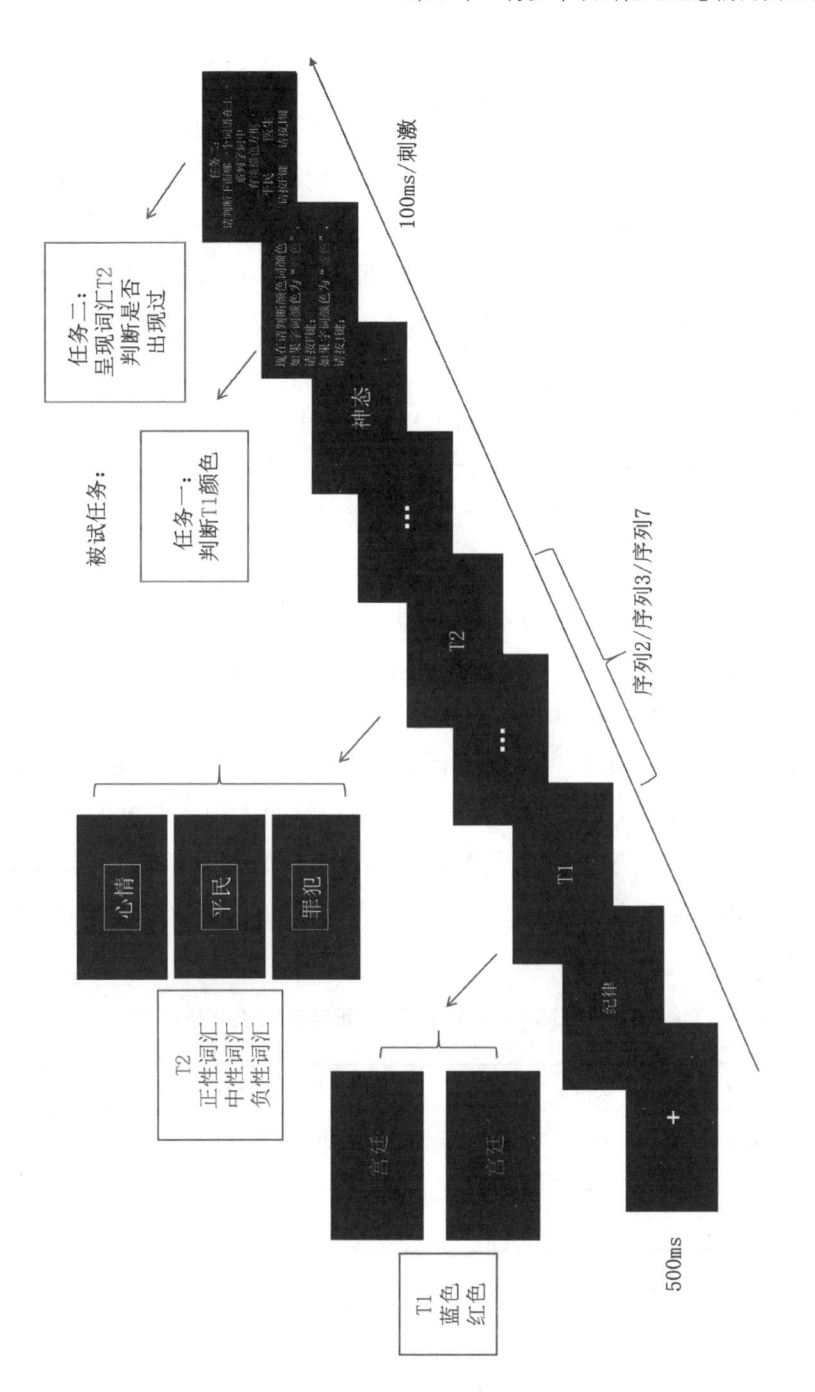

第 7 章 青少年攻击性与注意偏向实证研究

图 7-3 词汇注意瞬脱任务单个试次流程示意图

7.2.2.2 结果

注意瞬脱 RSVP 范式中不考察被试反应时，只对被试 T1 正确条件下 T2 的正确率进行分析，数据剔除了 T1 正确率 50% 以下，以及 T2 错误的试次。表 7-6 和表 7-7 描述了在情绪效价，高、低攻击性和 SOA 的条件下 T1 正确下 T2 的正确率测量指标的平均值和标准差。对 T1 正确下 T2 的正确率测量指标进行重复测量方差分析（见表 7-8），结果发现：三个因素之间的交互作用不显著，$F(4, 252) = 0.83$，$p = 0.51$，情绪效价的主效应极其显著，$F(2, 126) = 13.92$，$p < 0.01$，事后多重比较发现，正性刺激的正确率（$M=0.89$，$SD=0.02$）和负性刺激的正确率（$M=0.885$，$SD=0.016$）比中性刺激的正确率（$M=0.84$，$SD=0.02$）要高。如图 7-4 所示：情绪效价与 SOA 有显著的交互作用，$F(4, 252) = 7.12$，$p < 0.01$，$\eta^2 = 0.10$，进一步进行简单效应检验发现，700ms 处的情绪效价存在显著差异（$p < 0.05$），700ms 时正确率由高到低依次为正性（$M=0.92$，$SD=0.02$）、负性（$M=0.91$，$SD=0.02$）及中性（$M=0.80$，$SD=0.02$）。如图 7-5 所示：SOA 和高、低攻击性交互作用显著，$F(2, 126) = 3.41$，$p < 0.05$，$\eta^2 = 0.05$，进一步进行简单效应检验发现，低攻击性被试在 300ms 和 700ms 处存在显著差异（$p < 0.05$），如表 7-7 所示，低攻击性被试在 300ms 的正确率（$M=0.86$，$SD=0.03$）比在 700ms 处的正确率（$M=0.90$，$SD=0.02$）低。

表 7-6 情绪效价与 SOA 的探测刺激 T2 正确率（$M \pm SD$）（实验一）

变量	200ms（$M \pm SD$）	300ms（$M \pm SD$）	700ms（$M \pm SD$）
正性	0.88 ± 0.02	0.88 ± 0.02	0.92 ± 0.02
中性	0.87 ± 0.02	0.86 ± 0.02	0.80 ± 0.02
负性	0.89 ± 0.02	0.86 ± 0.02	0.91 ± 0.02

第 7 章 青少年攻击性与注意偏向实证研究

表 7-7 SOA 和高低攻击性的探测刺激 T2 正确率（$M \pm SD$）（实验一）

变量	200ms（$M \pm SD$）	300ms（$M \pm SD$）	700ms（$M \pm SD$）
高攻击性	0.86 ± 0.03	0.88 ± 0.03	0.85 ± 0.02
低攻击性	0.90 ± 0.03	0.86 ± 0.03	0.90 ± 0.02

表 7-8 探测刺激 T2 正确率的重复测量方差分析（实验一）

变异来源	平方和	自由度	均方	F	p
情绪效价	0.27	2.00	0.14	13.92	0.00**
情绪效价 × SOA	0.35	4.00	0.09	7.12	0.00**
SOA × 高低攻击性	0.13	2.00	0.07	3.41	0.04*

注：** 代表 $p < 0.01$，* 代表 $p < 0.05$。

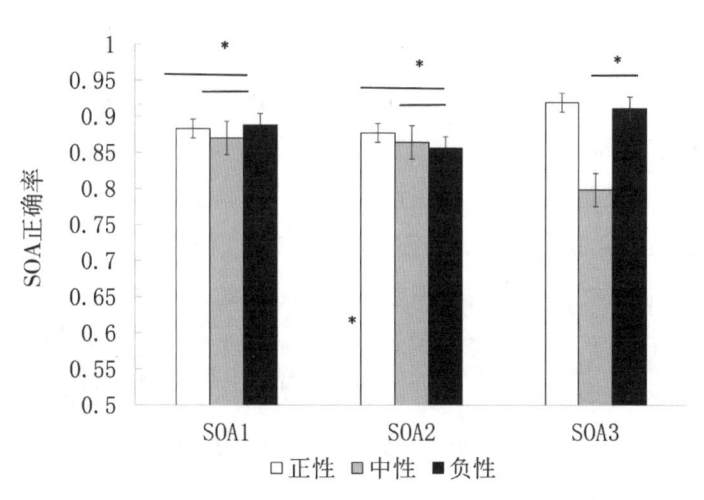

图 7-4 词汇注意瞬脱任务中 SOA 与情绪效价的交互作用

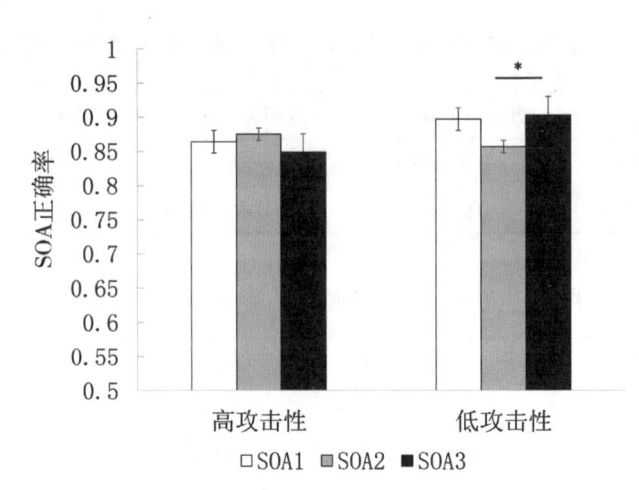

图 7-5　词汇注意瞬脱任务中 SOA 与高、低攻击性的交互作用

7.2.2.3　讨论

正性刺激的正确率比负性和中性刺激的正确率高,即说明在不同的注意资源条件下,个体倾向于注意正性的刺激(陈卉,2014)。在注意瞬脱范围之外的 700ms 时,正性和负性词汇的正确率远高于中性词汇的正确率,即在注意资源充足的条件下,正性刺激和负性刺激更容易获得加工,这也得到了 ERP 研究的支持(黄宇霞 等,2009)。低攻击被试在 300ms 处的正确率低于被试在注意瞬脱范围之外 700ms 处的正确率,即可认为低攻击被试在 300ms 处产生了注意瞬脱效应,但是实验并没有证据证明高攻击性被试发生了注意瞬脱效应,这有可能是因为受到了额外变量的影响,比如被试数目不够,也有可能是因为高攻击性被试的注意瞬脱程度更小,不足以引起显著的差异。

7.2.3 实验二：高低攻击水平个体对情绪面孔注意瞬脱的不同特点

7.2.3.1 方法

1. 被试

同实验一。

2. 实验设计

采用2（高攻击性、低攻击性）×3（正性、中性、负性）×3（200ms、300ms、700ms）混合实验设计。其中，因变量为T1正确前提下的T2的正确率。

3. 实验材料

实验的材料包括负性情绪面孔、中性情绪面孔以及正性情绪面孔三类图片。情绪面孔是在由白露等（2005）编制的中国情绪面孔图片系统（CFAPS）中选出的情绪强度在6~9的正性情绪面孔、负性情绪面孔，情绪强度在3~5的中性情绪面孔。经过35名心理学学生的重新评定后，选出唤醒度为4~6的面孔图片，负性情绪面孔的唤醒度为4.93±0.32，愉悦度为2.25±0.30，共10张；中性情绪面孔的唤醒度为2.90±0.24，愉悦度为3.41±0.32，共48张；正性情绪面孔的唤醒度为4.99±0.46，愉悦度为5.06±0.21，共10张。其中，正性情绪面孔的愉悦度为4.6~5.6，共10张；中性情绪面孔的愉悦度为2.4~3.4，共48张；负性情绪面孔的愉悦度为1.5~2.2，共10张。其中，中性情绪面孔用于做T1和无关刺激使用，目标刺激T1与无关刺激的面孔不重复，各材料的男性面孔与女性面孔数量相等，正性情绪面孔与负性情绪面孔经过SPSS分析，在唤醒度方面并无显著差异［$t(18)=0.128$, $p=0.900$］。

所有的图片经过Photoshop处理，统一制作为椭圆形，以黑色为背景，去除面孔头发等无关因素，尺寸大小等参数全部一致，T1的边框颜色为红色，T2的边框颜色为蓝色，线条粗细为1.5磅。分辨率为1 024×768dpi。

任务选择中所呈现的两个刺激左右经过匹配，男女性别经过匹配。

4. 实验程序

实验皆在同一个专业心理学实验室内进行，实验室内光线充足，且隔音效果良好，均由同一个主试接待，一次实验平均4名被试同时进行，被试实验过程中可选择戴上隔音耳机。具体步骤如下。

被试自愿参加实验并签订知情同意书，被试被指定坐在相应的实验仪器前。在实验开始前，让被试熟悉电脑仪器，做好完成实验的准备，被试被要求调整到舒适的坐姿，并使其与电脑屏幕的距离为60cm左右，告诉被试在实验的任何过程中，如果觉得有疑问可以随时举手示意工作人员，等被试觉得可以开始实验之后，正式开始实验。

实验开始会呈现欢迎词指导语，被试阅读后按键进入下一张实验说明的指导语，被试按键确认明白指导语后，会进入练习部分。

如图7-6所示，实验首先会呈现一个500ms的黑色底色的白色"+"注视点，接着会快速呈现一系列的情绪面孔刺激，每个刺激的呈现时间均为100ms，每个刺激流由13个分心刺激和2个目标刺激组成。其中两个目标刺激分别为T1和T2，T1会随机出现在第3、4、5的位置，T2会随机出现在T1出现之后的第2、3、7的位置，刺激流呈现完毕后，会出现第一个迫选任务，在屏幕的左侧和右侧同时呈现两个除面孔不一致，其他参数全部一致面孔刺激，要求被试选出目标刺激T1，男性按"F"键，女性按"J"键，判断后呈现第二个迫选任务，要求被试判断目标刺激T2呈现在配对面孔的左侧还是右侧，左侧按"F"键，右侧按"J"键。按键反应时间为5 000ms内，按键反应完成后，随即呈现500ms的空屏，进入下一序列。练习部分有10个试次，实验分为练习部分和正式部分，正确率需要达到60%才可进入正式实验，正式实验与练习部分程序一样，正式实验中共有2个组块，每个组块包括54个试次，共108个试次，每个试次随机呈现。

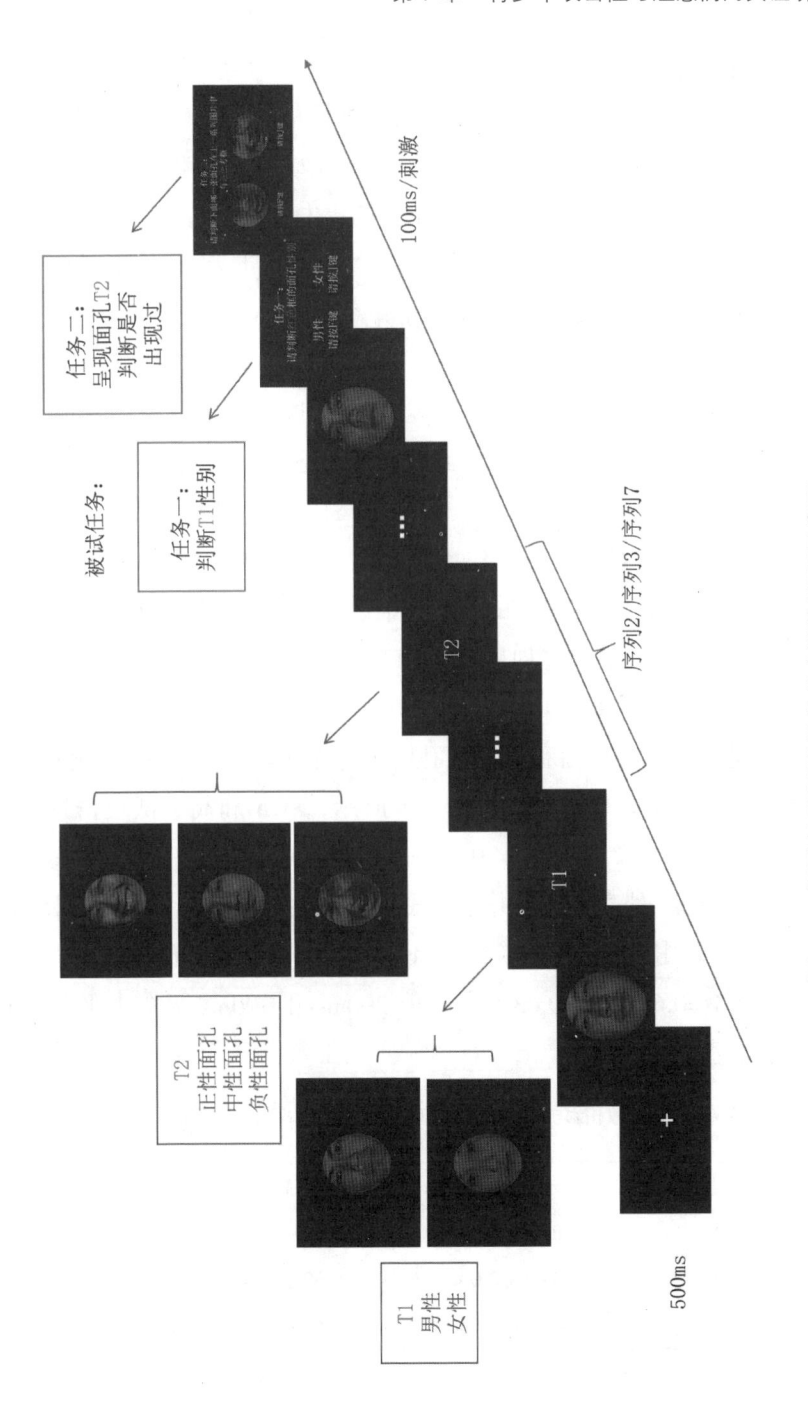

图 7-6 面孔注意瞬脱任务单个试次流程示意图

5. 结果

在注意瞬脱 RSVP 范式中不考察被试反应时，只对被试 T1 正确条件下 T2 的正确率进行分析，数据剔除了 T1 正确率 50% 以下，以及 T2 错误的试次。表 7-9 和表 7-10 描述了在高低攻击性、情绪效价和 SOA 的条件下 T1 正确下 T2 的正确率测量指标的平均值和标准差。对 T1 正确下 T2 的正确率测量指标进行重复测量方差分析（见表 7-11），结果发现三因素交互作用不显著，$F(4, 236)=0.10$，$p=0.98$，$\eta^2=0.01$。情绪效价主效应显著 $F(2, 118)=4.27$，$p<0.05$，$\eta^2=0.07$，进一步事后检验发现，200ms 处的正确率（$M=0.60$，$SD=0.02$）最低，其次是 300ms 处的正确率（$M=0.61$，$SD=0.02$），700ms 处的正确率（$M=0.67$，$SD=0.02$）最高。如图 7-7 所示，情绪效价与 SOA 有显著交互作用，$F(4, 24)=5.01$，$p=0.01$，$\eta^2=0.08$，如表 7-9 所示：只有在呈现的刺激为中性面孔的条件下，200ms、300ms 及 700ms 的两两之间的差异均显著，正确率由高至低依次为 700ms（$M=0.76$，$SD=0.03$）、200ms（$M=0.63$，$SD=0.03$）、300ms（$M=0.52$，$SD=0.04$），但当呈现的刺激为正性和负性面孔时，三个 SOA 两两之间未能发现任何显著的差异（$p>0.05$）。如图 7-8 所示，SOA 和高、低攻击性有显著的交互作用，$F(2, 118)=4.02$，$p=0.02$，$\eta^2=0.06$，进一步简单效应分析发现，在 700ms 处高、低攻击性被试存在显著差异（$p<0.05$），具体为，700ms 时高攻击性被试的正确率（$M=0.72$，$SD=0.03$）比低攻击性被试的正确率（$M=0.63$，$SD=0.03$）高。但 200ms 和 300ms 两个水平的正确率差异不显著（$p>0.05$）。

表 7-9 情绪效价和 SOA 的探测刺激 T2 正确率（$M±SD$）（实验二）

变量	200ms（$M±SD$）	300ms（$M±SD$）	700ms（$M±SD$）
正性	0.59 ± 0.04	0.64 ± 0.03	0.65 ± 0.04
中性	0.63 ± 0.03	0.52 ± 0.04	0.76 ± 0.03
负性	0.57 ± 0.04	0.69 ± 0.04	0.62 ± 0.04

表 7-10　高低攻击性和 SOA 的探测刺激 T2 正确率（$M \pm SD$）（实验二）

变量	200ms（$M \pm SD$）	300ms（$M \pm SD$）	700ms（$M \pm SD$）
高攻击性	0.56 ± 0.03	0.63 ± 0.03	0.72 ± 0.03
低攻击性	0.63 ± 0.03	0.60 ± 0.03	0.63 ± 0.03

表 7-11　探测刺激 T2 正确率的重复测量方差分析（实验二）

变异来源	平方和	自由度	均方	F	p
情绪效价	0.60	2.00	0.30	4.27	0.02*
情绪效价 × SOA	1.72	4.00	0.43	5.01	0.01**
SOA × 高低攻击性	0.56	2.00	0.28	4.02	0.02*

注：** 代表 $p < 0.01$，* 代表 $p < 0.05$。

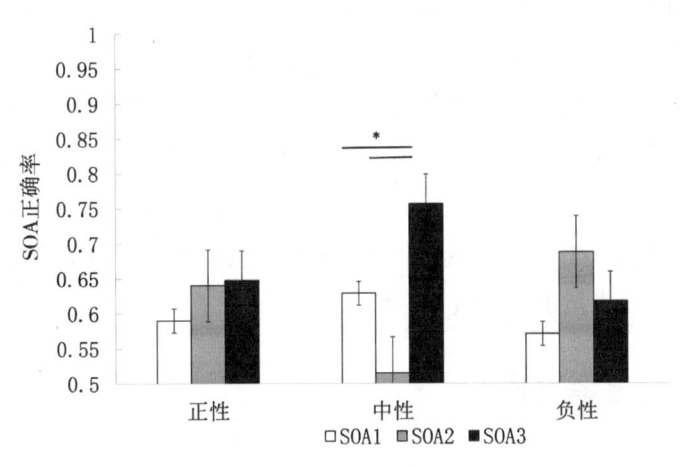

图 7-7　面孔注意瞬脱任务中 SOA 与情绪效价的交互作用

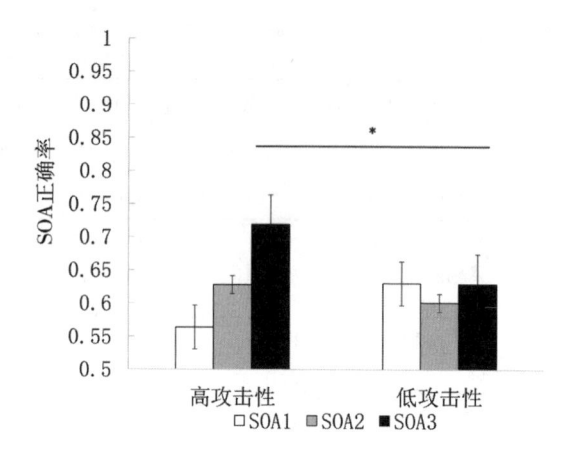

图 7-8　面孔注意瞬脱任务中 SOA 与高低攻击性的交互作用

6. 讨论

本实验发现高攻击个体仅在中性面孔刺激的条件下，SOA 为 200ms 与 300ms 时的正确率显著低于 SOA 为 700ms，说明了仅在面孔刺激为中性时并且 SOA 较短（200ms 以及 300ms）时才遵循注意瞬脱的原则，即在越短的时间内，被试越难分配注意资源，目标刺激 T1 正确下探测刺激 T2 的正确率就越低（Shapiro et al., 1997）。在面对中性刺激时，被试们都产生了注意瞬脱效应。在注意资源充足的条件下，高攻击被试的正确率高于低攻击被试，即高攻击被试能够更合理地分配注意资源，对高唤醒的刺激偏好显著高于低攻击被试（袁凤兰，2012）。

7.2.4　综合讨论

7.2.4.1　面孔与词汇作为情绪刺激时注意瞬脱特点的区别与联系

在词汇实验中，正性和负性词汇的正确率高于中性词汇，即与前人的研究相对应（陈卉，2014），但这一特点在面孔实验中并未发现。有可能是因为在快速呈现的过程中，情绪面孔刺激更难得到完全的注意，人们对面孔的加工中没有多余的注意资源，所以在不同情绪效价的面孔中并未出现差异。部分被试在词汇实验中会出现天花板效应,以及大部分被试都保持了较高的正确率,这说明他们在词汇实验中还有足够的注意资源来加工其他刺激。实验的结果发现,无论以词汇作为实验材料还是以面孔作为材料时,在越短的时间间隔内,高、低攻击性的正确率越低,即该行为实验的结果可以认为两组被试都会产生一定的注意瞬脱效应(Shapiro et al., 1997),但是在面孔实验中,被试的反应更为遵循该效应,这与前人的研究并不太一致,有可能是因为实验难度不一致产生了不一致的结果,当然也有可能是材料等额外变量的影响,得到了新的发现(Doallo et al., 2007)。张方方(2017)在研究中发现,被试对情绪面孔的反应时均低于对情绪词汇的反应时,说明情绪词汇是一个自动化加工的过程,相比于情绪面孔更容易得到加工,这也解释了在这项研究中面孔实验出现的部分注意瞬脱特点并未呈现在词汇实验中。

7.2.4.2 高低攻击大学生对负性刺激注意瞬脱的特点

前人研究发现,高攻击大学生在负性刺激上难以解脱,由此表现出对负性刺激的注意偏向,这从侧面说明高攻击被试会对负性刺激投入更多注意资源,即从一定程度上高攻击被试会对负性刺激报告更小程度的注意瞬脱。在本次面孔实验中,在被试拥有更多注意资源分配的条件下,高攻击被试比低攻击被试的正确率更高。张衡轩(2019)研究发现高攻击被试对负性信息的注意时间比中性刺激长,且与低攻击被试相比,高攻击被试更注意负性情绪刺激,即更难以脱离负性情绪。这与本研究中的面孔实验不一致的是,本实验中高攻击被试只对中性刺激产生了注意瞬脱,而在两个实验中,只在高攻击个体出现了注意瞬脱效应。尽管低攻击被试也表现出对负性刺激更小程度的注意瞬脱,但是相比于高攻击被试仍然可以发现,高攻击被试更能注意到负性刺激,这也验证了该研究的假设2(黄芥,2013)。

7.2.5 结论与展望

7.2.5.1 研究结论

在词汇实验中，高低攻击者在注意瞬脱范围之外判断正性词的正确率最高，其次是负性词，最后是中性词。

在情绪面孔实验中，高攻击者在注意瞬脱范围之外比低攻击者的正确率更高。

在两个实验中，高低攻击者都出现了注意瞬脱效应。

7.2.5.2 主要问题和展望

尽管在参照前人的基础上完善了一些内容和方法，但在实验过程中仍然存在一些不足之处以及一些新的发现，希望未来的研究能够改进不足并进一步探讨注意瞬脱领域的问题。

第一，与以往大部分相关研究相同，注意瞬脱的被试和无注意瞬脱的被试在研究前并未经过区分和挑选，因此不能断定该额外因素是否会给实验结果带来一定的误差。未来可以通过组织注意瞬脱训练的方式，对被试进行挑选和训练。

第二，部分被试在实验完成后会提出任务难度太大或者觉得面孔实验会使他们觉得不适，这种不适感有可能对被试的实验过程造成一定的影响，但具体影响会导致被试对实验中面孔的注意瞬脱增加还是减少，目前该实验并不能说明。

第三，设置的刺激间隔时间 SOA 较少，只是笼统地抽取了代表性的时间点，而不能更深入地揭示高、低攻击性被试在不同注意瞬脱时间点上的区别。增加刺激时间间隔或许能为实验带来不一样的新发现。

第四，由于有一半被试先进行面孔实验，一半被试先进行词汇实验，综合词汇与面孔实验可以看出，大部分被试认为面孔实验难度更大，字词实验相对难度较小，因此难以确保先接触不同难度的注意瞬脱实验是否会对被试短时间内产生影响，以及未能得知影响的程度，如何在保证实验信效度的前提下，降低面孔实验的难度及提高词汇实验的难度等有待进一步揭示。

第五，筛选实验被试并未区分出内隐攻击性与外显攻击性被试，目前实验尚不能知道内隐攻击性是否会对被试的注意瞬脱产生影响，未来有机会希望可以从更严格的角度筛选内隐与外显攻击性被试。

第六，十分有趣的一点在于，在练习阶段（无论是字词实验还是面孔实验），几乎所有的低攻击性被试都需要花费更多的时间，但是由于练习阶段并不计入正式实验的数据，这一现象无法考察，所以暂时无法解释这一现象。

7.3 高内隐攻击个体注意偏向的特点

7.3.1 引言

7.3.1.1 研究意义

研究高内隐攻击水平不同个体的注意偏向特点对于深入探究高内隐攻击性和注意偏向的关系、预防与干预高内隐攻击问题具有重要的理论和实践意义。首先，通过研究，可以揭示高内隐攻击性和注意偏向的关联性，并确定高内隐攻击性发展的心理机制，从而为后续相关研究提供理论基础和研究思路。其次，可以为预防和干预高内隐攻击性问题提供重要依据和建议。最后，本研究对于提高公众对高内隐攻击性问题的认知水平、推动心理学在类似领域的应用、促进社会健康发展等方面都具有一定的现实意义和理论意义。

7.3.1.2 研究目的

攻击是指个体想要伤害他人的行为，即攻击者明知自身的行动将会伤害被攻击者，而被攻击者却想要回避这种伤害行为（周颖，2007）。杨治良通过任务分离范式以及信号检测论发现攻击行为间存在实验性分离，并由此证明了内隐攻击性的存在（杨治良 等，1996）。内隐攻击性包括评估型内隐攻击性和自我型内隐攻击性。评估型内隐攻击性是指个人对待攻击行为的内隐态度，即个人潜意识中对攻击性的看法，其操作定义是：当个体的反应越偏好于进攻性刺激时，其评估型内隐攻击性就越高。戴春林等（2007）对评估型内隐攻击性进行了内隐联想测验（IAT），结果表明当个体将攻击性词语与积极性词语联系到一起时，其反应更快。自我型内隐攻击性则是指个人认为自身的攻击性很高的一种信念，即潜意识中对自身攻击性强度的评估，其操作定义是：当个人将自身与敌意性刺激联系在一起的密切程度越强时，其自我型内隐攻击性就越强（周颖，2007）。

许多研究采用外显实验范式发现，高攻击个体存在着对负性的社会信息的注意偏向（Calvo et al.，2005；李静华，2013；张禹 等，2014）。但对于内隐攻击个体的注意偏向的研究，存在着许多争论。首先，在高低内隐攻击者对负性刺激是否存在注意偏向这一问题上，李静华（2013）采用点探测范式得出内隐攻击高或低的大学生对愤怒面孔都不存在注意偏向，而有些许研究者则认为，高低内隐攻击者对负性刺激是存在注意偏向的（戴春林 等，2007；周颖，2007；李海玲，2012；高素芳，2013；黄芥，2013）。其次，如果存在注意偏向问题，到底是注意警觉，注意解除困难，还是注意回避机制呢？研究者们对此争论不已。周颖（2007）提出了攻击性的警戒-回避假设，证实了内隐攻击者的注意偏向表现为注意警觉与回避。而黄芥（2013）认为，高外显攻击者与高内隐攻击者都对负性刺激有注意解除困难的特点；高素芳（2013）则得出了高/低外显攻击个体加工负性刺激时有注意定向加速和注意解除困难的特点，高/低内隐攻击个体则有注意定向加速和注意回避特点；李海玲（2012）以大学生运动员为主要调查对象，发现高内隐攻击大学生的注意偏向过程是从注意定向加速到最初的注意回避，再到总体注意维持。因此，本研究拟通过两个实验来探索不同内隐攻击水平对负性刺激的注意偏向特点。实验一的目的是探索青春期后期的青少年内隐攻击的水平及特点，以筛选出两组高、低内隐攻击性水平的青少年，实验二的目的是考察高、低内隐攻击水平的青少年对负性刺激的注意偏向的内在机制。图7-9为本研究的流程图。

第 7 章 青少年攻击性与注意偏向实证研究

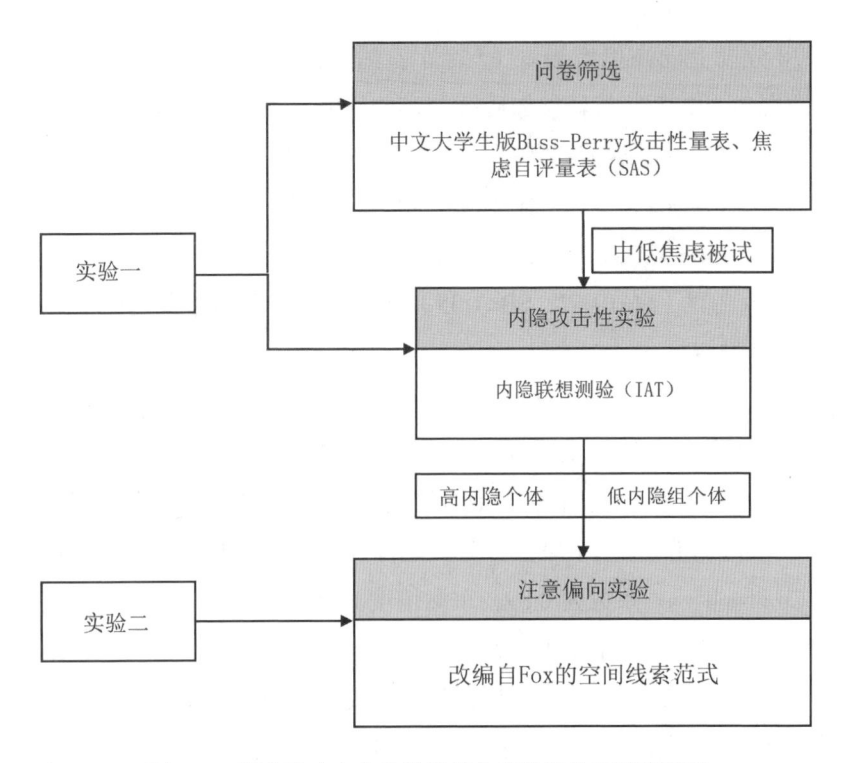

图 7-9 高内隐攻击个体注意偏向实验实施步骤流程图

7.3.2 实验一：内隐攻击实验

7.3.2.1 实验假设

大学生中存在高内隐攻击水平的个体，且高内隐攻击水平个体对攻击性刺激具有自动化加工的特征。

7.3.2.2 方法

1. 被试

本实验采用方便取样法，在广东省某学院以线上和线下相结合的形式一共对 622 名在校本科生进行测验。根据测验结果显示参与者的分数范围为 22～98 分，平均值（M=53.16），标准差（SD=11.39）。本研究先剔除70分以上的高焦虑被试（5名），后根据测验分数从高到低排列，要求两端各100名参与者参加后续的实验研究。由于时间安排的原因，最终只有145名被试参与实验一，其中，80名高外显攻击性被试的分数在62~98分（M=62.83，SD=10.38）之间，65名低外显攻击性被试分数在22~48分（M=43.37，SD=10.84）之间，55名男性，90名女性，年龄在18~24岁之间（M=19.67，SD=1.05）。实验结束后，给予一定的报酬。

2. 实验材料

采用吕路等（2013）修订后的中文大学生版Buss-Perry攻击性量表（CC-BPAQ）与焦虑自评量表（SAS）筛选被试。其中，CC-BPAQ共有22个项目，采用五点计分法，分数范围在22~110之间，量表有身体攻击、易怒性、冲动和敌意四个维度，分数越高代表着个体具有越强的攻击性。全卷Cronbach's α 系数为0.89，重测信度为0.91，研究表明，此量表具有较好的信度和效度（吕路 等，2013）。

词汇：包括20个概念词（自我和非自我词各一半）和20个属性词（攻击性和非攻击性词各一半）。由于有许多学者采用过IAT测验，故从中取一致选用过的词汇（周颖，2007；李海玲，2012；高素芳，2013；黄芥，2013），词汇如表7-12所示。

表7-12 IAT测验中的词汇

词汇类别		样例				
概念词	自我词	我	我的	自己	自己的	俺
		俺的	本人	本人的	咱们	咱们的
	非我词	他	他的	你们	你们的	她
		她的	他们	他们的	别人	别人的
属性词	攻击性词	侵犯	战争	厮杀	拳打	搏斗
		斗殴	袭击	击打	抢夺	报仇
	非攻击性词	温柔	善良	可爱	安静	幽默
		慈祥	和睦	信赖	稳重	朴实

有大量研究都证实了高焦虑个体加工负性情绪刺激时有注意偏向（Fox et al.，2001；高鹏程 等，2008；何卓，2010；陈琴，2015），故采用焦虑自评量表（SAS）对被试进行筛查。SAS 问卷共有 20 道题目，采用四点计分法，换算为标准分（得分乘以 1.25）后范围在 25 ~ 100 分之间（Zung et al.，1965）。

3. 实验设计

实验一采用单因素被试内设计，自变量是任务水平（联合任务一、联合任务二），为组内变量，因变量是被试的 IAT 效应量 D 值，即被试在联合任务一（自我与攻击词）中的反应时与联合任务二（非自我与攻击词）的反应时之差。

4. 实验程序

IAT 是由美国心理学家 Greenwald 等（2003）于 1998 年提出的对个体的内隐态度等进行测量的方法。本实验采用心云天地平台呈现和控制实验刺激，屏幕左上角和右上角呈现词汇归类的标签，词汇呈现在屏幕中间，当被试将词汇归为左侧时按 F 键，归为右侧时按 J 键。被试居家自行完成测试，平台会记录被试每一次操作反应的时间以及正确率。

实验程序包括 7 个部分的任务，如表 7-13 所示。为了平衡序列位置效应，对被试进行随机区组分配，一半的被试做表 7-13 的程序，即先做联合任务一（相容任务）：自我词与攻击词联合、非我词与非攻击词联合；后做联合任务二（不相容任务）：非我词与攻击词联合、自我词与非攻击词联合。另一半被试与之相反，先做不相容任务，后做相容任务，即步骤顺序为：1→2→6→7→5→3→4。

表 7-13　IAT 测量程序

测验步骤	实验次数	任务	左键"F"	右键"J"
练习	1	20	初始目标概念辨别	自我词	非我词
	2	20	联想属性概念辨别	攻击词	非攻击词
	3	40	联合任务一	自我词+攻击词	非我词+非攻击词
测验	4	80	联合任务一	自我词+攻击词	非我词+非攻击词
练习	5	20	相反目标概念辨别	非我词	自我词
	6	40	联合任务二	非我词+攻击词	自我词+非攻击词
测验	7	80	联合任务二	非我词+攻击词	自我词+非攻击词

7.3.2.3　结果与分析

1. 数据处理

首先，剔除在第 4、7 阶段整体正确率小于 60% 的被试；其次，删掉反应时太快（小于 200ms）和太慢（大于 1 000ms）的试次；再次，删掉错误反应的数据；最后计算相容任务（第 4 阶段）和不相容任务（第 7 阶段）的平均反应时，二者的差即内隐攻击性的指标 D（Greenwald et al., 2003）。内隐攻击效应量的操作定义为当个人将自身与敌意性刺激联系在一起的密切程度越强时，其自我型内隐攻击性就越强，故 D 值越高，其内隐攻击性也就越高。

IAT 实验后，筛选 D 值前 20% 和后 20% 作为高、低内隐攻击性水平（以下简称"高内隐组与低内隐组"），并采用匹配法降低额外变量外显攻击性水平的作用，最终选取了 22 名高内隐攻击性以及 24 名低内隐攻击性被试的数据，年龄在 18~24 岁内。利用 SPSS 25.0 进行统计分析，对内隐攻击性分组与性别进行卡方检验，得到男女性的内隐攻击性水平差异不显著，$\chi^2(1)=0.001$, $p>0.05$；对内隐攻击性分组与外显攻击性分数进行

独立样本 t 检验,得到高低内隐攻击水平被试的外显攻击性水平差异不显著, $t(44)=-0.71$, $p>0.05$,如表 7-14 所示。

表 7-14　实验参与者的基本情况

变异来源	高内隐组（n=22）	低内隐组（n=24）	χ^2/t	p
男/女（例）	10/12	10/14	0.01	0.97
外显分数	60.77 ± 15.71	63.67 ± 11.86	−0.71	0.48

2. 结果分析

用 SPSS 25.0 对 46 名被试的反应时进行统计分析。首先计算高低内隐两组被试在内隐联想测验 IAT 中相容与不相容任务的得分,如表 7-15 所示,高内隐组相容任务的平均反应时（862.94 ± 165.95ms）显著短于不相容任务的平均反应时（920.01 ± 167.59ms）, $t(21)=-2.82$, $p=0.01$,说明高内隐组潜在地将自己与攻击性刺激联系得更为紧密,认为自己攻击性较强;低内隐组相容任务的平均反应时（1 100.60 ± 203.80ms）显著长于不相容任务的平均反应时（802.43 ± 127.99ms）, $t(23)=13.36$, $p<0.001$,说明低内隐组潜在地认为自己的攻击性较弱。对高、低内隐组的 IAT 分数进行独立样本 t 检验,结果差异显著, $t(44)=11.71$, $p<0.01$,高内隐组的内隐效应量 D 值（M=57.14, SD=92.91）显著高于低内隐组的内隐效应量 D 值（M=−298.20, SD=107.07）。

表 7-15　被试内隐攻击性的反应时与 IAT 效应（M±SD,单位:ms）

变量	联合任务一 （相容任务）	联合任务二 （不相容任务）	D	t
高内隐组	862.94 ± 165.95	920.01 ± 167.59	57.14 ± 92.91*	11.709***
低内隐组	1 100.60 ± 203.80	802.43 ± 127.99	−298.18 ± 107.07***	

注:* 代表 $p<0.05$,*** 代表 $p<0.001$。

7.3.2.4 讨论

因为内隐攻击性具有无意识、自动化的特征，难以用传统的方式加以检测，所以需要通过间接测量的方式来研究，如内隐联结测验、任务分离范式、信号检测论、空间线索任务范式、Stroop 范式、眼动技术等（周颖，2007）。其中，IAT 被广泛应用于测量内隐攻击性，且技术最为稳定，有效性较高（戴春林 等，2007；周颖，2007；李海玲，2012；高素芳，2013；黄芥，2013）。

实验一的数据表明，大学生内隐攻击水平差异显著，高内隐组对攻击性词汇的反应显著快于非攻击词汇的反应时，而低内隐组却显著地对非攻击性词汇的反应更快，证明了高内隐攻击水平的个体对攻击性刺激具有自动化加工的特征。戴春林和杨治良采用 IAT 测验发现，个体表现出攻击性行为倾向的自动化特征，证明 IAT 测量内隐攻击性是有效的（戴春林 等，2005）。故本实验的结果与前人研究结果有相同之处，两组高、低内隐被试的内隐攻击性水平差异显著，故采用 IAT 内隐联想测验法是有效的。

经过与前人研究结果比较，发现高内隐组的内隐攻击效应量 D 值不够高（47.14±92.91ms），而低内隐组被试的效应量显然达到了大多前人所研究的水平（−298.20±107.07ms）（戴春林 等，2007；周颖，2007；李海玲，2012；高素芳，2013；黄芥，2013）。究其原因，笔者认为有以下几点：首先，笔者的被试群体是普通的大学生，不是体育生或运动员（李海玲，2012），或是某一具有明显攻击性的群体如罪犯（戴春林 等，2007），这就导致低内隐组的效应量值在正常范围内，而高内隐组的效应量值明显不够高。其次，IAT 测验是在线进行的，只要被试有一台电脑就可以操作，地点不限，故有许多额外变量无法控制，如被试所处环境是否嘈杂、是否受别的事情干扰，以及被试是否真正理解了笔者的实验操作等。

7.3.3 实验二：不同内隐攻击水平青少年对负性刺激的注意偏向特点

7.3.3.1 实验假设

本实验假设如下。

假设7-7：在空间线索任务中，如果在100ms的有效提示（情绪图片与探测刺激的位置一致）下，被试对负性图片的反应快于中性图片，那么他对负性图片存在注意定向加速。

假设7-8：如果在500ms的有效条件下，被试对负性图片的反应慢于中性，那么他对负性图片存在注意回避。

假设7-9：如果在无效提示（情绪图片与探测刺激的位置不一致）条件下，被试对中性图片的反应快于负性图片，那么他存在解除困难。高内隐攻击被试对负性刺激存在注意偏向，而低内隐攻击性被试不存在。

7.3.3.2 方法

1. 被试

采用匹配法降低额外变量外显攻击水平的作用，最终选取了22名高内隐攻击以及24名低内隐攻击被试，年龄在18~24岁之间（M=19.67，SD=1.05）。利用SPSS 25.0进行统计分析，对内隐攻击分组与性别进行卡方检验，得到男女性的内隐攻击水平差异不显著，$\chi^2(1)$=0.001，$p>0.05$；对内隐攻击分组与外显攻击性分数进行独立样本t检验，得到高、低内隐攻击水平被试的外显攻击性水平差异不显著，$t(44)$=-0.709，$p>0.05$。

2. 实验材料

选用来自中国情绪面孔系统（CAFPS）的中性与愤怒面孔图片（王妍等，2005），示例如图7-10所示。由24位广东省某学院的本科生对情绪图片的愉悦度和唤醒度进行7~10效价的评分。选择面孔材料的标准是：面孔图片的愉悦度和唤醒度在$M±2SD$范围内。其中，愤怒面孔的愉悦度需小于3，唤醒度需大于4；中性面孔的愉悦度需大于3且大于 5，唤醒度需小于 3。为了使图片展示得更加清晰，将图片的清晰度、亮度和对比度进行了一致的调整。面孔图片大小约为 4cm×3.47cm，图片视角约为 4.6°×4°，面孔中心距屏幕正中约 5.25cm，探测点（白色圆圈）的大小为 0.4cm，视角为 0.46°。

最终选用愤怒面孔图片 32 张（男性、女性各 16 张），中性面孔图片 32 张（男性、女性各 16 张）。采用 SPSS 25.0 对两类面孔的唤醒度以及愉悦度进行独立样本 t 检验，均值与标准差如表 7-16 所示，愤怒与中性面孔的唤醒度（t=31.15，$p<0.001$）和愉悦度（t=-19.24，p=0.005）的 t 检验结果均极其显著。

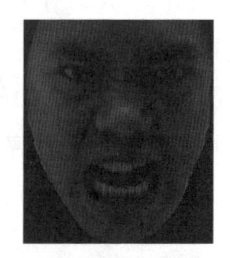

| 原图-愤怒-男 | 改后-愤怒-男 |
| 原图-中性-女 | 改后-中性-女 |

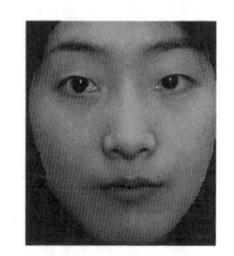

图 7-10　情绪面孔示例

表 7-16　愤怒和中性面孔的唤醒度与愉悦度描述统计

维度	愤怒（M±SD）	中性（M±SD）	t
唤醒度	4.68 ± 0.36	2.53 ± 0.15	31.15[***]
愉悦度	2.23 ± 0.35	3.59 ± 0.19	-19.24[**]

注：** 代表 $p<0.01$，*** 代表 $p<0.001$。

3. 实验设计

本实验采用2（内隐攻击性水平：高、低）×2（有效性：有效、无效）×2（情绪属性：负性、中性）×2（时间：100ms、500ms）的四因素混合设计。其中，内隐攻击性水平是组间变量，其余为组内变量。因变量为被试在探测目标中的判断圆圈在左侧还是右侧的反应时和正确率。

4. 实验程序

实验程序改编自 Fox 等（2001）的威胁线索空间注意范式。实验采用 E-prime 软件呈现和控制实验刺激，并记录被试对目标图片进行按键时的正确率及反应时。被试进入实验室后，让其放松地坐在距离电脑屏幕75cm的椅子上，进行正式实验前，屏幕中央会呈现本次实验的指导语，然后被试开始10个试次的练习部分，只有练习部分试次的正确率大于等于80%才能进行正式部分，否则将重新回到练习部分，直到达标。正式实验一共有256个试次。有效提示（情绪面孔图片与探测刺激位于同一位置）与无效提示的比例为3∶1。

单个试次的流程如图7-11所示，刺激呈现背景为黑色。首先呈现一个500ms的注视点"+"提示一个试次的开始，随后呈现500ms的空白屏幕之后，在屏幕两侧（机会均等）会随机呈现一张负性或中性图片持续100或500ms作为提示线索，该图片会提示被试接下来的反应按键。随后在注视点"+"左侧或右侧会随机出现一个持续30ms的白色实心圆（探测目标，出现在两边的机会均等），最后屏幕中央呈现"请反应"表明被试可以开始按键反应。被试需要在3 000ms内保证正确的前提下快速地判断这个白色圆圈是在左侧还是右侧，若在左侧则按键盘上的"F"键，若在右侧则按"J"键，如被试按键错误或超时未反应将被视为错误反应。最后500ms为空白屏，然后进入下一个试次。单次试次流程如图7-11所示。

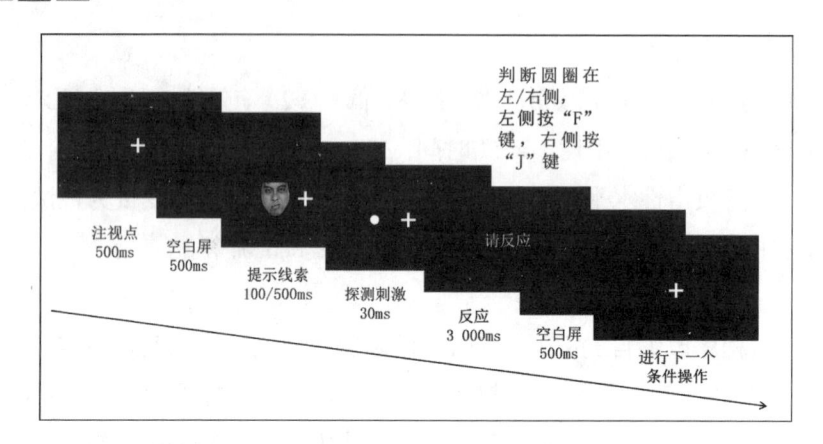

注意偏向视域下青少年情绪和行为问题的干预

图 7-11 线索提示任务单个试次流程示意图

7.3.3.3 结果与分析

1. 反应时

对反应时进行 2（内隐攻击水平：高、低）×2（有效性：有效、无效）×2（情绪属性：负性、中性）×2（时间：100ms、500ms）的四因素重复测量方差分析，得到表 7-17。结果显示：有效性的主效应极其显著，$F(1, 44)=36.09$，$p<0.001$，$\eta^2=0.45$，具体有效提示的平均反应时（$M=357.63$，$SD=6.00$）显著快于无效提示的平均反应时（$M=380.13$，$SD=7.87$），表明有效提示任务对被试来说更容易注意到，所以反应更快。

表 7-17 内隐攻击性水平 × 有效性 × 情绪属性 × 时间的四变量反应时重复测量方差分析结果

变异来源	F	p	η^2
有效性	36.09	0.00	0.45
有效性 × 时间	30.92	0.00	0.41
情绪 × 时间	6.98	0.01	0.14
有效性 × 情绪 × 时间 × 内隐攻击性水平	4.25	0.04	0.09

内隐攻击性水平与有效性、情绪、时间的四变量交互作用显著，$F(1, 44)=4.25$，$p=0.04$，$\eta^2=0.09$。进一步的简单效应检验显示，在高

第 7 章 青少年攻击性与注意偏向实证研究

内隐攻击组中，当提示图片是有效的且时间持续 100ms 时，情绪面孔为负性的平均反应时（M=339.62，SD=8.61）显著比中性的反应时（M=345.57，SD=8.57）要快，如图 7-12 所示，$F(1, 44)$=4.84，p=0.03，η^2=0.10；同样当提示图片是有效的，但时间持续 500ms 时，情绪面孔为负性的平均反应时（M=361.16，SD=9.22）与中性的反应时（M=354.78，SD=9.87）相比更慢，有边缘性显著 [$F(1, 44)$=3.75，p=0.06，η^2=0.08]，而低内隐攻击组不存在以上交互作用。其他主效应和交互作用均不显著（$p > 0.05$）。

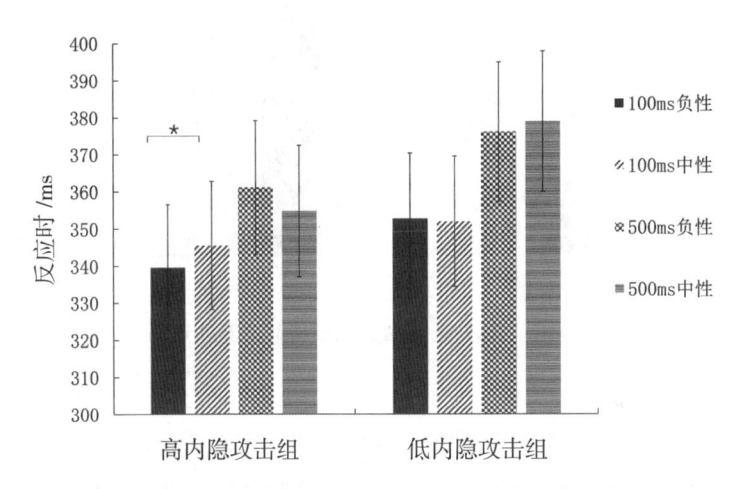

图 7-12 有效提示下内隐攻击 × 情绪 × 时间的反应时的交互作用图

有效性与时间的交互作用极其显著，如图 7-13 所示，$F(1, 44)$=30.92，$p < 0.01$，η^2=0.41。进一步的简单效应检验表明，在有效提示下，提示时间为 100ms 的反应时（M=347.50，SD=5.87）与 500ms 下的反应时（M=367.76，SD=6.51）相比更快，$F(1, 44)$=42.60，p=0.06，η^2=0.49，说明被试对于持续时间长的提示任务分配的注意资源不够多，有返回抑制的迹象；而在无效提示下，提示时间为 100ms 的反应时（M=386.87，SD=8.03）比提示时间为 500ms 的反应时（M=373.40，SD=8.69）显著更慢，$F(1, 44)$= 5.54，p=0.02，η^2=0.11，同样更加说明了被试存在返回抑制现象。

情绪与时间的交互作用显著，$F(1, 44)$=6.98，p=0.01，η^2=0.14。进一步的简单效应检验表明在 100ms 的提示下，情绪面孔为负性的反应时

（M=364.78，SD=6.34）比中性的反应时（M=369.59，SD=7.02）要快，$F(1, 44)$=3.76，p=0.06，η^2=0.08，存在边缘性显著，而在 500ms 提示下却无显著差异，说明在短时间的提示下，被试更容易注意到负性刺激。

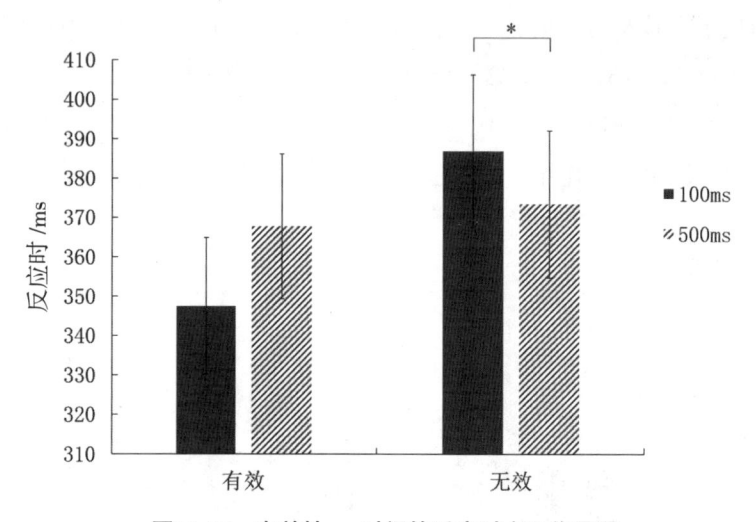

图 7-13 有效性 × 时间的反应时交互作用图

2. 正确率

对 46 名被试的正确率进行 2（内隐攻击性水平：高、低）×2（有效性：有效、无效）×2（情绪属性：负性、中性）×2（时间：100ms、500ms）的四因素重复测量方差分析。结果显示：有效性的主效应极其显著，$F(1, 44)$=32.47，$p<0.01$，η^2=0.43，有效提示的平均正确率（M=0.99，SD=0.01）显著高于无效提示的平均正确率（M=0.96，SD=0.07），表明有效提示任务对被试来说更容易注意到并加工。时间的主效应也极其显著，$F(1, 44)$=16.54，$p<0.001$，η^2=0.27，100ms 下的平均正确率（M=0.96，SD=0.01）显著低于 500ms 下的平均正确率（M=0.99，SD=0.03），表明情绪面孔呈现 100ms 任务对被试来说更难以加工完。情绪属性的主效应不显著（$p>0.05$）。

有效性与时间的交互作用极其显著，如图 7-14 所示，$F(1, 44)$=21.62，$p<0.01$，η^2=0.33。进一步的简单效应检验表明，在无效的情绪线索

下，被试对呈现 100ms 的提示图片后的探测刺激反应正确率（M=0.93，SD=0.01）显著低于 500ms 下的正确率（M=0.98，SD=0.01），说明在无效提示任务中，持续时间更短的 100ms 对被试来说比 500ms 下更加难以注意到，而有效提示下却无显著差异。其他多因素交互作用均不显著（$p>0.05$）。

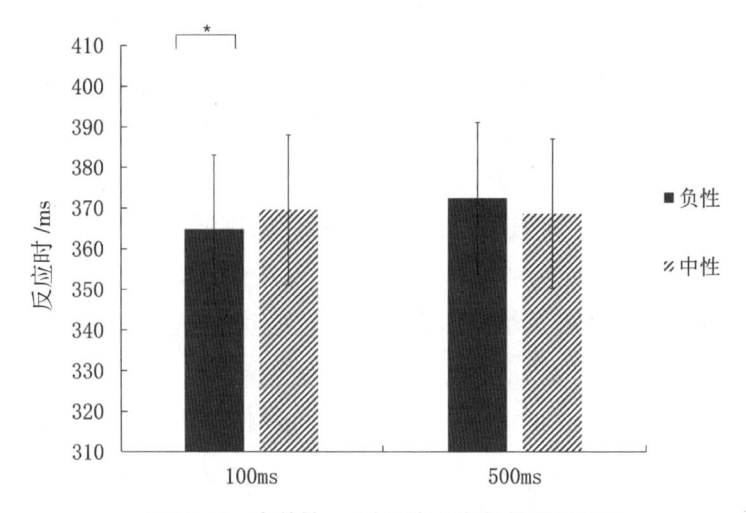

图 7-14　有效性 × 时间的正确率交互作用图

7.3.3.4　讨论

实验二的数据表明，高内隐攻击个体在有效提示呈现 100ms 的条件下，对负性面孔提示的反应显著比中性面孔更快，表现出明显的注意偏向，即注意定向加速的特点，因为对于他们来说，加工敌意性刺激所需的注意资源很少，所以符合假设。同样，在提示图片有效，但持续 500ms 时，高内隐攻击者对负性面孔后的探测刺激平均反应时反而更慢了，这是因为此时提示时间更长，个体能够拥有更多的注意资源对面孔进行加工，但是他们可能会将负性刺激做出主观解释为"对自己不利的东西"，进而逃避负性面孔，以免体验到恐惧和焦虑感，表现出对负性刺激的注意回避，即加工易化，所以当个体必须要将视线再次拉回到提示刺激的位置上时（有效提示下），个体对负性刺激的反应是更慢的，故被试对负性面孔表现出注意回避的特点，符合实验二的假设并验证了周颖提出的警戒－回避假设（周颖，2007）。而在低内隐攻击组中，还没有发现有任何对情绪面孔有注意偏向的现象。

以上结果与众多学者的结论不谋而合。周颖采用信号检测论与 ERP 技术探测大学生的内隐攻击性及其信息加工机制，得出高/低内隐攻击对于攻击性刺激表现出注意警觉和注意回避的特点（周颖，2007）；李海玲同样对大学生只不过是运动员这一特殊群体进行研究，采用点探测范式和眼动技术相结合探索出高内隐攻击者对负性刺激的注意特点是先警觉，其次回避，而后又多次被愤怒面孔所吸引，即表现为注意解除困难（李海玲，2012）；高素芳则用眼动技术发现了高/低内隐攻击者加工情绪面孔时的注意偏向特点是注意定向加速和注意回避（高素芳，2013）。

而此结果却与黄芥、李静华等学者相差甚远。李静华（2013）采用点探测范式发现高低内隐攻击性的大学生对负性情绪面孔和攻击性词语均未表现出注意偏向；黄芥（2013）同样采用点探测范式与线索靶子范式发现高内隐攻击性大学生对负性面孔存在注意偏向，但未表现出注意警觉，而是注意解除困难现象。

7.3.4 总讨论

实验一的内隐联想测验得到两组被试——高内隐攻击组、低内隐攻击组，验证了这两组被试在外显攻击分数以及性别上不具有统计学意义，两组高低内隐攻击个体的 IAT 效应量差异显著，所以分组是有效的，但唯一不足的是：高内隐攻击组的 IAT 效应量不够高，究其原因可能是因为本实验采用的被试均是普通专业的本科生，而大多数大学生都是低攻击性个体，还有实验环境没有统一控制的问题。

实验二得出高内隐攻击个体会对攻击性刺激产生注意偏向，而在低内隐攻击者身上却没有发现此特点，这或许也可以用低唤醒-高激活理论以及认知图式理论来解释。高内隐攻击个体的皮层静息水平更小，所以更容易被外界刺激所吸引，但是在加工敌意性刺激时的觉醒水平却要更高，所以其认知加工速度更慢（周颖，2007），或者个体头脑中有关攻击的图式并不多，并不会因为愤怒面孔就联想到攻击情境，或者实验呈现出的愤怒面孔的强度并未达到个体对其进行自动化警觉或是做出主观的对自己不利的解释的程度，所以低内隐攻击者并没有对任何图片产生注意偏向。

有研究发现，面孔图片材料的情绪诱发比词汇材料要好（周萍 等，2008），故本研究选用情绪面孔材料也具有更高的生态效度。

但本实验还存在以下不足：第一，呈现的面孔图片强度不够大，尤其是愤怒面孔，与实际攻击情境相差甚远，故生态效度大大减弱；第二，面孔刺激只有中性情绪与负性情绪，以后的研究还应该扩展更多的表情，如增加正性情绪面孔（如高兴），以及负性情绪刺激，除了愤怒还可增加厌恶、恐惧等表情；第三，样本数量不够多，导致减少了实验结论的可信度。

7.3.5 结论

高内隐个体对负性刺激存在注意偏向，并且其注意机制表现为注意警觉和注意回避的特点，验证了注意的警觉 – 回避假设。

7.4 注意偏向矫正技术对青少年攻击性的干预实验研究

7.4.1 引言

7.4.1.1 实验意义

研究基于快速呈现范式下高攻击个体注意偏向的特点，对于深入探究青少年行为问题的心理机制、制定有效的预防和干预策略，以及推动相关领域的研究和应用具有重要的理论和实践意义。首先，通过深入研究高攻击个体的注意偏向模式，可以更准确地了解青少年情绪、心理和行为问题之间的关系，为制定相关政策和教育措施提供科学依据。其次，研究高攻击个体的注意偏向特点，有助于明确行为问题的预防和干预策略，降低攻击行为的发生率，促进青少年健康成长。最后，基于快速呈现范式下高攻击个体的注意偏向研究，可以推动心理学在解决青少年问题方面的应用。总之，本研究对于深化青少年心理和行为问题的研究，推动相关领域在理论研究与实践应用方面的发展都具有重要的意义和实际价值。

7.4.1.2 实验目的和实验假设

正如笔者在前文关于"训练对焦虑障碍个体的干预实验"的研究结果可知，RAT 与 ABT 相结合进行训练，相比于进行单个训练，能够有效地缓解被试的焦虑水平，产生优化效果。但是基于奖励的训练对于高攻击个体攻击性的干预效果如何，仍然还不清楚。因此，本研究拟通过 ABT 和 RAT 结合，检验基于奖励的注意偏向矫正训练对高攻击个体的干预效果。本研究的假设如下。

假设 7-10：通过奖励训练增强对非威胁刺激的注意警觉能够降低被试的攻击性行为。

假设 7-11：通过训练增强对威胁刺激的注意脱离能够降低被试的攻击性行为。

假设 7-12：将奖励训练和训练相结合进行训练，相比于进行单个训练，被试的攻击性行为显著下降，产生优化效果。

7.4.2 方法

7.4.2.1 被试

将收集到的有效的 1 963 份 CC-BPAQ 攻击量表数据按总分从高到低排列，取总分的前 27% 的大学生作为高外显攻击个体，从中随机挑选大学生被试 94 名，年龄均在 17~25 岁范围内，平均年龄为 19.66±1.07 岁，其中，男 38 人，女 56 人。对各组被试的前测的注意加速值、注意警觉值、注意脱离值、攻击量表总分及分量表分数分别进行单变量方差分析检验，结果显示各组之间均不存在统计学意义上的差异（$p > 0.05$）。

7.4.2.2 实验材料

1. 面孔图片

从中国化面孔情绪图片系统（CFAPS）（龚栩 等，2011）中挑选愤怒情绪面孔 40 张，平静情绪面孔 60 张。15 名心理学专业本科生重新评定这些图片的愉悦度和唤醒度，评定分数范围为 1 ~ 7，分数越高，个体的愉悦程度或唤醒程度越高。评定后，筛选出 30 张愤怒面孔、44 张平静面孔。筛选图片标准如下（戴琴 等，2008）：①愤怒面孔：愉悦度小于 2，唤醒度大于 5；②平静面孔：愉悦度在 3 ~ 5 范围内，唤醒度小于 3。

对两种面孔图片的愉悦度、唤醒度进行独立样本 t 检验。结果显示，在图片愉悦度上，愤怒图片（$M=2.169$，SD=0.284）和平静图片（$M=3.448$，SD=0.283）存在显著差异，$t=-19.052$，$p < 0.05$。在图片唤醒度上，愤怒图片（$M=4.770$，SD=0.340）和平静图片（$M=2.200$，SD=0.159）有显著差异，$t=38.655$，$p < 0.05$，符合作为实验材料的条件。

通过图像处理软件对图片的颜色、大小进行统一标准处理，保留眼睛、嘴巴等内部特征，减去头发、脖子等外部特征，确保被试对图片视觉感受一致。在整个实验中，情绪面孔均在纯黑背景上呈现。

2.CC-BPAQ 量表

该量表为针对中国大学生群体修订的 Buss-Perry 攻击性量表（吕路 等，2013），用于测量中国大学生的外显攻击水平，共 22 个条目，含四个维度，分别为敌意、冲动、易怒性、身体攻击。量表采用 5 级评分，信效度良好，其中 Cronbach's α 系数和重测信度的值均在 0.89 以上。

额外设置第 23 题作为测谎题，与第 11 题意义相同，表达相似。如第 11、23 题的答案相差等级数大于 2，那么当前问卷被判定为无效。

3. 实验设计

采用 2 时间（前测、后测）×2 奖励（有、无）×2 训练（有、无）

的三因素混合实验设计，其中被试间变量为奖励、训练，被试内变量为检测时间。

因变量为注意偏向 RT、ACC 值。对不同面孔对后的探测点位置的反应时之间的差值，即注意偏向 RT 值（注意定向加速、注意警觉、注意脱离值）。对不同面孔对后的探测点位置的正确率之间的差值，即注意偏向 ACC 值（注意定向加速、注意警觉、注意脱离值）。

注意偏向 RT 值的计算方法如下：
其中，"RT_o"表示被试对出现在平静－平静面孔对中任一面孔位置后面的探测点的反应时间；"RT_n"表示被试对出现在愤怒－平静面孔对中愤怒面孔位置后面的探测点的反应时间；"RT_p"表示被试对出现在愤怒－平静面孔对中平静面孔位置后面的探测点的反应时间。

注意定向加速 RT 值 $=RT_p - RT_n$

注意警觉 RT 值 $=RT_o - RT_n$

注意脱离 RT 值 $=RT_p - RT_o$

同理，注意偏向 ACC 值的计算方法如下：

注意定向加速 ACC 值 $=ACC_p - ACC_n$

注意警觉 ACC 值 $=ACC_o - ACC_n$

注意脱离 ACC 值 $=ACC_p - ACC_o$

其中，"ACC_o"表示被试对出现在平静－平静面孔对中任一面孔位置后面的探测点的正确率；"ACC_n"表示被试对出现在愤怒－平静面孔对中愤怒面孔位置后面的探测点的正确率；"ACC_p"表示被试对出现在愤怒－平静面孔对中平静面孔位置后面的探测点的正确率。

7.4.2.3　实验流程

首先，用 CC-BPAQ 量表总分筛选出高外显攻击被试，被试完成前测后，随机被分进任一组别。其次，奖励训练组和奖励控制组进行奖励训练，剩下两组完成控制任务。然后，两个训练组完成训练，两个安慰组完成训练控制任务。最后，所有被试完成后测。本研究的实验程序均通过北京心

第7章 青少年攻击性与注意偏向实证研究

云天地平台线上实验系统呈现，实验总流程图见图7-15。

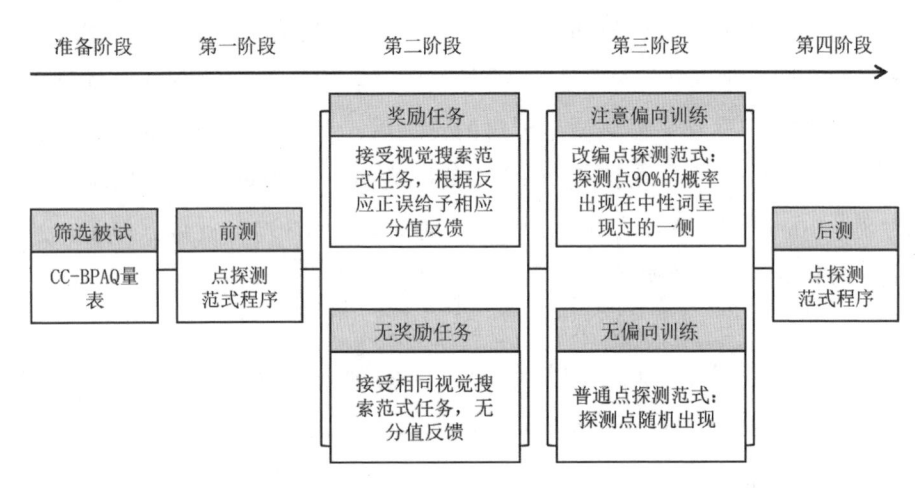

图7-15 高攻击性个体注意偏向干预实验实施步骤流程图

7.4.2.4 实验程序

1. 准备阶段

在网络平台和广东省某学院校内发布CC-BPAQ量表，收到1963份有效数据。将问卷数据按分数从高到低排列，取总分的前27%作为高外显攻击个体，从中随机挑选大学生被试94名。

2. 第一阶段：前测

该阶段所选范式为点探测范式。在整个实验过程中，被试均需做到以下要求：手机处于静音状态，被试距离计算机显示器60cm，并且眼睛同显示器中心平行。该阶段的实验材料左右排列，成对呈现，每对图片类型为以下任一种组合：平静-平静面孔、愤怒-平静面孔、平静-愤怒面孔。

被试的实验任务是观察探测点的类型，并在保证正确的情况下尽快按键。练习含10个试次。正式实验包括152个试次，其中，所有面孔左右交替出现，旨在平衡位置效应。在实验进程中间处设置30s的休息时间，减少疲劳效应带来的误差。

单个试次的流程如下（见图7-16）：呈现注视点后，两个情绪面孔同

注意偏向视域下青少年情绪和行为问题的干预

时呈现在画面两侧，高度相同，呈现 500ms 后，探测点随机出现在任一面孔呈现过的位置中心，呈现时间至多为 1500ms，被试的任务是按键回应探测点的类型，即"●"的数量（1 个按"F"键，2 个按"J"键），探测点有 50% 的概率落在平静刺激呈现过的位置后，有 50% 的概率落在愤怒面孔刺激呈现位置后。每个试次的空白间隔为 200~500ms。该次实验时长为 8~10min。如果被试当次实验的正确率达不到 80%，此数据作废，被试在当天重新进行该次实验，后续实验均采用此标准。

前测结束后，94 名被试随机分成 4 组，分别为：奖励训练组 25 人、控制训练组 23 人、奖励安慰剂组 23 人、控制安慰剂组 23 人。各组之间的前测数据均无显著差异，$p < 0.05$。

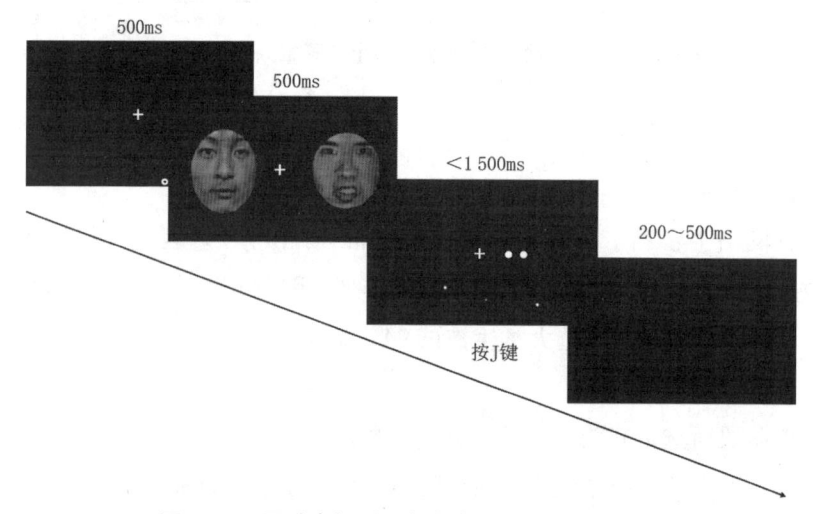

图 7-16　面孔点探测任务中单个试次流程示意图

3. 第二阶段：奖励阶段

该阶段运用视觉搜索范式、奖励训练任务范式，旨在奖励组被试将平静面孔视为高奖励刺激，将愤怒面孔视为低奖励刺激，从而保证在去掉奖励反馈后，训练实验个体能受到奖励的影响，对平静面孔刺激给予更多注意，使其原本对愤怒面孔刺激的注意减少。

被试进行视觉搜索的界面为 3 个相同的愤怒面孔和 1 个平静面孔组成

的 2×2 矩阵，或者 3 个相同的平静面孔和 1 个愤怒面孔组成的 2×2 矩阵。练习含 10 个试次。正式实验包括 160 个试次。其中，3 个相同的愤怒面孔和 1 个平静面孔组成的 2×2 矩阵图片占所有试次的一半，两种界面在序列中随机呈现。

在正式实验中，奖励组的奖励积分分为高奖励反馈（+10 分）、低奖励反馈（+1 分）。奖励组正确反应平静面孔，有 80% 的或然率获得高奖励反馈，有 20% 的或然率获得低奖励反馈；正确反应愤怒面孔，有 80% 的或然率获得低奖励反馈，20% 的或然率获得高奖励反馈。为提高被试在实验过程的认真度，还设置了惩罚环节，即当被试反应错误一次，所得积分减 5 分。该次实验结束的总积分可兑换成一定数额的人民币，1 积分可以兑换成 0.01 元。该次实验时长为 6～10min。

奖励组的实验程序如下（见图 7-17）：首先呈现注视点 "+"，接着呈现一个由两种情绪面孔组成的 2×2 面孔矩阵，被试需判断矩阵中不同于另外 3 张面孔的面孔图片的情绪性质是平静还是愤怒。若为愤怒面孔按"F"键；若为平静面孔按"J"键，面孔矩阵直至被试完成按键反应才消失，接着呈现反馈界面，持续 1 000ms。按键正确则反馈 "+1" 或 "+10" 的加分界面，判断错误则反馈 "-5" 的扣分界面。每个试次的空白间隔为 500ms。在实验进程中间处设置 30s 休息时间。程序记录被试完成实验的积分情况。该次实验结束后，主试根据积分，在一日之内发放人民币奖励反馈。

控制组的实验程序大致上与上述程序相同，区别在于控制组反应后无反馈界面和无额外奖励反馈（见图 7-18）。

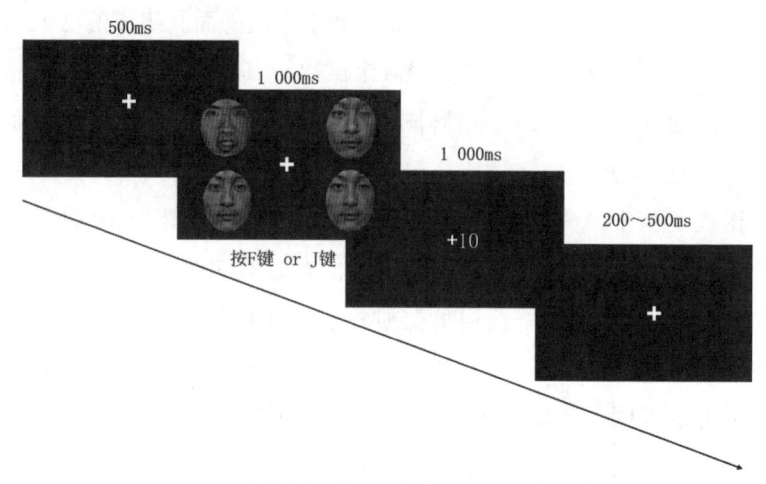

图 7-17　面孔奖励任务中单个试次流程示意图

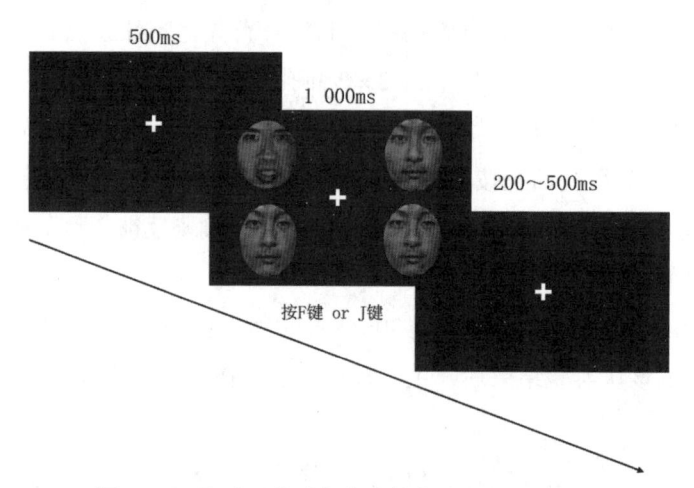

图 7-18　面孔无奖励任务中单个试次流程示意图

4. 第三阶段：训练

该阶段所选范式为点探测范式。实验材料的图片类型为以下任一种组合：平静－平静面孔、愤怒－平静面孔、平静－愤怒面孔。

在训练开始前，奖励组的被试得知接下来的实验均无奖励反馈。训练组和安慰剂组的实验流程完全一致，但两组的区别在于训练组的程序有偏向引导，"●"或"●●"出现在平静面孔呈现的位置后面的或然率

第 7 章 青少年攻击性与注意偏向实证研究

是 90%，"●"或"●●"出现在愤怒面孔呈现的位置后面的或然率是 10%；而安慰剂组进行的是无偏向引导训练，"●"或"●●"出现在平静面孔或愤怒面孔呈现过的位置的概率各占一半。

被试的实验任务是当探测点出现时，根据探测点的个数按键反应。训练阶段的程序和前测点探测范式程序一致，因此无练习阶段，被试直接进入含 300 个试次的正式实验。每完成 2 个组块，休息 30s。

训练频率为两天 1 次，所有被试需要经过 4 次训练程序。每一次完成的时间为 15 ~ 20min。

单个试次的流程如下（见图 7-19）：画面呈现注视点"+"之后，两个情绪面孔同时呈现在屏幕两侧，高度相同，呈现 500ms 后，随机呈现探测点在任一情绪面孔图片出现过的位置，呈现时间至多为 1 500ms，被试需按键回应探测点的类型，即"●"的数量（1 个按"F"键，2 个按"J"键），探测点落在平静或愤怒刺激呈现的位置后的或然率均是 50%。每个试次的空白间隔为 200 ~ 500ms。如果在某一试次，被试超过 1 500ms 仍然没有对探测点按键反应，那么当前试次视为错误反应。

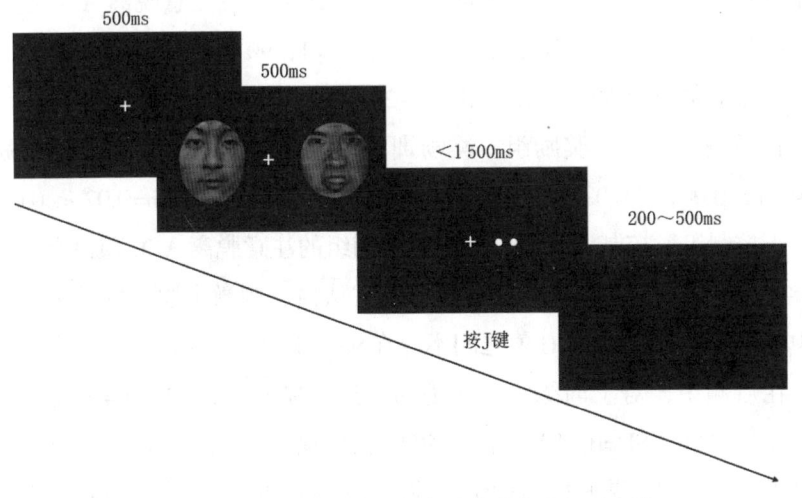

图 7-19 面孔点探测任务中单个试次流程示意图

5. 第四阶段：后测

所有被试再次完成与前测一致的实验程序。

7.4.2.5 统计分析

本研究中显著性水平 $p=0.05$。

对于在前、后测得到的点探测范式任务的原始数据，剔除被试反应错误的数据以及 100～1 500ms 外的反应时数据后，分别计算出前、后测的注意偏向 RT、ACC 值，将其导入统计学软件 SPSS 22.0 中，对注意偏向 RT、ACC 值分别采用三因素重复测量方差分析进行假设检验。

7.4.3 结果

7.4.3.1 注意脱离 RT、ACC 值

表 7-18 描述了在自变量检验时间、奖励、训练的不同条件下注意脱离 RT、ACC 值的平均值和标准差。对注意脱离 RT、ACC 值分别进行三因素重复测量方差分析，结果表明（见表 7-19）：在注意脱离 ACC 值上，检验时间、奖励与训练的交互作用显著，$F(1, 90)=4.32$，$p=0.04 < 0.05$，进一步做简单效应检验，结果如图 7-20 所示。

在后测中，对于奖励组，奖励训练组（$M=0.03$，$SD=0.04$）比奖励控制组（$M=0.00$，$SD=0.03$）更能有效地从愤怒刺激中脱离（$p=0.02 < 0.05$），而对于控制组，控制训练组、控制安慰剂组的注意脱离 ACC 值没有显著的差异（$p > 0.05$），说明奖励增强了被试从愤怒刺激中脱离的效果；而前测中各组的注意脱离 ACC 值之间不存在显著差异（$p > 0.05$）。

在后测中，对于训练组，奖励训练组（$M=0.03$，$SD=0.04$）比控制训练组（$M=0.00$，$SD=0.04$）更能有效地脱离愤怒刺激（$p=0.03 < 0.05$），而对于安慰剂组，奖励安慰剂组、控制安慰剂组的注意脱离 ACC 值没有显著的差异（$p > 0.05$），说明训练增强了被试从愤怒刺激中脱离的效果；而前测中各组的注意脱离 ACC 值之间不存在显著差异（$p > 0.05$）。在注意

脱离 ACC 值上，主效应均不显著（$p > 0.05$）。在注意脱离 RT 值上，检验时间、奖励、训练的主效应及其交互作用均不显著（$p > 0.05$）。

表 7-18　训练前后注意脱离 RT、ACC 值

因变量	组别	前测 M	前测 SD	后测 M	后测 SD
注意脱离 RT 值	奖励训练组	7.08	30.62	3.95	36.95
	奖励控制组	1.17	27.42	−2.89	18.64
	控制训练组	9.99	18.99	2.60	18.23
	控制安慰剂组	1.64	25.03	6.97	22.06
注意脱离 ACC 值	奖励训练组	0.00	0.04	0.03	0.04
	奖励控制组	0.02	0.03	−0.00	0.03
	控制训练组	0.00	0.03	0.00	0.04
	控制安慰剂组	0.00	0.04	0.00	0.05

表 7-19　注意脱离 RT、ACC 值的重复测量方差分析

变异来源	RT 值 df	RT 值 F	RT 值 p	ACC 值 df	ACC 值 F	ACC 值 p
时间	1	0.38	0.54	1	0.51	0.48
奖励	1	0.64	0.43	1	3.71	0.06
训练	1	1.25	0.27	1	0.38	0.54
时间 × 奖励	1	0.12	0.74	1	0.01	0.93
时间 × 训练	1	0.61	0.44	1	2.43	0.12
奖励 × 时间	1	0.34	0.56	1	0.68	0.41
时间 × 奖励 × 训练	1	0.82	0.37	1	4.32*	0.04
误差		90			90	

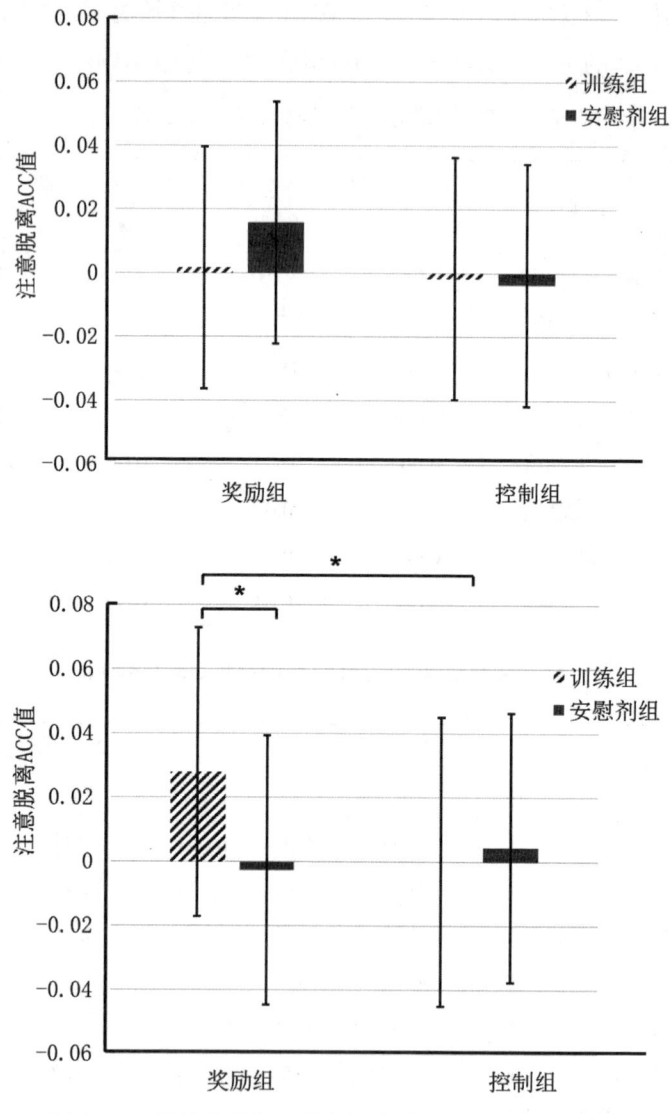

图 7-20 训练前后各组别注意脱离 ACC 值的交互作用图

7.4.3.2 注意定向加速 RT、ACC 值

表 7-20 描述了在自变量检验时间、奖励、训练的不同条件下注意定向加速 RT、ACC 值的平均值和标准差。对注意定向加速 RT、ACC 值分别进行三

第 7 章 青少年攻击性与注意偏向实证研究

因素重复测量方差分析，结果表明（见表 7-21）：在注意定向加速 RT 值上，自变量训练的主效应显著，$F(1, 90)=10.02$，$p<0.01$，事后比较发现，控制条件下的注意定向加速 RT 值（$M=-1.71$，$SD=1.60$）比训练条件下（$M=5.39$，$SD=1.57$）小。其他主效应及其交互作用均不显著（$p>0.05$）。

表 7-20 训练前后注意加速 RT、ACC 值

因变量	组别	前测 M	前测 SD	后测 M	后测 SD
注意脱离 RT 值	奖励训练组	5.13	20.96	9.99	17.11
	奖励控制组	0.00	19.32	−3.79	12.22
	控制训练组	1.64	19.68	4.80	18.06
	控制安慰剂组	−1.42	11.10	−1.62	17.83
注意脱离 ACC 值	奖励训练组	0.01	0.05	0.02	0.03
	奖励控制组	0.02	0.04	0.00	0.04
	控制训练组	0.00	0.04	−0.01	0.05
	控制安慰剂组	0.01	0.05	0.01	0.04

表 7-21 注意定向加速 RT、ACC 值的重复测量方差分析

变异来源	RT 值 df	RT 值 F	RT 值 p	ACC 值 df	ACC 值 F	ACC 值 p
时间	1.00	0.13	0.72	1.00	0.77	0.38
奖励	1.00	0.78	0.38	1.00	2.72	0.10
训练	1.00	10.02**	0.01	1.00	0.37	0.55
时间 × 奖励	1.00	0.03	0.87	1.00	0.14	0.71
时间 × 训练	1.00	1.15	0.29	1.00	1.59	0.21
奖励 × 时间	1.00	1.11	0.30	1.00	0.14	0.71
时间 × 奖励 × 训练	1.00	0.22	0.64	1.00	1.92	0.17
误差		90.00			90.00	

注：** 代表 $p<0.01$。

7.4.3.3 注意警觉 RT、ACC 值

表 7-22 描述了在自变量检验时间、奖励、训练的不同条件下注意警觉 RT、ACC 值的平均值和标准差。对注意警觉 RT、ACC 值分别进行三因素重复测量方差分析，结果表明（见表 7-23）：检验时间、奖励、训练的主效应及其交互作用均不显著（$p > 0.05$）。

表 7-22 训练前后注意警觉 RT、ACC 值

因变量	组别	前测 M	前测 SD	后测 M	后测 SD
注意警觉 RT 值	奖励训练组	−1.95	20.61	6.04	30.51
	奖励控制组	−1.17	24.15	−0.90	15.28
	控制训练组	−8.36	25.84	2.20	23.19
	控制安慰剂组	−1.17	24.15	−8.59	16.89
注意警觉 ACC 值	奖励训练组	0.01	0.03	−0.01	0.04
	奖励控制组	0.01	0.04	0.00	0.03
	控制训练组	0.00	0.04	−0.01	0.03
	控制安慰剂组	0.01	0.04	0.00	0.04

表 7-23 注意警觉 RT、ACC 值的重复测量方差分析

变异来源	RT 值 df	RT 值 F	RT 值 p	ACC 值 df	ACC 值 F	ACC 值 p
时间	1.00	0.93	0.34	1.00	3.21	0.08
奖励	1.00	2.18	0.14	1.00	0.02	0.88
训练	1.00	0.75	0.39	1.00	1.56	0.21
时间 × 奖励	1.00	0.06	0.82	1.00	0.10	0.76
时间 × 训练	1.00	2.97	0.09	1.00	0.19	0.67
奖励 × 时间	1.00	0.01	0.96	1.00	0.10	0.76
时间 × 奖励 × 训练	1.00	0.3	0.55	1.00	0.81	0.37
误差		90.00			90.00	

本研究结果显示，注意脱离 ACC 值经过三因素重复测量方差分析，检验时间、是否奖励与是否训练三个自变量的交互作用显著。注意脱离 ACC 值是 ACC_p 减去 ACC_o 得到的差值，ACC_p、ACC_o 均是被试反应平静面孔后的探测点得到的正确率，如果被试在面对干扰刺激是愤怒面孔时反应的正确率比面对干扰刺激是平静面孔时的正确率要高，即注意脱离 ACC 值是正数时，那么就说明被试能够有效地从愤怒刺激的干扰中脱离，正值越大，说明脱离越容易。因此可以发现，即使在前测中各组被试从愤怒刺激中脱离的情况无显著差异，而经过训练后的被试或者经过奖励后的被试，相较于对照组，更能有效地从愤怒刺激中脱离，脱离情况显著改善。

令人意外的是，结果发现相较于控制条件，训练条件下的被试注意加速 RT 值大。注意加速 RT 值为 RT_p 减去 RT_n 得到的差值，RT_p、RT_n 的共同点是呈现给被试的面孔刺激对都是平静－愤怒面孔，如果被试对在愤怒面孔位置的探测点的反应比在平静面孔位置的探测点的反应更快，即注意加速 RT 值是正值时，那么说明被试对愤怒刺激存在注意定向加速，更加关注愤怒这一负性刺激。因此，结果表明，经过训练的被试比对照组更加关注愤怒刺激，原因可能在于存在要求特征现象，被试猜测到了实验目的，训练组被试可能发现探测点落在愤怒面孔一侧的概率明显小于中性面孔的这一规律，因此为了验证他们的猜测，他们会更关注落在愤怒面孔一侧的探测点。但是在注意偏向的成分中，注意定向加速和注意脱离是独立不同的，因此仍然不影响得出被试脱离情况可以受到训练影响的结果。

以上结果说明奖励使平静刺激更具有竞争性，验证了奖励训练联结的有效性，丰富了奖励训练联结的实验支撑，符合实验预期；也说明训练在一定程度上能够影响高攻击性大学生个体的注意偏向特点，让被试将更多的注意从愤怒面孔中脱离，转向平静面孔，进而降低其对威胁性刺激的关注，同样符合实验预期。

社会认知模式理论认为，攻击行为的发生受个体是否对外界信息做出敌意性解释的影响（Dodge et al., 1990），做出解释这一认知过程也受限于加工信息的类型与特点，如果能够减少高攻击个体对负性刺激的关注，那么就能减少他们将一般的刺激信息解释为敌意性刺激的可能。本研究的训练效果正是使高攻击个体对负性刺激的注意有一定程度上的脱离作用，进而缓解个体对敌意性信息的敏感性，减少对敌意性信息的关注，降低个体对刺激做出敌意性解释的概率，进而减少不必要的攻击行为。而奖励能够使得上述效果增强。

综上所述，本研究验证了训练对高外显攻击大学生的愤怒刺激脱离情况存在影响。此外，加入奖励增强实验训练的效果，为降低高攻击个体的攻击行为频率提供了理论和实践上的依据。

7.4.4 结论

①训练有助于高外显攻击大学生的注意从愤怒面孔刺激脱离。
②奖励可以增强高外显攻击大学生的训练的效果。

7.4.5 本研究的不足与展望

首先，由于条件的限制，本研究只对被试做了4次的训练，训练总时长约为1~1.5小时，而矫正注意偏向特点是一个漫长的过程，此训练强度很可能不足以改变高攻击个体在外在行为上产生明显的改变。但从结果上来看，短时间的训练仍使得被试的注意脱离情况发生些许变化。将来的研究可以考虑增加训练时长，提高训练频率，使其训练效果更加明显。

其次，由于前期招募被试难度大，男性被试较少，本研究没有控制好性别这一额外变量，使实验的内部效度降低。在以后的研究中应该扩大被试招募力度，平衡性别等额外变量，提高内部效度。

再次，由于实验过程持续时间长，存在被试流失现象，因此，每组被试人数仅在23~25人的范围，采用 F 检验这一参数检验的统计方法可能会造成误差。

最后，本研究仅采用了行为实验方法，未使用神经生理机制的研究方法。在以后的研究可以结合眼动、脑电等研究设备，为高外显攻击个体训练的研究提供重要依据。

7.5 暴力游戏玩家注意偏向的干预训练的实验研究

7.5.1 引言

7.5.1.1 实验意义

研究暴力游戏玩家注意偏向的干预训练，在理论上可以深入理解暴力游戏对青少年行为问题的影响机制，为制定相关政策和教育措施提供科学依据。同时，该研究对于制定相关干预措施和预防策略，缓解暴力游戏玩家注意偏向和行为问题也具有重要的现实意义。此外，干预训练还可以帮助暴力游戏玩家更好地调节自己的情绪和行为，提高其心理健康水平，为良性社会发展做出贡献。总之，该研究对于深入探究青少年行为问题的心理机制、预防和干预行为问题、促进心理健康等方面都具有重要的理论和实践意义。

7.5.1.2 实验目的和实验假设

近年来，随着互联网和电子游戏的不断发展，电子游戏已成为许多儿童、青少年以及成年人的娱乐方式。但现在大多数电子游戏都含有暴力画面，游戏方式多数是通过控制游戏角色进行打斗、击杀等。个体企图通过某种方式对其他个体造成伤害的电子游戏叫作暴力电子游戏，其个体可以是真人、卡通人物或是介于两者之间的模拟人物（Anderson et al., 2001）。国内外有不少研究都发现暴力电子游戏会提高个体的生理唤起，增强攻击性认知、情绪、行为，减少亲社会行为的产生（Anderson et al., 2001；伍艳，2008；高雪梅 等，2014；张鑫，2015）。在对青少年犯罪的案例研究中发现，暴力电子游戏成了关键诱因，这引起了社会对暴力电子游戏对游戏者影响的担忧。经查阅论文发现，大多数研究探讨的都是暴力电子游戏对个体注意偏向的影响，却没有研究者探讨是否有合适的方法能够对暴力电子游戏玩家的注意偏向起到干预作用，降低其攻击性（Kirsh et al.，2005；伍艳，2008；高雪梅 等，2014；张鑫，2015）。最近，不少研究将奖励加入训练中，发现这种奖励对个体的行为能够起到强化的作用，有效地改变个体的注意偏向（姚树霞，2013；余琳霖 等，2018；岳阳 等，2018；姜丹丹，2020；刘丽，2021）。本研究借此思路，将奖励训练加入对暴力电子游戏玩家的训练中，以此促进训练对个体攻击性的干预效果。因此，本研究拟通过严格实验组、控制组前后测的行为实验设计并基于奖励的训练对暴力玩家的注意偏向进行实验干预，以降低其攻击性行为，提出以下假设。

假设7-13：通过奖励训练，增强对非威胁刺激的注意警觉能够降低暴力玩家的攻击性行为。

假设7-14：通过训练，增强对威胁刺激的注意脱离能够降低暴力玩家的攻击性行为。

假设7-15：将奖励训练和训练相结合进行训练，相比于进行单个训练，被试的攻击性行为更加显著下降，产生优化效果。

7.5.2 方法

7.5.2.1 被试

本研究通过线上线下相结合的方式共收集到1 963份有效问卷。根据CC-BPAQ攻击分数前27%以及"游戏使用习惯问卷"（见附录八）游戏接触量和每周游戏时长的综合得分前27%作为筛选标准进行筛选，共筛选出高攻击性暴力电子游戏玩家73人，其中男30人，女43人。被试的平均年龄为19.68±1.70岁，平均每周游戏时长为15.67±7.65小时，平均游戏接触量为25.62±11.57。将被试随机分成奖励训练组20人、中性训练组15人、奖励控制组18人和控制组20人。后根据数据的有效性，剔除4名无效被试。每组被试的性别及人数情况如表 7-24 所示。

表 7-24 各组被试的性别及人数分布表

组别	性别 男	性别 女	合计
奖励训练组	7	12	19
奖励控制组	4	13	17
中性训练组	8	6	14
中性控制组	10	9	19

7.5.2.2 实验材料

1. 面孔图片

从中国化面孔情绪图片系统中选择面孔图片150张，其中愤怒面孔图片75张、平静面孔图片75张（龚栩 等，2011）。随后，请26名心理学专业的学生重新评定图片的愉悦度和唤醒度（共7个评定等级，等级越高表明愉悦度和唤醒度越高），根据评定结果选取愤怒面孔图片30张（唤醒度 5.09 ± 0.42；愉悦度 2.00 ± 0.28），平静面孔图片46张（唤醒度 2.20 ± 0.16；愉悦度 3.45 ± 0.28），两类图片经 t 检验后，差异显著（如表7-25所示）。

表 7-25 两类面孔图片 t 检验表

维度	愤怒面孔（$n=30$） M	SD	平静面孔（$n=46$） M	SD	t	p
唤醒度	5.09	0.42	2.20	0.16	42.18	0.00**
愉悦度	2.00	0.28	3.45	0.28	−22.35	0.00**

注：* 代表 $p < 0.05$，** 代表 $p < 0.01$。

2. 筛选工具

本实验采用"中文大学生版 Buss-Perry 攻击性量表"（CC-BPAQ）和"游戏使用习惯问卷"同时筛选被试。其中 CC-BPAQ 包括身体攻击、敌意性、易怒性和冲动性这四个维度（共22个项目），每个项目为1~5分，总分越高表示攻击性越高。CC-BPAQ总量表的重测信度为0.91，适用于评定中国大学生的攻击性水平（吕路 等，2013）。"游戏使用习惯问卷"主要用于调查个体最经常玩的三款电子游戏，包括游戏时长、使用频率、游戏内容和画面的暴力程度。之后用游戏接触量的公式反映个体对暴力电子游戏的接触程度，即游戏接触量 = $\sum$[（内容暴力程度 + 画面暴力程度）× 游戏使用频率]/3（张鑫，2015）。

7.5.2.3 实验设计

本实验采用2奖励（奖励组、中性组）× 2训练（训练组、控制组）× 2时间（前测、后测）三因素混合实验设计。其中被试间变量为奖励和训练，其中奖励包括奖励组和无奖励组2组，训练也包括训练组和无训练组2组。被试内变量为时间，分为前、后测两个水平。因变量为注意偏向指标，即注意定向加速、注意警觉和注意脱离。

7.5.2.4 实验程序

本实验所有程序均通过心云天地进行编制。整个实验共分为五个阶段，分别是筛选被试阶段、前测阶段、奖励训练阶段、训练阶段以及后测阶段（如图7-15所示）。

1. 前后测阶段

本实验的前测阶段采用经典点探测范式，被试的主要任务是判断探测点类型，本实验屏幕背景为黑色，字体与符号颜色为白色。实验开始后，在屏幕中央呈现500ms的注视点"+"。注视点消失后，屏幕两侧同时各呈现一张面孔图片，时间为500ms。之后随机在图片出现过的位置上呈现探测点（"●"或"●●"），若探测点为"●"，按F键；若探测点为"●●"，按J键。在经典点探测范式中，目标探测点有一半概率出现在平静面孔之后有，有一半概率出现在愤怒面孔之后。被试按键后或超过1 500ms没有按键，将随机呈现200~500ms的空白屏，之后进入下一个试次。记录被试每次按键的反应时和正确率。前测共 152 个试次，每进行 76 个试次休息 30s。被试会在正式实验开始前进行练习，如明白实验操作，即可按"P"键进入正式实验，反之则按"Q"键再次进行练习。单个试次的示意图如图 7-16 所示。

在前测中共使用 8 对平静-平静面孔图片和 30 对平静-愤怒面孔图片，为防止出现位置效应，每对图片里的两张图片会进行位置的互换。此阶段探测点出现在中性和负性面孔之后的概率相同。

2. 奖励训练阶段

这一阶段采用视觉搜索范式，被试要完成视觉搜索的任务，即判断出屏幕中四张面孔图片中与其余三张是不同类型的图片。在这一阶段中，奖励组被试对平静面孔反应正确将有 80% 的概率获得高奖励（加 10 分）和 20% 的概率获得低奖励（加 1 分），而对愤怒面孔反应正确只有 20% 的概率获得高奖励。若被试反应错误，无论是什么类型的图片，都会扣 5 分。实验结束后，主试会将训练过程中获得的积分兑换成金钱发放给被试，以此作为该阶段的奖励。中性组被试无论反应正确与否都不会受到任何奖励或惩罚。

奖励训练阶段的单个试次流程如下：首先屏幕中央会呈现时长为 500ms 注视点"+"，之后在屏幕四个方位同时各呈现一张面孔图片，其中有一张面孔图片与其他三张面孔图片的类型不同。如果该不同类型的图片为愤怒面孔，则按"F"键；若为平静面孔，则按"J"键。按键后根据反应正确与否出现相应的积分反馈界面，呈现时间为 1 000ms（中性组的被试无这一过程）。之后随机呈现 200~500ms 的空白屏，进入下一个试次。每次按键均记录反应时和正确率。该阶段共 160 个试次，每 80 个试次休息 30s。被试会在正式实验开始前进行练习，如明白实验操作，即可按"P"键进入正式实验，反之则按"Q"键再次进行练习。单个试次的示意图如图 7-17 和图 7-18 所示。

该阶段一半试次的目标图片为平静面孔图片，另一半为愤怒面孔图片。每个试次的图片由三张平静面孔、一张愤怒面孔或三张愤怒面孔、一张平静面孔组成。

3. 训练

在训练阶段，训练组和中性组的被试需要分别完成改版点探测范式任务和经典点探测任务。其中，训练组所使用的改版点探测范式与经典点探测的区别主要在于改版点探测范式的探测点有 90% 的概率出现在平静面孔之后，10% 的概率出现在愤怒面孔之后，以及所使用的面孔材料不同。

本阶段采用 30 组平静－愤怒面孔图片。为平衡位置效应，每组以平静－愤怒面孔图片和愤怒－平静面孔图片形式各呈现 10 次，实验共 300 个试次，每 60 个试次休息 30s。训练过程中，训练组和控制组的实验流程除探测点出现在愤怒面孔之后的概率不同之外，其余部分一致。该阶段共训练 4 次，每两天进行 1 次。

7.5.2.5 数据统计

分析数据之前，剔除反应时小于 200ms 和大于 1 500ms 以及反应错误的数据。之后使用 Excel 软件进行注意偏向指标的计算。注意偏向包括注意定向加速、注意警觉和注意脱离三个具体指标。根据 Koster 等所提出的计算方式，三个指标的计算方法如下（Koster et al., 2004）：

注意定向加速 $=p-n$

注意警觉 $= q-n$

注意脱离 $=p-q$

其中，q 指当探测点出现在平静－平静面孔图片的任意一张面孔后时，被试按键的反应时 RT 或正确率 ACC；n 指当探测点出现在愤怒－平静面孔图片的愤怒面孔之后，被试按键的反应时 RT 或正确率 ACC；p 指当探测点出现在愤怒－平静面孔图片的平静面孔之后，被试按键的反应时 RT 或正确率 ACC。

若注意定向加速 RT 值为正数，说明个体对愤怒面孔图片表现出注意加速；当注意警觉 RT 值为正数时，说明个体对愤怒面孔图片表现出过度警觉；当注意脱离 RT 值为正数时，说明个体的注意力难以从愤怒面孔图片中脱离出来。若注意定向加速 ACC 值为负数，说明个体对愤怒面孔图片表现出注意加速；当注意警觉 ACC 值为负数时，说明个体对愤怒面孔图片表现出过度警觉；当注意脱离 ACC 值为负数时，说明个体的注意力难以从愤怒面孔图片中脱离出来。

7.5.3 结果

7.5.3.1 个体在训练前后对注意定向加速值的影响

在奖励、训练、时间前后测的条件下，被试按键反应的注意定向加速平均值和标准差如表 7-26 所示。

表 7-26 训练前后注意定向加速值

指标	组别	前测 T1 M	前测 T1 SD	后测 T2 M	后测 T2 SD
以 ACC 为指标	奖励训练组	0.00	0.04	0.02	0.03
	奖励控制组	0.02	0.04	0.00	0.04
	中性训练组	0.00	0.04	−0.01	0.04
	中性控制组	0.01	0.05	0.01	0.03
以 RT 为指标	奖励训练组	7.48	22.27	7.31	17.54
	奖励控制组	−2.33	20.04	−4.5	13.25
	中性训练组	0.58	17.49	0.89	14.75
	中性控制组	−1.55	11.94	−2.23	17.39

对注意定向加速 ACC 值进行三因素重复测量方差分析，结果如表 7-27 所示：时间、奖励和训练交互作用显著，$F(1, 65)=4.11$，$p=0.05$；时间、奖励、训练主效应均不显著；时间与奖励、时间与训练、奖励与训练交互作用均不显著。

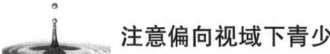

注意偏向视域下青少年情绪和行为问题的干预

表 7-27　训练前后注意定向加速值的重复测量方差分析（ACC）

变异来源	df	F	p
时间	1.00	0.00	0.98
奖励	1.00	1.97	0.17
训练	1.00	1.31	0.26
时间 × 奖励	1.00	0.37	0.55
时间 × 训练	1.00	1.23	0.27
奖励 × 训练	1.00	1.95	0.17
时间 × 奖励 × 训练	1.00	4.11	0.05*
误差		65.00	

注：* 代表 $p < 0.05$。

在上述的结果中，时间、奖励及训练三重交互作用显著，进一步进行简单效应检验，结果如图 7-21 所示：在后测中，对于训练组而言，奖励训练组（M=0.02，SD=0.01）比中性训练组（M=-0.01，SD=0.01）对敌意刺激的注意定向加速得到极其显著的干预；而对于控制组，奖励控制组的注意定向加速 ACC 值与中性控制组之间没有显著差异；在前测中，各组的注意定向加速 ACC 值均无显著差异（$p > 0.05$）。

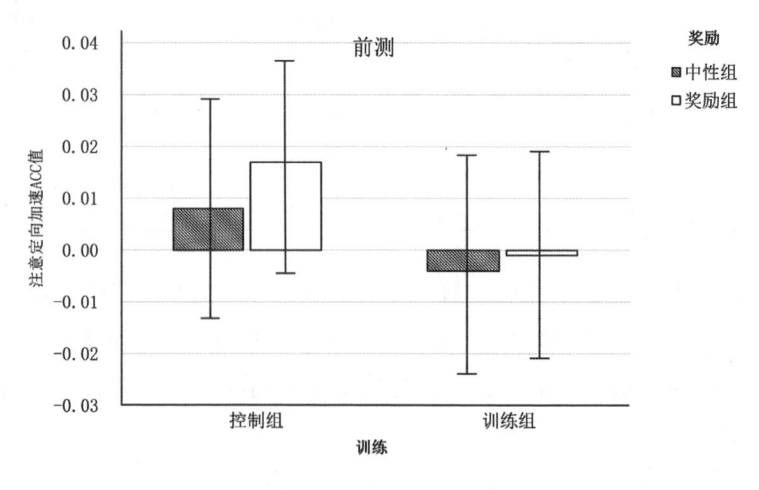

图 7-21　暴力游戏玩家训练前后注意定向加速 ACC 值

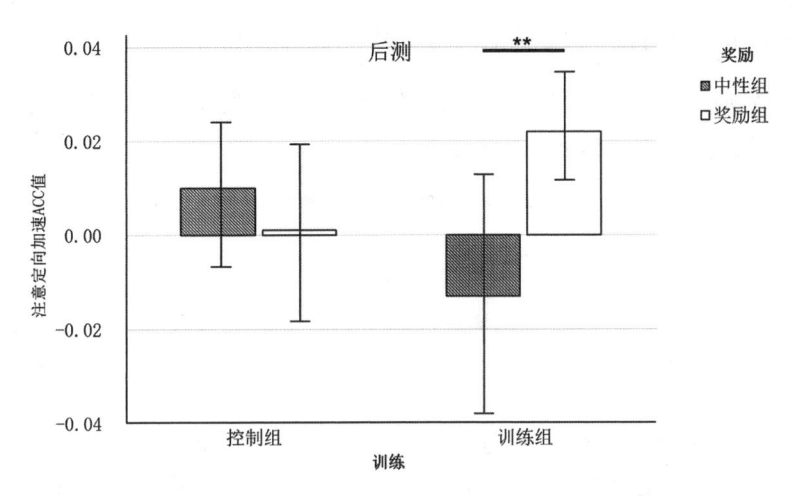

第7章 青少年攻击性与注意偏向实证研究

图 7-21 暴力游戏玩家训练前后注意定向加速 ACC 值（续）

注：误差条形图：95% 置信区间；* 代表 $p < 0.05$，** 代表 $p < 0.01$。

以注意定向加速 RT 值为因变量进行三因素重复测量方差分析，结果如表 7-28 所示：训练的主效应显著，$F(1, 65)=5.69$，$p=0.02$，事后多重比较发现，在无训练的条件下被试的注意定向加速 RT 值（$M=-2.65$，$SD=1.94$）比有训练条件下的被试（$M=4.07$，$SD=2.04$）小。但时间、奖励的主效应在统计上均不显著；时间与奖励、时间与训练、奖励与训练、时间、奖励和训练的交互作用均不显著。

表 7-28 训练前后注意定向加速值的重复测量方差分析（RT）

变异来源	df	F	p
时间	1	0.05	0.83
奖励	1	0.83	0.37
训练	1	5.69	0.02*
时间 × 奖励	1	0.03	0.87
时间 × 训练	1	0.06	0.81
奖励 × 时间	1	2.12	0.15
时间 × 奖励 × 训练	1	0.01	0.94
误差		65	

注：* 代表 $p < 0.05$。

7.5.3.2 个体在训练前后对注意警觉值的影响

在奖励、训练、时间前后测的条件下，被试按键反应的注意警觉的正确率和反应时的平均值和标准差如表7-29所示。

表7-29 训练前后注意警觉值

指标	组别	前测 T1 M	前测 T1 SD	后测 T2 M	后测 T2 SD
以ACC为指标	奖励训练组	0.01	0.03	−0.02	0.04
	奖励控制组	0.01	0.04	0.00	0.04
	中性训练组	0.00	0.04	−0.01	0.04
	中性控制组	0.02	0.03	0.00	0.04
以RT为指标	奖励训练组	−1.26	20.41	−1.93	22.41
	奖励控制组	−4.52	24.82	−2.61	16.92
	中性训练组	−4.31	25.70	0.25	23.58
	中性控制组	1.38	25.47	−7.94	16.04

对注意警觉ACC值进行三因素重复测量方差分析，结果如表7-30所示：时间主效应边缘性显著，$F(1, 65)=3.46$，$p=0.07$，事后多重比较发现，在前测条件下被试的注意警觉ACC值（$M=-0.01$，$SD=0.00$）比后测条件下的被试（$M=0.00$，$SD=0.01$）大；奖励、训练的主效应均不显著；时间与奖励、时间与训练、奖励与训练、时间、奖励和训练的交互作用均不显著。

表7-30 训练前后注意警觉值的重复测量方差分析（ACC）

变异来源	df	F	p
时间	1.00	3.46	0.07
奖励	1.00	0.43	0.51
训练	1.00	2.52	0.12
时间 × 奖励	1.00	0.02	0.90
时间 × 训练	1.00	0.44	0.51
奖励 × 训练	1.00	0.01	0.92
时间 × 奖励 × 训练	1.00	1.02	0.32
误差		65.00	

以注意警觉 RT 值为因变量进行三因素重复测量方差分析，结果如表 7-31 所示：时间、奖励和训练的主效应均不显著，时间和奖励、时间和训练、奖励和训练、时间和奖励和训练的主效应均不显著。

表 7-31 训练前后注意警觉值的重复测量方差分析（RT）

变异来源	df	F	p
时间	1.00	0.05	0.82
奖励	1.00	0.00	0.98
训练	1.00	0.20	0.66
时间 × 奖励	1.00	0.15	0.71
时间 × 训练	1.00	0.51	0.48
奖励 × 训练	1.00	0.01	0.92
时间 × 奖励 × 训练	1.00	1.09	0.30
误差		65.00	

7.5.3.3 个体在训练前后对注意脱离值的影响

在奖励、训练、时间前后测的条件下，被试按键反应的注意脱离的正确率和反应时的平均值和标准差如表 7-32 所示。对注意脱离 ACC 值进行三因素重复测量方差分析，结果如表 7-33 所示：时间、奖励和训练交互作用显著，$F(1, 65)=6.88$，$p=0.01$；奖励主效应显著，$F(1, 65)=4.63$，$p=0.04$，事后多重比较发现，在有奖励的条件下被试的注意脱离 ACC 值（$M=0.01$，$SD=0.00$）比没有奖励的被试（$M=-0.00$，$SD=0.01$）大；时间、训练的主效应均不显著；时间与奖励、时间与训练、奖励与训练的交互作用均不显著（$p > 0.05$）。

表 7-32　训练前后注意脱离值

指标	组别	前测 T1 M	前测 T1 SD	后测 T2 M	后测 T2 SD
以 ACC 为指标	奖励训练组	−0.007	0.038	0.038	0.044
	奖励控制组	0.011	0.030	−0.003	0.030
	无奖励训练组	−0.006	0.020	−0.007	0.051
	无奖励控制组	−0.008	0.044	0.006	0.047
以 RT 为指标	奖励训练组	8.738	31.451	9.246	31.963
	奖励控制组	2.192	30.124	−1.892	19.944
	无奖励训练组	4.886	14.138	0.646	22.135
	无奖励控制组	−2.922	24.141	5.715	19.199

表 7-33　训练前后注意脱离值的重复测量方差分析（ACC）

变异来源	df	F	p
时间	1	2.51	0.12
奖励	1	4.63	0.04*
训练	1	0.20	0.66
时间 × 奖励	1	0.41	0.53
时间 × 训练	1	2.34	0.13
奖励 × 训练	1	1.83	0.18
时间 × 奖励 × 训练	1	6.88	0.01*
误差		65	

注：*代表 $p < 0.05$。

在上述的结果中，时间、奖励及训练三重交互作用显著，进一步进行简单效应检验，结果如图 7-22 所示：在后测中，对于训练组而言，奖励训练组（M=0.04，SD=0.01）比中性训练组（M=−0.01，SD=0.01）更容易从敌意刺激中脱离出来，而对于控制组，奖励控制组的注意脱离 ACC 值与中性控制组之间并没有显著差异；在前测中，各组的注意脱离 ACC 值均无显著差异（$p > 0.05$）。

第 7 章 青少年攻击性与注意偏向实证研究

在后测中，对于奖励组而言，奖励训练组（$M=0.04$，$SD=0.01$）比奖励控制组（$M=-0.01$，$SD=0.01$）更容易从敌意刺激中脱离出来，而对于中性组，中性训练组的注意脱离 ACC 值与中性控制组之间并没有显著差异；在前测中，各组的注意脱离 ACC 值均无显著差异（$p > 0.05$）。

以注意脱离 RT 值为因变量进行三因素重复测量方差分析，结果如表 7-34 所示：时间、奖励及训练的主效应均不显著，时间和奖励、时间和训练、奖励和训练、时间和奖励和训练的主效应均不显著（$p > 0.05$）。

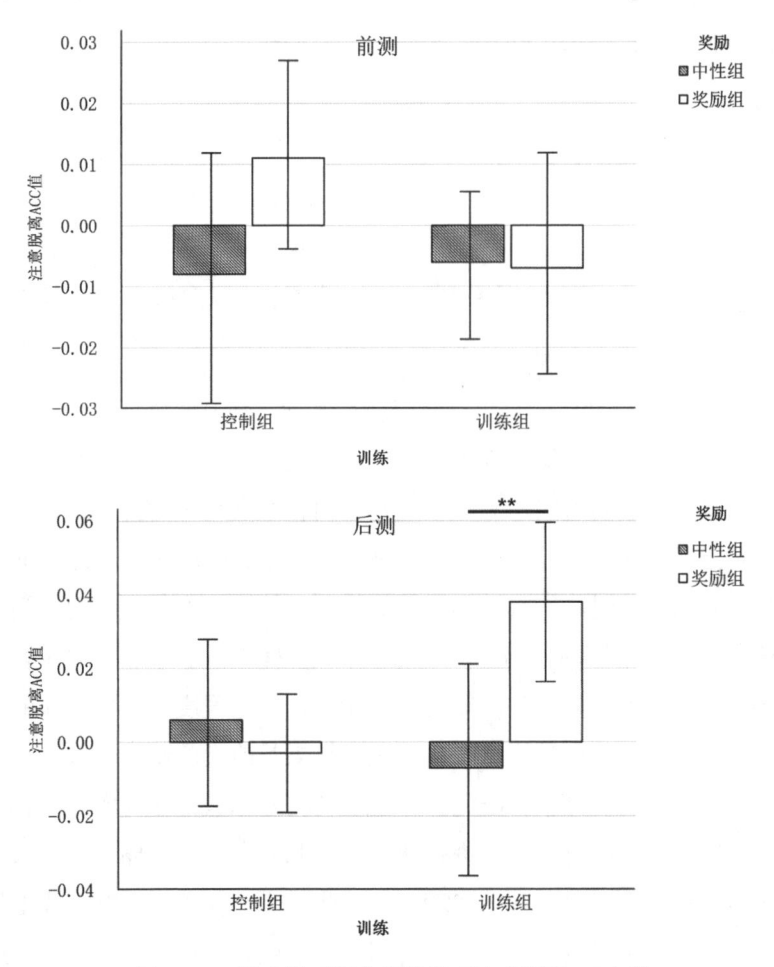

图 7-22 暴力游戏玩家训练前后注意脱离 ACC 值

注：误差条形图：95% 置信区间；* 代表 $p < 0.05$，** 代表 $p < 0.01$。

表 7-34 训练前后注意警觉值的重复测量方差分析（RT）

变异来源	df	F	p
时间	1.00	0.00	0.96
奖励	1.00	0.37	0.55
训练	1.00	1.55	0.22
时间 × 奖励	1.00	0.19	0.66
时间 × 训练	1.00	0.21	0.65
奖励 × 训练	1.00	0.83	0.37
时间 × 奖励 × 训练	1.00	1.09	0.30
误差		65.00	

7.5.4 讨论

7.5.4.1 奖励训练和训练对高攻击个体注意偏向指标的干预效果

1. 注意偏向 ACC 值的干预效果

对注意偏向 ACC 值的结果进行分析后发现，在有奖励训练的情况下，训练组被试的注意脱离比控制组的被试有极其显著的提高，但是注意定向加速和注意警觉在两组间均无显著变化；而在中性训练的情况下，各组的注意偏向指标均无显著差异。在有训练的情况下，奖励组的注意定向加速和注意脱离比中性组的均有极其显著的提高，但是注意警觉在两组间无显著差异；而在没有训练的情况下，各组的注意偏向指标均无显著差异。

从上述结果中可以看到，奖励训练能够在一定程度上干预个体的注意偏向，且这种注意偏向是注意脱离，这一结果与前人的研究一致。在一项以初中生为对象的研究中，研究者将词语与奖励相联结作为实验材料进行训练，结果发现被试对与奖励进行联结后的刺激存在注意偏向，且这种注意偏向为注意脱离（姜丹丹，2020）。因此，奖励训练可以对高攻击暴力电子游戏玩家的注意偏向进行干预，利用奖励刺激来提高个体对敌意刺激的注意脱离。对高攻击个体进行训练能够有效干预个体对敌意刺激的注意偏向，且这种注意偏向为注意定向加速和注意脱离，这一结果也与前人的研究相符。在一项采用训练对大学生攻击性进行研究的实验中发现，训练能够有效干预个体的注意偏向，从而降低其攻击性（钟俊，2013）。因此，训练能够加快个体对中性刺激的注意，同时增强对敌意刺激的脱离能力，有效地对高攻击暴力电子游戏玩家的注意偏向进行干预。

Wilkowski 等（2010）在提出了综合认知模型，认为对敌意刺激的解释会加剧对敌意情境的反应，对敌意刺激的反思注意使个体难以脱离对敌意刺激的注意，进而可能出现愤怒情绪甚至攻击行为。而本研究的结果表明，奖励训练和训练能够通过降低高攻击个体对敌意刺激的注意定向加速及解除对敌意刺激的注意脱离困难来切断对敌意刺激的反思注意过程，将注意力更多转向中性刺激，进而干预高攻击性暴力电子游戏玩家对敌意刺激的注意偏向。

2. 注意偏向 RT 值的干预效果

从对注意偏向 RT 值的结果分析来看，无论在有无奖励训练的情况下，训练组被试的注意偏向指标与控制组的被试均无显著差异。但在有训练的情况下，奖励组的注意定向加速比中性组有显著的降低，但是注意警觉和注意脱离在两组间均无显著差异，这可能和被试追求正确率而忽略了速度有关，可在今后的实验中进行改进；而在没有训练的情况下，各组间注意偏向指标均无显著差异。

7.5.4.2 奖励训练加入训练对高攻击个体注意偏向的干预效果影响

本实验的结果表明，注意偏向 ACC 值时间、奖励和注意三者交互作用显著，并且进行事后检验发现，比起无奖励训练组，接受奖励训练的个体对敌意刺激的注意脱离 ACC 值有极其显著的提高，说明能够有效地使个体更快地从敌意刺激中脱离出来。但是注意定向加速 ACC 值和注意警觉 ACC 值并没有显著变化。说明将奖励训练和训练结合起来的训练效果，较仅进行其中一种能够更加有效地干预高攻击性暴力电子游戏玩家的注意偏向，且这种注意偏向为注意脱离，能进一步降低其攻击性情绪，甚至减少攻击性行为的出现，表现出优化效果。

从上述结果中可以看出，奖励训练加入训练过程中，能够在一定程度上提高训练对个体注意偏向的干预效果，且这种注意偏向是注意脱离。虽然并未在前人的研究中发现有学者将两种训练范式结合起来对被试进行干预训练，但是本研究的结果也很好地证明了当奖励与中性刺激进行联结之后，能够引起个体对该刺激的优先注意，符合奖励驱动注意捕获机制（王金霞，2020）。这种联结可能在之后的训练中持续存在，进一步促进个体将注意力从敌意刺激中转向中性刺激，对高攻击个体的注意偏向起到优化干预效果，能够进一步降低其攻击性情绪，甚至减少攻击性行为的出现，表现出优化效果。

7.5.5　结论

①奖励训练对高攻击暴力电子游戏玩家的注意偏向分值具有显著影响，且这种注意偏向成分为注意脱离，具有干预效果。

②训练对高攻击暴力电子游戏玩家的注意偏向分值具有显著影响，且这种注意偏向成分为注意定向加速和注意脱离，具有干预效果。

③比起没有加入奖励训练的训练个体，加入了奖励训练的训练个体其注意偏向 ACC 值有显著提高，这说明奖励训练能够提高训练的干预效果。

7.5.6　不足

首先，本次实验中训练的时间比较短暂，前后共进行 4 次，每两天进行一次，训练时长较短，这可能导致被试并未得到充分的训练，同时本研究并未发现被试的攻击性经过训练后得到了显著的降低，这也是本研究的不足之处。未来可以考虑增加训练的次数及时长；其次，虽然在线上进行实验具有便捷的优点，但由于实验的地点并不是固定在实验室内的，因此，每个被试所处的实验环境并不相同，加之无法对被试的实验环境加以控制，可能导致被试在实验训练中存在不少额外变量。并且由于无法观察被试在进行实验时的表现，可能个别被试并未认真进行实验；最后，本实验是在训练结束后隔一天对被试进行注意偏向测试，并未在相隔半个月、一个月甚至更长时间对被试进行测试，这可能导致训练所取得的干预效果只是短时性的，并不具有长时效果。今后的实验可以研究这种训练方式对个体攻击性干预效果的时效性。

第8章 青少年手机依赖和社会适应与注意偏向实证研究

8.1 青少年注意偏向与手机依赖的相关研究

8.1.1 引言

8.1.1.1 研究意义

研究青少年注意偏向与手机依赖之间的相关性,对于深入探究青少年行为问题的心理机制具有重要意义。探讨手机依赖与注意偏向之间的关系,可为保护青少年身心健康和降低不良行为发生率提供重要的理论和实践价值。首先,通过深入研究青少年注意偏向与手机依赖的相关性,可以为相关政策的制定和手机依赖干预策略的制定提供科学依据。其次,该研究有助于揭示青少年注意偏向与手机依赖之间的机制,探讨两者之间的关系,防止青少年脱离家庭和现实生活,降低手机依赖和注意偏向对生活带来的负面影响,对促进青少年全面发展具有重要的实践意义。总之,该研究对推动相关领域的应用、促进社会健康发展具有重要的意义和实际价值。

8.1.1.2 研究目的与假设

手机依赖指对手机产生强烈而持久的需求状况，表现为过度使用或沉迷以手机为载体进行的各种活动，影响了个体学习、生活及身心健康发展（刘银章，2022）。手机依赖被认为是网络成瘾的一种表现，它容易降低青少年的睡眠质量，容易降低他们的自尊，更易引起他们的焦虑情绪（刘勤学，2017；Demirci et al., 2015；Bianchi et al., 2005）。吴若晗等（2022）的研究以福建省高校大学生为研究对象，发现不同性别的青少年的手机依赖程度有较大的差异，且女生更易依赖手机的使用，并且高年级学生比低年级学生有着更明显的手机依赖现象。邹燕贞等（2020）的研究发现，留守中学生对手机依赖的程度明显比非留守中学生更严重。基于以上情况，本研究提出以下假设。

假设8-1：不同性别的青少年对正性、负性信息的注意偏向，手机社交媒体依赖程度，手机使用时长存在显著差异。

假设8-2：不同年级的青少年对正性、负性信息的注意偏向，手机社交媒体依赖程度，手机使用时长存在显著差异。

假设8-3：不同年龄的青少年对正性、负性信息的注意偏向，手机社交媒体依赖程度，手机使用时长存在显著差异。

假设8-4：留守情况不同的青少年对正性、负性信息的注意偏向，手机社交媒体依赖程度，手机使用时长存在显著差异。

假设8-5：手机社交媒体依赖程度、手机使用时长分别与正性信息注意偏向存在显著的负相关，与负性信息注意偏向存在显著的正相关。

8.1.2 方法

8.1.2.1 对象

本研究选取韶关市一所普通公办中学，随机抽取850名学生填写量表，剔除填写基本信息不完整、规律性的答卷后，最终纳入814份数据，问卷有效率为95.76%。研究对象的年龄在12～16岁范围内，平均年龄为

13.83±0.98岁,其中男性399人,女性415人。研究对象在人口学信息分布的人数信息如表8-1所示。

表8-1 研究对象人口学信息(*n*=814)

变量		留守情况		合计
		留守	非留守	
性别	男	53	346	399
	女	63	352	415
年级	七年级	42	292	334
	八年级	29	180	209
	九年级	45	226	271
年龄	12岁	7	52	59
	13岁	35	243	278
	14岁	36	204	240
	15~16岁	38	199	237

8.1.2.2 研究工具

调查问卷由基本情况、正性负性信息注意量表、手机社交媒体依赖量表、手机使用时长问卷组成。基本情况包括性别、年龄、年级、留守信息等。手机使用时长问卷的调查内容包括在上学时和休息时使用手机玩游戏、看新闻、社交、看视频的时间。调查方式为现场测试,学生自填问卷,最长允许填写时间为25分钟,当场回收问卷。

1. 正性负性信息注意量表

本研究采用戴琴等(2015)修订的正性负性信息注意量表,共22个条目,分为正性信息注意(API)和负性信息注意(ANI)两个分量表,用于评估个体对生活中正性和负性信息的注意的偏向程度。量表采用5点计分,API得分越高说明正性注意偏向越明显,ANI得分越高说明负性注意偏向越明显。该量表具有较高的信效度。在本研究中2个子量表的内部一致性α系数分别为0.85、0.73。

2. 手机社交媒体依赖量表

该量表用于评估个体对手机的社交媒体的依赖程度，共17个条目，其中，第8、13题不计入计算。该量表分为以下四个维度：强迫性、社交增益性、戒断性、突显性。其中强迫性维度指对手机社交媒体难以自拔的使用渴望与冲动，包括条目5、9、10、11、12、17；社交增益性维度指使用手机社交媒体对人际关系有益，包括条目6、7、14、15、16；戒断性维度指不能使用手机社交媒体会体验到不愉快的情绪，包括条目3、4；突显性维度指使用手机社交媒体已成为个人主要的想法和行为，包括条目1、2。采用5点计分，总分越高表明个体手机社交媒体依赖程度越高。该量表具有较高的信效度。在本研究中总分及各维度总分的内部一致性 α 系数分别为0.92、0.87、0.83、0.85、0.74。

8.1.2.3 统计分析

剔除无效问卷后得到有效数据814份，检查无误后录入计算机。使用统计软件SPSS 22.0对数据进行统计描述和分析。先采用Harman单因素分析检验共同方法偏差，然后再采用独立样本 t 检验、单变量方差分析、卡方分析对注意偏向、手机依赖程度在不同人口学变量上进行差异检验，最后采用皮尔逊积差相关分析探究注意偏向与手机社交媒体依赖程度的相关关系，采用卡方检验探究手机使用时长与注意偏向的相关关系。本研究中显著性水平 p 取0.05。

8.1.3 研究结果

8.1.3.1 共同方法偏差检验

因本研究的数据均来自学生的自我报告，需对其进行共同方法偏差检验。采用Harman单因素法同时对各题目未旋转的主成分因素进行分析，结果表明，11个因子的特征根大于1，第一个公因子的方差解释率为18.97%，小于40%，这说明本研究不存在严重的共同方法偏差。

8.1.3.2 城镇中学生的手机依赖的现状

1. 不同性别的中学生手机社交媒体依赖程度的比较

表 8-2 描述了不同性别的中学生手机社交媒体依赖各维度及手机社交媒体依赖总分的平均值和标准差。对手机社交媒体依赖各维度及手机社交媒体依赖总分分别进行独立样本 t 检验，结果表明：不同性别的中学生的强迫性、戒断性、突显性维度总分以及该量表总分存在显著差异，$p<0.01$，进一步分析发现，男中学生的强迫性、戒断性、突显性维度总分及量表总分（M=14.77，SD=6.16；M=4.50，SD=2.22；M=5.75，SD=2.26；M=39.42，SD=13.45）均显著低于女中学生（M=16.23，SD=5.49；M=5.00，SD=2.04；M=6.24，SD=2.15；M=42.00，SD=11.93），而在社交增益性维度上，两个男女中学生的差异并不显著，说明女生比男生更加依赖使用手机上的社交媒体，更加难以控制住使用它的冲动，更容易在不使用它的时候产生负面情绪，在心中将使用社交媒体视为很重要的事情，但使用手机并未给女生带来更多的社交增益。

表 8-2 不同性别的中学生的手机社交媒体依赖总分差异检验

维度	男 M	男 SD	女 M	女 SD	t	p
强迫性维度	14.77	6.16	16.23	5.49	−3.57	<0.01
社交增益性维度	14.40	4.98	14.53	4.51	−0.37	0.72
戒断性维度	4.50	2.22	5.00	2.04	−3.34	<0.01
突显性维度	5.75	2.26	6.24	2.15	−3.16	<0.01
手机社交媒体依赖总分	39.42	13.45	42.00	11.93	−2.88	<0.01

2. 不同年级的中学生手机社交媒体依赖程度的比较

表 8-3 描述了不同年级的中学生手机社交媒体依赖各维度及手机社交媒体依赖总分的平均值和标准差。对手机社交媒体依赖各维度及手机社交媒体依赖总分分别进行单因素方差分析，结果表明：强迫性维度总分随着

年级的增长呈现逐步上升的趋势，并存在显著差异，$F(2, 811)=5.51$，$p<0.01$，进一步分析发现，八年级中学生的强迫性维度总分（$M=15.78$，$SD=5.86$）和九年级中学生的强迫性维度总分（$M=16.27$，$SD=5.65$）显著高于七年级中学生的强迫性维度总分（$M=14.73$，$SD=5.96$），说明在初中阶段，高年级的学生要比低年级更难以抑制使用社交媒体的冲动。从表8–3可以发现，突显性维度总分随着年级呈现逐步上升的趋势，并存在显著差异，$F(2, 811)=11.64$，$p<0.01$，进一步分析发现，九年级中学生的突显性维度总分（$M=6.52$，$SD=2.22$）显著高于七年级中学生的突显性维度总分（$M=5.68$，$SD=2.17$）和八年级中学生的突显性维度总分（$M=5.85$，$SD=2.18$），说明在初中阶段，与七、八年级相比，九年级的中学生更将使用手机社交媒体视为表达自己主要想法和表现自己的途径。此外，笔者还可以发现手机社交媒体依赖量表总分随着年级的增长呈现逐步上升的趋势，但统计上仅呈现边缘性显著，$F(2, 811)=2.46$，$p=0.09$，进一步分析发现，七年级中学生的手机社交媒体依赖量表总分（$M=39.57$，$SD=12.72$）显著低于九年级学生的总分（$M=41.78$，$SD=12.58$），说明九年级学生比七年级学生更依赖使用手机社交媒体。

表8–3 不同年级的中学生的手机社交媒体依赖总分差异检验

维度	七年级 M	七年级 SD	八年级 M	八年级 SD	九年级 M	九年级 SD	F	p
强迫性维度	14.73	5.96	15.78	5.86	16.27	5.65	5.51	<0.01
社交增益性维度	14.56	4.82	14.61	4.88	14.24	4.55	0.47	0.63
戒断性维度	4.60	2.19	5.01	2.05	4.75	2.13	2.32	0.10
突显性维度	5.68	2.17	5.85	2.18	6.52	2.22	11.64	<0.01
手机社交媒体依赖总分	39.57	12.72	41.25	12.96	41.78	12.58	2.46	0.09

3. 不同年龄的中学生手机社交媒体依赖程度的比较

表8–4描述了不同年龄的中学生的手机社交媒体依赖各维度及手机社交媒体依赖总分的平均值和标准差。对手机社交媒体依赖各维度及手机

社交媒体依赖总分分别进行单因素方差分析，结果表明：在强迫性维度总分上，随着年龄的增长，分数逐步上升，并且差异显著，$F(3,810)=4.30$，$p<0.01$，进一步分析发现：年龄最大的 15~16 岁的中学生的强迫性维度总分（$M=16.43$，SD=5.50）显著高于 12、13 岁学生的总分（$M=14.64$，SD=5.41；$M=14.71$，SD=5.93），14 岁中学生的强迫性维度总分（$M=15.76$，SD=6.13）显著高于 13 岁中学生的总分（$M=14.71$，SD=5.93），说明年龄越大的中学生，表现出越高的难以自拔地使用手机的渴望与冲动。在突显性维度总分上，随着年龄的增长，分数逐步上升，并且差异显著，$F(3,810)=7.00$，$p<0.01$，进一步分析发现：15~16 岁中学生的总分（$M=6.51$，SD=2.16）显著高于 12 岁中学生的总分（$M=5.42$，SD=1.94）、13 岁中学生的总分（$M=5.73$，SD=2.20）和 14 岁中学生的总分（$M=5.96$，SD=2.28），说明年龄偏大的 15~16 岁的中学生要比年龄小的中学生更将使用手机社交媒体视为自己主要的想法和表现自己的途径；14 岁学生的突显性维度总分（$M=5.96$，SD=2.28）边缘显著高于 12 岁中学生的总分（$M=5.42$，SD=1.94），说明 14 岁的中学生要稍微比 12 岁的中学生更将使用手机社交媒体视为自己主要的想法和表现自己的途径。

表 8-4　不同年龄的中学生的手机社交媒体依赖总分差异检验

维度	12 岁 M	12 岁 SD	13 岁 M	13 岁 SD	14 岁 M	14 岁 SD	15~16 岁 M	15~16 岁 SD	F	p
强迫性维度	14.64	5.41	14.71	5.93	15.76	6.13	16.43	5.50	4.30	0.01
社交增益性维度	15.25	4.69	14.31	4.71	14.61	4.96	14.30	4.57	0.80	0.49
戒断性维度	4.39	2.01	4.65	2.15	4.89	2.19	4.84	2.10	1.21	0.30
突显性维度	5.42	1.94	5.73	2.20	5.96	2.28	6.51	2.16	7.00	<0.01
手机社交媒体依赖总分	39.70	11.83	39.40	12.61	41.22	13.43	42.08	12.36	2.13	0.10

4. 留守与非留守中学生手机社交媒体依赖程度的比较

表 8-5 描述了不同留守情况的中学生的手机社交媒体依赖各维度及手机社交媒体依赖总分的平均值和标准差。对手机社交媒体依赖各维度及手机社交媒体依赖总分分别进行独立样本 t 检验，结果表明：不同留守情况的中学生的强迫性、戒断性、突显性维度总分以及该量表总分存在显著差异，$p < 0.01$，进一步分析发现，留守中学生的总分（M=17.56，SD=5.34；M=5.38，SD=2.26；M=6.62，SD=2.06；M=44.63，SD=11.84）显著高于非留守中学生的总分（M=15.17，SD=5.88；M=4.65，SD=2.10；M=5.90，SD=2.23；M=40.09，SD=12.80），说明留守中学生比非留守中学生更加依赖使用手机上的社交媒体，更加难控制住使用手机的冲动，更容易在不使用手机的时候产生负面情绪，在心中将使用社交媒体视为很重要的事情。

表 8-5 不同留守情况的中学生的手机社交媒体依赖总分差异检验

维度	留守 M	留守 SD	非留守 M	非留守 SD	t	p
强迫性维度	17.56	5.34	15.17	5.88	4.10	< 0.01
社交增益性维度	15.07	4.28	14.37	4.81	1.48	0.14
戒断性维度	5.38	2.26	4.65	2.10	3.42	< 0.01
突显性维度	6.62	2.06	5.90	2.23	3.27	< 0.01
手机社交媒体依赖总分	44.63	11.84	40.09	12.80	3.58	< 0.01

8.1.3.3 城镇中学生的注意偏向的现状

1. 不同性别的中学生注意偏向的比较

表 8-6 描述了不同性别的中学生的正性、负性信息注意维度总分的平均值和标准差。对正性、负性信息注意维度总分分别进行独立样本 t 检验，结果表明：不同性别的中学生的负性维度总分之间的差异极其显著，

$t=-3.46$,$p < 0.05$,进一步分析发现,男中学生的负性总分($M=31.97$, $SD=7.78$)显著低于女中学生的总分($M=33.75$,$SD=6.88$),说明女中学生比男中学生更加关注负性生活事件。不同性别的中学生的正性维度总分之间不存在显著差异,$p > 0.05$,说明女中学生和男中学生关注正性生活事件的情况一致。

表8-6 不同性别的中学生的正性、负性信息注意量表总分差异检验

变量	男 M	男 SD	女 M	女 SD	t	p
正性总分	42.47	9.39	43.29	8.24	-1.34	0.18
负性总分	31.97	7.78	33.75	6.88	-3.46	0.00

2.不同年级的中学生注意偏向的比较

表8-7描述了不同年级的中学生的正性、负性信息注意维度总分的平均值和标准差。对正性、负性信息注意维度总分分别进行单因素方差分析,结果表明:不同年级的中学生的正性维度总分之间存在显著差异,Welch=3.95,$p < 0.05$,进一步分析发现,七年级中学生的正性总分($M=43.89$,$SD=7.89$)边缘显著($p=0.06$)高于八年级中学生的总分($M=42.15$,$SD=8.88$),说明七年级中学生比八年级中学生稍微更关注正性生活事件。七年级中学生的正性总分($M=43.89$,$SD=7.89$)边缘显著($p=0.07$)高于九年级中学生的总分($M=42.22$,$SD=9.75$),说明七年级中学生比九年级中学生稍微更关注正性生活事件。不同年级的中学生的负性维度总分之间存在边缘显著差异,$F(2,811)=2.83$,$p < 0.10$,进一步分析发现,七年级中学生的负性总分($M=33.55$,$SD=6.91$)显著高于九年级中学生的总分($M=32.12$,$SD=7.98$),说明七年级中学生稍微比九年级中学生更关注负性生活事件。

表 8-7 不同年级的中学生的正性、负性信息注意量表总分差异检验

变量	七年级 M	七年级 SD	八年级 M	八年级 SD	九年级 M	九年级 SD	Welch/F	p
正性总分	43.89	7.89	42.15	8.88	42.22	9.75	3.95	0.02
负性总分	33.55	6.91	33.78	7.24	32.12	7.98	2.83	0.06

3. 不同年龄的中学生注意偏向的比较

表 8-8 描述了不同年龄的中学生的正性、负性信息注意维度总分的平均值和标准差。对正性、负性信息注意维度总分分别进行单因素方差分析，结果表明：不同年龄的中学生的正性维度总分之间存在显著差异，Welch=3.26，$p<0.05$，进一步分析发现，15～16 岁的中学生的正性总分（M=41.51，SD=9.66）显著低于 13 岁中学生的总分（M=44.01，SD=8.21），说明 13 岁的中学生比 15～16 岁的中学生更关注正性生活事件。不同年龄的中学生的负性维度总分之间存在边缘显著差异，$F(3, 810)=2.21$，$p<0.10$，进一步分析发现，12 岁中学生的负性总分（M=34.64，SD=6.37）显著高于 14 岁中学生的总分（M=32.54，SD=7.52）和 15～16 岁中学生的总分（M=32.25，SD=7.93），说明 12 岁的中学生稍微比 14～16 岁的中学生更关注正性生活事件。

表 8-8 不同年龄的中学生的正性、负性信息注意量表总分差异检验

变量	12 岁 M	12 岁 SD	13 岁 M	13 岁 SD	14 岁 M	14 岁 SD	15～16 岁 M	15～16 岁 SD	Welch/F	p
正性总分	43.00	6.10	44.01	8.21	42.92	9.09	41.51	9.66	3.26	0.02
负性总分	34.64	6.37	33.32	6.91	32.54	7.52	32.25	7.93	2.21	0.09

4. 留守与非留守中学生注意偏向的比较

表 8-9 描述了不同留守情况的中学生的正性、负性信息注意维度总分的平均值和标准差。对正性、负性信息注意维度总分分别进行独立样本 t 检验，结果表明：不同留守情况的中学生的正性总分之间或负性总分之间的差异均不显著，$p > 0.05$，说明无论是对于正性还是负性生活事件，留守与非留守的中学生的关注程度一致。

表 8-9 不同留守情况的中学生的正性、负性信息注意量表总分差异检验

变量	留守情况				t	p
	留守		非留守			
	M	SD	M	SD		
正性总分	42.88	8.94	42.89	8.82	−0.01	0.99
负性总分	33.64	7.64	32.75	7.34	1.20	0.23

8.1.3.4 手机依赖与注意偏向的关系

1. 手机社交媒体依赖与注意偏向的关系

表 8-10 描述了正性、负性信息注意维度总分、手机社交媒体依赖及各维度总分的平均值和标准差。对各总分进行皮尔逊积差相关，结果表明，正性信息注意偏向与负性信息注意偏向、强迫性、社交增益性、突显性维度、手机社交媒体依赖总分均存在正相关的关系，负性注意偏向与手机社交媒体依赖及各维度总分均存在正相关的关系，$p < 0.01$，说明对负性生活事件很关注的人也有可能对正性生活事件非常关注。此外，他们难以控制使用手机社交媒体的渴望与冲动，使用手机已成为他们主要的想法和行为，并认为自己的人际关系从社交媒体中受益。

表 8–10　手机社交媒体依赖与正性、负性信息注意偏向的相关性

变量	M	SD	正偏向总分	负偏向总分	强迫性	社交增益性	戒断性	突显性
正性偏向总分	42.89	8.83	1					
负性偏向总分	32.88	7.38	0.48**	1				
强迫性维度	15.51	5.87	0.09**	0.34**	1			
社交增益性	14.47	4.74	0.18**	0.37**	0.67**	1		
戒断性	4.76	2.14	0.06	0.28**	0.68**	0.55**	1	
突显性	6.00	2.22	0.19**	0.26**	0.58**	0.52**	0.49**	1
手机社交媒体依赖总分	40.73	12.76	0.15**	0.39**	0.93**	0.86**	0.77**	0.72**

注：** 代表 $p < 0.01$。

8.1.4　讨论

首先，在性别变量上，女生比男生更加依赖使用手机上的社交媒体，更加难控制住使用手机的冲动，更容易在不使用它的时候产生负面情绪，在心中将使用社交媒体视为很重要的事情。原因可能在于女生的情感表达更加细腻，对待人际互动更敏感，更需要与他人倾诉，而社交媒体大大降低了人们之间在时空上交流的成本，因此，社交媒体更加受女生青睐，女生将其视为情感交流一大重要工具。

其次，在年级和年龄变量上，七年级的学生比八、九年级的学生更易控制使用社交媒体的冲动，九年级的学生比七、八年级的更将使用手机社交媒体视为自己主要的想法和行为，比七年级的学生稍微更依赖使用手机社交媒体。究其原因，可能是高年级中学生的课业压力比低年级的更大，学习任务占他们绝大部分的时间，因此他们在校与同学交际的时间有限，而社交媒体给他们在交友交流上很大的方便。此外，年龄偏大的 15～16 岁的中学生要比年龄小的中学生更加将使用手机社交媒体视为自己主要的

想法和行为，14 岁的中学生要稍微比 12 岁的中学生更加将使用手机社交媒体视为自己主要的想法和行为，这些现象的原因可能是中学生随着年龄的增长，逆反心理愈发强烈，对于很多事情他们更想分享给同伴而不是父母，所以年龄大的中学生更加依赖社交媒体来袒露心声。

再次，在留守情况变量上，留守中学生比非留守中学生更加依赖使用手机上的社交媒体，更加难控制住使用手机的冲动，更容易在不使用它的时候产生负面情绪，在心中将使用社交媒体视为很重要的事情，原因可能在于留守中学生缺少和父母足够的沟通，而社交媒体可以在一定程度上缩短他们与父母的心理距离，留守儿童更依赖社交媒体来与外界形成足够多的互动。

最后，本研究显示，对负性生活事件很关注的人也有可能对正性生活事件非常关注，原因可能是：人会对负性生活事件关注说明它对生活事件的关注是保持开放状态的，因此，也越有机会关注到正性生活事件。此外，对负性生活事件很关注的人难以控制使用手机社交媒体的渴望与冲动，使用社交媒体已成为他们主要的想法和行为，并认为自己的人际关系从社交媒体中受益。这些现象的原因可能在于他们在现实生活中获取的消极情绪较多，满足感较少，因此，他们企图从虚拟的社交媒体上获得关注，以逃避现实并且减少面对面交流的尴尬的感觉。

8.2 适应不良青少年注意偏向的特点

8.2.1 引言

8.2.1.1 研究意义

研究适应不良青少年注意偏向的特点和行为问题之间的关系具有重要的理论和实践意义。首先，通过深入探究适应不良青少年的注意偏向模式和行为问题，可以更准确地了解青少年心理成长过程中的关键因素，为制定相关政策和教育措施提供科学依据。其次，研究注意偏向与行为问题之间的关系有助于寻求青少年行为问题的预防和干预策略，提升青少年的心理健康水平，并减少不良行为的发生。最后，深入研究适应不良青少年的注意偏向和行为问题，能够为社会提供更全面和深入的认识，从而提高公众对青少年心理健康问题的认知水平，并推动心理学在解决青少年心理问题方面的应用。

8.2.1.2 研究目的和假设

社会适应是个体以自身的各种资源构成的自我系统与各种环境因素构成的社会系统交互作用的过程（陈建文，2010）。它是反映个体成长与发展状况的重要指标（邹泓，2013）。社会适应的方式可以从内在心理模式和外在行为模式这两个层面来考察（陈建文，2003）。青少年处于生理、心理急剧变化的时期，这一时期的发展在个体毕生发展过程中尤为重要，社会适应是这一时期青少年重要的发展任务与目标（邹泓，2013）。黄顺霞（2021）认为，初级中学学生的社会适应能力有待提高，提高社会适应能力的有效干预方法较匮乏。此外，大部分研究中注意偏向是由负性刺激引起的（彭晓哲，2005）。以往有关注意偏向的研究多集中于研究抑郁（祝希泉，2021）、焦虑（孔庆焱，2022）和物质依赖（刘祥，2022）等群体。但关于注意偏向与青少年社会适应之间的关系的研究，目前十分有限。蔡施思（2012）发现青少年的社会适应性存在显著的性别、年级差异。柴江（2015）以江苏省农村儿童为研究对象，发现包括留守情况在内的特殊家庭的中学生与正常家庭中学生的社会适应能力存在显著差异。还有研究表明，消极注意偏向在性别、年级上不存在显著差异（王鹏飞，2021）。相较于非留守儿童，留守儿童对拒绝性词语存在显著的注意偏向（杨炎芳，2017）。相较于领悟社会支持水平高的留守儿童，领悟社会支持水平低的留守儿童对消极情绪刺激的分心抑制能力更强，对消极词汇的再认正确率更低，对消极刺激的再认反应时更长（李海华，2009）。为能够给青少年心理健康教育工作者开展心理健康教育提供有针对性的理论指导，本研究结合以上理论分析提出以下假设。

假设 8-6：青少年的社会适应能力存在性别差异，对拒绝、悲伤词汇的注意偏向不存在显著性别差异。

假设 8-7：留守情况不同的青少年对拒绝、悲伤词汇的注意偏向、社会适应能力存在差异。

假设 8-8：不同年级的青少年对拒绝、悲伤词汇的注意偏向、社会适应能力存在显著差异。

假设 8-9：不同年龄的青少年对拒绝、悲伤词汇的注意偏向、社会适应能力存在显著差异。

假设 8-10：社会适应能力水平不同的青少年对悲伤、拒绝词汇的注意偏向存在显著差异。

8.2.2 方法

8.2.2.1 被试

本研究选取韶关市南雄市一所普通公办学校，随机抽取了 154 名学生，年龄在 12～17 岁范围内，平均年龄为 13.69 ± 0.92 岁，其中，男性 90 人，女性 64 人。将收集到的有效的 154 份青少年社会适应量表数据按总分或各维度总和从高到低排列，取总分或各维度总和的平均值 ±1 个标准差外的中学生作为社会适应及各维度高分组或低分组。

表 8-11 被试人口学变量统计描述

变量		人数	占比（%）
性别	男	90	58.4
	女	64	41.6
年龄	12～13 岁	70	45.5
	14 岁	55	35.7
	15～17 岁	29	18.8

续表

变量		人数	占比（%）
年级	七年级	49	31.8
	八年级	65	42.2
	九年级	40	26.0
留守情况	非留守儿童	59	38.3
	留守儿童	95	61.7

8.2.2.2 研究工具

1. 青少年社会适应量表

本研究采用了胡韬等（2007）编制的量表，共48题（见附录四），含测谎项目8项（条目5、8、15、18、25、28、35、38）。采用5点计分，量表总分得分越高，说明社会适应水平越高。该量表包含人际友好、活动参与、学习自主、生活独立、环境满意、人际协调、社会认同、社会活力这8个社会适应二阶因素和1个测谎因素，此外，这8个社会适应因素可归为学习与学校适应、生活与活动适应、社会关系与观念适应这3个一阶因素。8个因素的Cronbach's α 系数在0.656~0.806之间，总量表的Cronbach's α 系数为0.921，重测信度系数为0.907。

2. 词汇

词汇包括拒绝词、悲伤词和中性词各五个，详情见本书第6章第二节6.2的相关内容。

8.2.2.3 实验设计

本研究采用二因素混合实验设计，其中自变量为2分组（高分、低分）×2个词汇（悲伤、拒绝），被试间变量为在社会适应量表总分、学习与学校适应维度、生活与活动适应维度、社会关系与观念适应维度总分上的分组，被试内变量为词汇。

因变量为注意偏向指标值，即对不同面孔对后的探测点位置的反应时之间的差值，包括注意偏向定向加速值、警觉值、脱离值。

8.2.2.4 实验程序

该阶段所选范式为点探测范式。整个实验被试均需做到以下要求：将手机置于静音状态、距计算机显示器 60cm 远、使眼睛与显示器中心平行。该阶段的实验材料左右排列，成对呈现，以悲伤注意偏向为例，每对词语类型为以下任一种组合：平静－悲伤词汇、悲伤－平静词汇、平静－平静词汇，拒绝注意偏向同理。

被试的实验任务是观察探测点的类型并在保证正确的情况下尽快按键。练习阶段含 12 个试次。正式实验包括 192 个试次，其中所有词汇对的词汇左右交替出现，以消除位置效应。为减少疲劳效应带来的误差，在实验进程中间设置了 30s 的休息时间。

单个试次的流程如下（详见第 5 章图 5-2）：首先呈现注视点，随后两个词汇同时呈现在画面两侧，高度相同，呈现时长为 500ms。之后，探测点随机出现在任一词汇呈现过的位置中心，呈现时间至多为 1 500ms，被试的任务是按键回应探测点的类型，即 "●" 的数量（按 "F" 键表示有一个 "●"，按 "J" 键表示有两个 "●"）。探测点有 50% 的概率落在平静刺激呈现过的位置后，探测点有 50% 的概率落在悲伤或拒绝刺激呈现位置后。每个试次的空白间隔为 200 ~ 500ms。该次实验时长为 8 ~ 10min。如果被试在当次实验中的正确率低于 80%，则数据将被视为无效，被试需要在同一天内重新进行该次实验。

8.2.2.5 统计分析

本研究中显著性水平 p 取 0.05。

对于在点探测范式任务得到的反应时原始数据，剔除被试反应错误的数据以及 200 ~ 3 000ms 外的反应时数据后，计算出注意偏向定向加速值、警觉值、脱离值，将其导入统计学软件 SPSS 22.0 中，对注意偏向指标值分别采用二因素重复测量方差分析进行假设检验。

8.2.3 研究结果

8.2.3.1 社会适应能力和注意偏向的描述统计

表 8-12 描述了被试在社会适应能力各一阶因素、二阶因素及总分上的平均值和标准差。表 8-13 描述了对于拒绝和悲伤词汇的注意定向加速、警觉、脱离值的平均值和标准差。

表 8-12 社会适应量表及各维度总分描述统计

一阶因素	二阶因素	M	SD
学习与学校适应维度	学习自主	19.68	4.97
	环境满意	16.72	4.41
	维度总分	36.40	8.36
生活与活动适应维度	活动参与	16.72	4.65
	生活独立	18.00	3.86
	维度总分	34.72	7.07
社会关系与观念适应维度	人际协调	15.74	3.72
	人际友好	19.93	5.09
	社会认同	16.29	2.73
	社会活力	13.48	4.29
	维度总分	65.44	12.41
社会适应量表总分		136.56	24.83

表 8-13 对不同类型词汇的注意偏向指标值描述统计

注意偏向指数	拒绝 M	拒绝 SD	悲伤 M	悲伤 SD
注意定向加速值	−3.09	42.23	2.16	46.87
注意警觉值	−2.15	37.28	0.26	35.92
注意脱离值	−0.94	35.59	1.90	38.53

8.2.3.2 中学生的社会适应能力

1. 中学生的社会适应能力在性别上的差异检验

表 8-14 描述了不同性别的中学生在各一阶因素、二阶因素及总分上的平均值和标准差。对各一阶因素、二阶因素分数总和及总分分别进行独立样本 t 检验,结果表明,不同性别的中学生在社会活力因素上存在边缘显著差异,$t=1.94$,$p=0.05$,进一步分析发现,男生的社会活力因素总分($M=14.04$,$SD=4.10$)略高于女生的社会活力因素总分($M=12.69$,$SD=4.44$),说明男生在社会关系方面表现得稍微比女生更加开放、具有活力。其他因素在性别上均不存在显著差异,$p>0.05$。

表 8-14　不同性别的中学生的社会适应量表及各维度总分差异检验

一阶因素	二阶因素	男 M	男 SD	女 M	女 SD	t	p
学习与学校适应维度	学习自主	19.40	5.49	20.06	4.13	−0.85	0.40
	环境满意	16.87	4.60	16.51	4.14	0.50	0.62
	维度总分	36.27	9.07	36.57	7.31	−0.23	0.82
生活与活动适应维度	活动参与	16.69	4.76	16.75	4.52	−0.08	0.93
	生活独立	18.21	4.40	17.70	3.60	0.80	0.43
	维度总分	34.90	7.26	34.45	6.85	0.38	0.71
社会关系与观念适应维度	人际协调	15.50	3.94	16.08	3.39	−0.96	0.34
	人际友好	20.47	5.32	19.16	4.68	1.58	0.12
	社会认同	16.24	2.77	16.35	2.69	−0.25	0.81
	社会活力	14.04	4.10	12.69	4.44	1.94	0.05
	维度总分	66.25	12.92	64.28	11.67	0.97	0.33
	量表总分	137.42	26.58	135.30	22.29	0.52	0.61

2. 中学生的社会适应能力在不同留守情况上的差异检验

表 8-15 描述了不同留守情况的中学生在各一阶因素、二阶因素及总

分上的平均值和标准差。对各一阶因素、二阶因素分数总和及总分分别进行独立样本 t 检验,结果表明,不同留守情况的中学生的社会适应量表总分、学习与学校适应维度一阶因素及其二阶因素、社会关系与观念适应维度一阶因素以及其中的人际协调、人际友好、社会认同二阶因素存在显著差异,$p < 0.05$,进一步分析发现,留守中学生的社会适应总分均显著低于非留守中学生的总分,说明非留守中学生比留守中学生更能适应社会环境,在学习上更加积极主动,也更善于协调人际关系,表达友好信号。而社会关系与观念适应维度中的社会活力二阶因素存在边缘显著差异,$t=-1.74$,$p=0.08$,进一步分析发现,留守中学生的社会活力总分($M=13.01$,SD=4.28)边缘显著低于非留守中学生的总分($M=14.24$,SD=4.22),说明非留守中学生比留守中学生在社会关系方面表现得稍微更有活力,在社会观念上表现得稍微更开放。其他因素在不同留守情况上均不存在显著差异,$p > 0.05$。

表 8-15 不同留守情况的中学生的社会适应量表及各维度总分差异检验

一阶因素	二阶因素	留守 M	留守 SD	非留守 M	非留守 SD	t	p
学习与学校适应维度	学习自主	18.87	4.98	20.98	4.71	−2.62	0.01
	环境满意	16.04	4.02	17.82	4.80	−2.49	0.01
	维度总分	34.91	8.10	38.80	8.27	−2.88	0.01
生活与活动适应维度	活动参与	16.31	4.58	17.38	4.72	−1.39	0.17
	生活独立	17.88	3.71	18.20	4.11	−0.50	0.62
	维度总分	34.19	6.78	35.58	7.51	−1.19	0.24
社会关系与观念适应维度	人际协调	15.13	3.58	16.73	3.75	−2.65	0.01
	人际友好	19.07	4.63	21.31	5.51	−2.71	0.01
	社会认同	15.87	2.75	16.97	2.57	−2.47	0.02
	社会活力	13.01	4.28	14.24	4.22	−1.74	0.08
	维度总分	63.08	11.85	69.25	12.45	−3.08	0.00
量表总分		132.18	23.39	143.63	25.64	−2.85	0.01

3. 中学生的社会适应能力在年龄分组上的差异检验

表8-16描述了不同年龄的中学生在各一阶因素、二阶因素及总分上的平均值和标准差。对各一阶因素、二阶因素分数总和及总分分别进行单因素方差分析，结果表明。

①对于社会适应量表总分，年龄的主效应显著，$F(2, 151)=3.59$，$p<0.05$，事后多重比较发现，15～17岁中学生的总分（$M=127.02$，$SD=26.25$）显著低于12～13岁中学生的总分（$M=141.32$，$SD=23.91$），说明12～13岁的中学生比15～17岁的中学生更能适应社会环境，在人际互动中表现得更好。

②对于学习与学校适应维度一阶因素总分，年龄的主效应显著，$F(2, 151)=3.33$，$p<0.05$，事后多重比较发现，15～17岁中学生的总分（$M=33.18$，$SD=8.69$）显著低于12～13岁的中学生的总分（$M=37.86$，$SD=8.05$），说明12～13岁的中学生比15～17岁的中学生对待学习更加积极主动，更能够适应学习环境。

③对于生活与活动适应维度中的活动参与二阶因素总分，年龄的主效应显著，$F(2, 151)=3.59$，$p<0.05$，事后多重比较发现，15～17岁中学生的总分（$M=14.93$，$SD=4.90$）显著低于12～13岁中学生的总分（$M=17.61$，$SD=4.33$），说明12～13岁中学生比15～17岁的中学生更能做到自我生活、自我照顾，更能积极主动地参与社会交往活动。

④对于社会关系与观念适应维度中的人际友好二阶因素总分，年龄的主效应显著，$F(2, 151)=4.75$，$p<0.05$，事后多重比较发现，12～13岁中学生的总分（$M=21.16$，$SD=5.01$）显著高于15～17岁中学生的总分（$M=17.95$，$SD=4.40$），$p<0.05$，说明12～13岁中学生比15～17岁的中学生更受同伴信任，更受欢迎，更会结交朋友。

⑤对于学习与学校适应维度中的学习自主二阶因素总分，年龄的主效应边缘显著差异，$F(2, 151)=2.68$，$p=0.07$，事后多重比较发现，15～17岁中学生的总分（$M=18.03$，$SD=5.68$）边缘显著低于12～13岁中学生的总分（$M=20.51$，$SD=4.24$），说明12～13岁中学生比15～17岁的

中学生稍微会积极主动寻求学习方法，在完成作业的过程中更有自主性。

⑥对于学习与学校适应维度中的环境满意二阶因素总分，年龄的主效应边缘显著差异，$F(2,151)=2.62$，$p=0.08$，事后多重比较发现，15~17岁中学生的总分（$M=15.15$，$SD=3.98$）边缘性显著低于12~13岁中学生的总分（$M=17.35$，$SD=4.54$），说明12~13岁中学生比15~17岁的中学生对社会、学校、班级以及教师的满意度略高。

⑦对于社会关系与观念适应维度一阶因素总分，年龄的主效应边缘显著差异，$F(2,151)=2.99$，$p=0.05$，事后多重比较发现，15~17岁中学生的总分（$M=60.02$，$SD=13.38$）边缘显著低于12~13岁中学生的社会适应量表总分（$M=67.51$，$SD=11.83$），说明12~13岁中学生比15~17岁的中学生对社会关系更加适应，对社会观念更认同。

⑧对于其他因素，不同年龄之间均不存在显著差异，$p>0.05$。

表8-16 不同年龄的中学生的社会适应量表及各维度总分差异检验

一阶因素	二阶因素	12~13岁 M	SD	14岁 M	SD	15~17岁 M	SD	F	p
学习与学校适应维度	学习自主	20.51	4.24	19.48	5.28	18.03	5.68	2.68	0.07
	环境满意	17.35	4.54	16.76	4.32	15.15	3.98	2.62	0.08
	维度总分	37.86	8.05	36.24	8.23	33.18	8.69	3.33	0.04
生活与活动适应维度	活动参与	17.61	4.33	16.52	4.69	14.93	4.90	3.59	0.03
	生活独立	18.34	3.65	17.57	3.82	17.99	4.44	0.62	0.54
	维度总分	35.95	7.09	34.09	6.79	32.92	7.26	2.25	0.11
社会关系与观念适应维度	人际协调	16.17	3.55	15.60	3.62	14.97	4.26	1.13	0.33
	人际友好	21.16	5.01	19.40	5.19	17.95	4.40	4.75	0.01
	社会认同	16.22	2.56	16.62	2.69	15.83	3.18	0.84	0.435
	社会活力	13.96	4.46	13.56	4.10	12.17	4.08	1.83	0.16
	维度总分	67.51	11.83	65.18	12.17	60.92	13.38	2.99	0.05
	量表总分	141.32	23.91	135.51	24.09	127.02	26.25	3.59	0.03

4. 中学生的社会适应能力在年级上的差异检验

表8-17描述了不同年级的中学生在一阶因素、二阶因素及总分上的平均值和标准差。对一阶因素、二阶因素分数总和及总分分别进行单因素方差分析，结果表明。

①对于学习与学校适应维度一阶因素总分，不同年级之间存在边缘显著差异，$F(2,151)=2.59$，$p=0.08$，事后多重比较发现，九年级中学生的总分（$M=34.23$，$SD=8.73$）边缘显著低于八年级中学生的总分（$M=37.97$，$SD=8.14$），说明八年级比九年级中学生对学习任务稍微更积极主动，更能适应学习环境。

②对于学习与学校适应维度中的学习自主二阶因素总分，不同年级之间存在边缘显著差异，$F(2,151)=2.57$，$p=0.08$，事后多重比较发现，九年级中学生的总分（$M=18.30$，$SD=5.40$）边缘显著低于八年级中学生的总分（$M=20.54$，$SD=5.06$），说明八年级比九年级中学生稍微更能积极主动地寻求学习方法，更能独立且自主完成学习任务。

③对于生活与活动适应维度中的活动参与二阶因素总分，不同年级之间存在边缘显著差异，$F(2,151)=2.49$，$p=0.09$，事后多重比较发现，七年级（$M=17.31$，$SD=4.18$）、八年级（$M=17.12$，$SD=4.78$）、九年级（$M=15.33$，$SD=4.78$）的中学生之间不存在显著差异，$p>0.05$。

④对于社会关系与观念适应维度中的人际友好二阶因素总分，不同年级之间存在边缘显著差异，$F(2,151)=3.01$，$p=0.05$，事后多重比较发现，九年级中学生的总分（$M=18.56$，$SD=4.45$）边缘显著低于七年级中学生的总分（$M=21.17$，$SD=4.69$），说明七年级比九年级中学生稍微更受同伴信任，更受欢迎，并且更愿意交友。

⑤对于其他因素，不同年级之间均不存在显著差异，$p>0.05$。

第 8 章 青少年手机依赖和社会适应与注意偏向实证研究

表 8–17 不同年级的中学生的社会适应量表及各维度总分差异检验

一阶因素	二阶因素	七年级 M	SD	八年级 M	SD	九年级 M	SD	F	p
学习与学校适应维度	学习自主	19.66	4.28	20.54	5.06	18.30	5.40	2.57	0.08
	环境满意	16.43	4.54	17.43	4.39	15.93	4.19	1.62	0.20
	维度总分	36.09	8.07	37.97	8.14	34.23	8.73	2.59	0.08
生活与活动适应维度	活动参与	17.31	4.18	17.12	4.79	15.33	4.78	2.49	0.09
	生活独立	17.72	3.79	18.46	3.76	17.59	4.10	0.82	0.45
	维度总分	35.03	7.29	35.58	6.76	32.91	7.16	1.86	0.16
社会关系与观念适应维度	人际协调	16.01	3.37	15.85	3.86	15.23	3.94	0.54	0.58
	人际友好	21.17	4.69	19.83	5.56	18.56	4.45	3.01	0.05
	社会认同	15.93	2.50	16.66	2.62	16.12	3.13	1.10	0.34
	社会活力	13.67	4.31	13.60	4.45	13.05	4.05	0.28	0.76
	维度总分	66.78	11.89	65.94	12.24	62.96	13.23	1.15	0.32
量表总分		137.90	24.07	139.49	24.00	130.10	26.49	1.91	0.15

8.2.3.3 中学生的注意偏向

1. 中学生的注意偏向在性别上的差异检验

表 8–18 描述了不同性别的中学生对不同类型词汇的注意定向加速值、注意警觉值、注意脱离值的平均值和标准差。对注意定向加速值、注意警觉值、注意脱离值分别进行二因素重复测量方差分析，结果表明（见表 8–19）：在注意脱离值上，性别与词汇类型的交互作用存在边缘显著差异，$F(1, 152)=3.18$，$p=0.08$，进一步进行简单效应分析可得，对于悲伤词汇，女中学生的注意脱离值（$M=-4.37$，$SD=33.73$）边缘显著低于男中学生的注意脱离值（$M=6.36$，$SD=41.20$），$p=0.09$，而对于拒绝词汇，男中学生的注意脱离值（$M=-1.80$，$SD=36.97$）和女中学生的注意脱离值（$M=0.27$，$SD=33.80$）不存在显著差异，$p>0.05$，这说明女中学生比男中学生更能

从悲伤词汇中脱离,而女生和男生从拒绝词汇中脱离的情况差异不大。但性别、词汇的主效应均不显著,$p > 0.05$。在注意定向加速值、注意警觉值上,性别、词汇的主效应及交互作用均不显著,$p > 0.05$。

表 8-18　不同性别的中学生的注意偏向指数描述统计

因变量	词汇	男 M	男 SD	女 M	女 SD
注意定向加速值	拒绝	−4.13	41.76	−1.62	43.18
	悲伤	5.15	46.96	−2.06	46.78
注意警觉值	拒绝	−2.33	37.87	−1.90	36.74
	悲伤	−1.20	39.43	2.31	30.50
注意脱离值	拒绝	−1.80	36.97	0.27	33.80
	悲伤	6.36	41.20	−4.37	33.73

表 8-19　不同性别、词汇的中学生注意偏向指数的重复测量方差分析结果

注意偏向指数	变异来源	df	F	p
注意定向加速值	性别	1	0.21	0.65
	词汇	1	0.72	0.40
	性别 × 词汇	1	0.86	0.35
	误差	152		
注意警觉值	性别	1	0.16	0.69
	词汇	1	0.62	0.43
	性别 × 词汇	1	0.21	0.65
	误差	152		
注意脱离值	性别	1	0.79	0.38
	词汇	1	0.24	0.63
	性别 × 词汇	1	3.18	0.08
	误差	152		

2.中学生的注意偏向在不同留守情况上的差异检验

表8-20描述了不同留守情况的中学生对不同类型词汇的注意定向加速值、注意警觉值、注意脱离值的平均值和标准差。对注意定向加速值、注意警觉值、注意脱离值分别进行二因素重复测量方差分析，结果见表8-21。

在注意定向加速值上，留守情况与词汇的交互作用存在边缘显著差异，$F(1,152)=3.39$，$p=0.07$，进一步进行简单效应分析可得，对于拒绝词汇，留守中学生的注意定向加速值（$M=-8.22$，SD=41.11）边缘显著低于非留守中学生的注意定向加速值（$M=5.17$，SD=43.05），而对于悲伤词汇，留守中学生的注意定向加速值（$M=4.44$，SD=50.14）和非留守中学生的注意定向加速值（$M=-1.52$，SD=41.20）不存在显著差异，$p>0.05$，这说明非留守中学生比留守中学生更易加工拒绝词汇，加工更迅速，和留守中学生对悲伤词汇的加工速度相似。但留守情况、词汇的主效应均不显著，$p>0.05$。

在注意脱离值上，留守情况与词汇的交互作用存在边缘显著差异，$F(1,152)=3.58$，$p=0.06$，进一步进行简单效应分析可得，对于拒绝词汇，留守中学生的注意脱离值（$M=-5.68$，SD=37.78）边缘显著低于非留守中学生的注意脱离值（$M=6.69$，SD=30.51），而对于悲伤词汇，留守中学生的注意脱离值（$M=2.428$，SD=37.43）和非留守中学生的注意脱离值（$M=1.045$，SD=40.55）不存在显著差异，$p>0.05$，这说明非留守中学生比留守中学生更难从拒绝词汇中脱离，和留守中学生对悲伤词汇的脱离情况相似。但留守情况、词汇的主效应均不显著，$p>0.05$。

在注意警觉值上，留守情况、词汇的主效应及交互作用均不显著，$p>0.05$。

表 8-20　不同留守情况的中学生注意偏向指数描述统计

因变量	词汇	留守 M	留守 SD	非留守 M	非留守 SD
注意定向加速值	拒绝	−8.22	41.11	5.17	43.05
	悲伤	4.44	50.14	−1.52	41.20
注意警觉值	拒绝	−2.54	37.46	−1.52	37.31
	悲伤	2.01	37.59	−2.57	33.18
注意脱离值	拒绝	−5.68	37.78	6.69	30.51
	悲伤	2.43	37.43	1.045	40.55

表 8-21　不同留守情况、词汇的中学生注意偏向指数的重复测量方差分析结果

注意偏向指数	变异来源	df	F	p
注意定向加速值	留守情况	1	0.52	0.47
	词汇	1	0.32	0.57
	留守情况 × 词汇	1	3.39	0.07
	误差	152		
注意警觉值	留守情况	1	0.13	0.72
	词汇	1	0.26	0.61
	留守情况 × 词汇	1	0.66	0.42
	误差	152		
注意脱离值	留守情况	1	1.24	0.27
	词汇	1	0.11	0.74
	留守情况 × 词汇	1	3.58	0.06
	误差	152		

3. 中学生的注意偏向在年龄上的差异检验

表8-22描述了不同年龄的中学生对不同类型词汇的注意定向加速值、注意警觉值、注意脱离值的平均值和标准差。对注意定向加速值、注意警觉值、注意脱离值分别进行二因素重复测量方差分析，结果表明（见表8-23）：在注意定向加速值、注意警觉值、注意脱离值上，年龄与词汇的

主效应、交互作用均不显著，$p > 0.05$。

表 8-22　不同年龄的中学生的注意偏向指数描述统计

因变量	词汇	12~13岁 M	12~13岁 SD	14岁 M	14岁 SD	15~17岁 M	15~17岁 SD
注意定向加速值	拒绝	0.00	39.87	−6.77	39.19	−3.53	53.06
	悲伤	3.20	41.54	−3.67	53.63	10.70	45.38
注意警觉值	拒绝	0.78	30.81	−5.83	42.09	−2.25	42.35
	悲伤	0.51	33.99	−3.28	37.19	6.35	38.40
注意脱离值	拒绝	−0.79	31.46	−0.95	39.73	−1.28	37.90
	悲伤	2.69	32.92	−0.39	40.39	4.34	47.71

表 8-23　不同年龄、词汇的中学生注意偏向指数的重复测量方差分析结果

注意偏向指数	变异来源	df	F	p
注意定向加速值	年龄	2	1.04	0.36
	词汇	1	1.53	0.22
	年龄 × 词汇	2	0.35	0.71
	误差	151		
注意警觉值	年龄	2	0.63	0.54
	词汇	1	1.02	0.32
	年龄 × 词汇	2	0.47	0.63
	误差	151		
注意脱离值	年龄	2	0.07	0.94
	词汇	1	0.70	0.40
	年龄 × 词汇	2	0.14	0.87
	误差	151		

4. 中学生的注意偏向在年级上的差异检验

表 8-24 描述了不同年级的中学生对不同类型词汇的注意定向加速值、注意警觉值、注意脱离值的平均值和标准差。对注意定向加速值、注意警

觉值、注意脱离值分别进行二因素重复测量方差分析,结果表明(见表8-25):在注意定向加速值、注意警觉值、注意脱离值上,年级与词汇的主效应、交互作用均不显著,$p > 0.05$。

表 8-24 不同年级的中学生注意偏向指数描述统计

因变量	词汇	七年级 M	七年级 SD	八年级 M	八年级 SD	九年级 M	九年级 SD
注意定向加速值	拒绝	1.78	42.98	−4.96	36.86	−6.00	49.49
	悲伤	−4.20	43.65	1.475	45.26	11.05	52.70
注意警觉值	拒绝	0.17	37.57	−1.73	35.80	−5.67	39.92
	悲伤	−1.69	38.41	−0.75	32.83	4.28	38.14
注意脱离值	拒绝	1.60	35.16	−3.22	37.30	−0.34	33.85
	悲伤	−2.51	28.73	2.22	40.68	6.769	45.19

表 8-25 不同年级、词汇的中学生注意偏向指数的重复测量方差分析结果

注意偏向指数	变异来源	df	F	p
注意定向加速值	年级	2	0.25	0.78
	词汇	1	1.24	0.27
	年级 × 词汇	2	1.46	0.24
	误差		151	
注意警觉值	年级	2	0.01	1.0
	词汇	1	0.79	0.38
	年级 × 词汇	2	0.96	0.39
	误差		151	
注意脱离值	年级	2	0.23	0.80
	词汇	1	0.60	0.44
	年级 × 词汇	2	0.90	0.41
	误差		151	

8.2.3.4 注意偏向在适应能力高低分组上的差异检验

1. 注意偏向在社会适应量表总分高低分组上的差异检验

表 8-26 描述了在社会适应量表总分高低分组中学生对不同类型词汇的注意定向加速值、注意警觉值、注意脱离值的平均值和标准差。对注意定向加速值、注意警觉值、注意脱离值分别进行二因素重复测量方差分析，结果表明（见表 8-27）：在注意定向加速值、注意警觉值、注意脱离值上，总分高低分组与词汇的主效应、交互作用均不显著，$p > 0.05$。

表 8-26 在不同词汇的社会适应量表总分高低分组中学生注意偏向指数的描述统计

因变量	拒绝 高分组 M	SD	拒绝 低分组 M	SD	悲伤 高分组 M	SD	悲伤 低分组 M	SD
注意定向加速值	9.32	45.76	−1.87	58.20	3.24	36.58	3.07	49.95
注意警觉值	7.70	29.53	−7.01	44.27	2.61	27.16	−4.85	35.87
注意脱离值	1.61	28.01	5.14	53.41	0.63	31.11	7.91	32.42

表 8-27 在不同词汇的社会适应量表总分高低分组中学生注意偏向指数的重复测量方差分析结果

注意偏向指数	变异来源	df	F	p
注意定向加速值	分组	1	0.31	0.58
	词汇	1	0.00	0.95
	分组 × 词汇	1	0.37	0.55
	误差	48		
注意警觉值	分组	1	1.85	0.18
	词汇	1	0.07	0.79
	分组 × 词汇	1	0.43	0.52
	误差	48		
注意脱离值	分组	1	0.45	0.50
	词汇	1	0.02	0.90
	分组 × 词汇	1	0.07	0.79
	误差	48		

2. 注意偏向在学习与学校适应维度高低分组上的差异检验

表 8-28 描述了在学习与学校适应维度高低分组中学生对不同类型词汇的注意定向加速值、注意警觉值、注意脱离值的平均值和标准差。对注意定向加速值、注意警觉值、注意脱离值分别进行二因素重复测量方差分析,结果表明(见表 8-29):在注意警觉值上,学习与学校适应维度高低分组的主效应存在边缘显著,$F(1, 51)=3.31$,$p=0.08$,事后多重比较发现,低分组中学生的注意警觉值($M=-12.55$,$SD=46.04$)边缘显著低于高分组中学生的注意警觉值($M=3.77$,$SD=27.07$),这说明对学习环境适应度更高的人对负性刺激稍微更加警觉。而词汇的主效应以及高低分组与词汇的交互作用不存在显著差异,$p > 0.05$。在注意定向加速值、注意脱离值上,高低分组与词汇的主效应、交互作用均不显著,$p > 0.05$。

表 8-28 在不同词汇的学习与学校适应维度总分高低分组中学生注意偏向指数的描述统计

因变量	拒绝 高分组 M	SD	拒绝 低分组 M	SD	悲伤 高分组 M	SD	悲伤 低分组 M	SD
注意定向加速值	10.09	45.63	-9.32	66.76	0.62	36.01	-3.80	60.03
注意警觉值	6.56	27.42	-10.44	53.81	0.97	26.96	-14.65	37.63
注意脱离值	3.53	25.56	1.13	53.66	-0.35	31.13	10.86	45.96

表 8-29 在不同词汇的学习与学校适应维度高低分组中学生
注意偏向指数的重复测量方差分析结果

注意偏向指数	变异来源	df	F	p
注意定向加速值	分组	1	1.15	0.29
	词汇	1	0.04	0.84
	分组 × 词汇	1	0.60	0.44
	误差	51		
注意警觉值	分组	1	3.31	0.08
	词汇	1	0.80	0.380
	分组 × 词汇	1	0.02	0.90
	误差	51		
注意脱离值	分组	1	0.25	0.62
	词汇	1	0.18	0.68
	分组 × 词汇	1	0.94	0.34
	误差	51		

3. 注意偏向在生活与活动适应维度高低分组上的差异检验

表 8-30 描述了在生活与活动适应维度总分高低分组中学生对不同类型词汇的注意定向加速值、注意警觉值、注意脱离值的平均值和标准差。对注意定向加速值、注意警觉值、注意脱离值分别进行二因素重复测量方差分析，结果表明（见表 8-31）：在注意定向加速值、注意警觉值、注意脱离值上，高低分组与词汇的主效应、交互作用均不显著，$p > 0.05$。

表 8-30 在不同词汇的生活与活动适应维度总分高低分组中学生的
注意偏向指数的描述统计

因变量	拒绝				悲伤			
	高分组		低分组		高分组		低分组	
	M	SD	M	SD	M	SD	M	SD
注意定向加速值	9.31	42.93	11.58	51.83	0.02	43.13	−2.85	32.39
注意警觉值	8.48	28.41	0.07	32.17	1.24	34.33	−2.07	25.79
注意脱离值	0.84	27.15	11.52	50.61	−1.22	34.33	−0.78	24.67

注意偏向视域下青少年情绪和行为问题的干预

表 8-31　在不同词汇的生活与活动适应维度高低分组中学生
注意偏向指数的重复测量方差分析结果

注意偏向指数	变异来源	df	F	p
注意定向加速值	分组	1	0.00	0.98
	词汇	1	1.98	0.17
	分组 × 词汇	1	0.09	0.76
注意警觉值	分组	1	0.80	0.38
	词汇	1	0.61	0.44
	分组 × 词汇	1	0.18	0.67
注意脱离值	分组	1	0.53	0.47
	词汇	1	1.14	0.29
	分组 × 词汇	1	0.58	0.45
	误差	46		

4. 注意偏向在社会关系与观念适应维度高低分组上的差异检验

表 8-32 描述了在社会关系与观念适应维度总分高低分组中学生对不同类型词汇的注意定向加速值、注意警觉值、注意脱离值的平均值和标准差。对注意定向加速值、注意警觉值、注意脱离值分别进行二因素重复测量方差分析，结果表明（见表 8-33）。

在注意定向加速值上，高低分组与词汇的交互作用存在边缘显著，$p=0.06$，进一步进行简单效应分析可得，对于拒绝词汇，低分组中学生的注意定向加速值（$M=-11.82$, $SD=47.32$）显著低于高分组中学生的注意定向加速值（$M=13.06$, $SD=42.04$）；对于悲伤词汇，低分组中学生的注意定向加速值（$M=0.79$, $SD=36.60$）和高分组中学生的注意定向加速值（$M=8.20$, $SD=52.99$）不存在显著差异，$p>0.05$，这说明越能够适应社会关系、认同社会观念的人对拒绝刺激加工越迅速，和不容易适应社会关系的人对悲伤刺激的加工情况相似。但高低分组、词汇的主效应均不显著，$p>0.05$。

在注意警觉值上，高低分组与词汇的交互作用存在边缘性显著，$p=0.05$，进一步进行简单效应分析可得,对于拒绝词汇,低分组中学生的注意警觉值(M=-10.88,SD=40.56)显著低于高分组中学生的注意警觉值(M=15.42,SD=27.98);对于悲伤词汇,低分组中学生的注意警觉值(M=-0.19,SD=45.93)和高分组中学生的注意警觉值(M=6.22,SD=28.18)不存在显著差异,$p > 0.05$,这说明越能够适应社会关系、认同社会观念的人对拒绝刺激越警觉,和不容易适应社会关系的人对悲伤刺激的加工情况相似。高低分组的主效应存在边缘显著,p=0.05,事后多重比较发现,低分组中学生的注意警觉值(M=-5.53,SD=43.25)边缘性显著低于高分组中学生的注意警觉值(M=10.82,SD=28.22),这说明越能够适应社会关系、认同社会观念的人对负性刺激越警觉。但词汇的主效应不显著,$p > 0.05$。在注意脱离值上,高低分组、词汇的主效应及交互作用均不显著,$p > 0.05$。

表8-32 在不同词汇的社会关系与观念适应维度高低分组中学生的注意偏向指数的描述统计

因变量	拒绝 高分组 M	SD	低分组 M	SD	悲伤 高分组 M	SD	低分组 M	SD
注意定向加速值	13.06	42.04	-11.82	47.32	0.79	36.60	8.20	52.99
注意警觉值	15.42	27.98	-10.88	40.56	6.22	28.18	-0.19	45.93
注意脱离值	-2.36	27.67	-0.94	47.72	-5.43	31.44	8.39	43.62

表8-33 在不同词汇的社会关系与观念适应维度高低分组中学生注意偏向指数的重复测量方差分析结果

注意偏向指数	变异来源	df	F	p
注意定向加速值	分组	1	1.00	0.32
	词汇	1	0.22	0.64
	分组 × 词汇	1	3.82	0.06
	误差	54		

续表

注意偏向指数	变异来源	df	F	p
注意警觉值	分组	1	3.92	0.05
	词汇	1	0.02	0.88
	分组 × 词汇	1	3.87	0.05
	误差		54	
注意脱离值	分组	1	0.84	0.36
	词汇	1	0.28	0.60
	分组 × 词汇	1	1.08	0.30
	误差		54	

8.2.4 讨论

首先，在性别变量上，中学生的社会适应总体水平不存在性别差异，此研究结果与前人（蔡施思，2012）的结论不一致。原因可能是被试的选取、学校的学风教风等方面的影响。但在社会适应的社会活力二阶因素上，研究发现，男生在社会关系方面的乐观和开朗程度略高于女生。这种差异或许是因为女生相对于男生更加注重人际关系中微妙的细节，因此更为谨慎，而男生则往往不太关注这些细节，从而表现出更多的开放和积极性。此外，研究结果还显示，女生更容易从悲伤刺激中脱离出来。而从拒绝刺激中脱离的情况和男生差异不大。究其原因，可能是处于青春期的男生受到性别观念的影响，愈发想表现成熟，更不愿意去表达和倾诉，而是倾向于承担与隐忍，因此较于女生，更不擅长调节自我情绪，更容易在悲伤刺激上陷入困境。而对于拒绝词汇，由于研究对象所处社会文化环境强调集体主义，人们更倾向于拥有依赖型自我，注重维持与他人的和谐互动，所以无论男女均不太喜欢遭遇群体排斥，对于拒绝的反应基本相同。

其次，在留守情况变量上，留守中学生对学习环境与学习的适应能力、对社会关系的适应能力、对社会观念的认同能力均略低于非留守中学生，这与前人（柴江，2015）的研究结论相似。原因可能在于留守中学生

第 8 章　青少年手机依赖和社会适应与注意偏向实证研究

相比于非留守中学生获得的社会支持更少，且抑郁水平更高（黄晓天，2021），所以他们更易失去对外界的信心，对社会的负面预期增强，这更不利于对社会与环境的适应。此外，相较于非留守儿童，留守儿童对拒绝性词语存在更明显的注意定向加速和注意脱离现象。杨炎芳（2017）的研究也得出留守儿童较非留守儿童对拒绝性词语存在更明显的注意偏向的结论，二者结论基本一致。该现象的原因可能在于留守儿童往往缺乏足够的社会支持（黄晓天，2021），同伴关系更差，自我接纳水平更低（刘艳艳，2020），因此可能对与社会排斥、拒绝有关的刺激更加敏感。

再次，在年级和年龄变量上，本研究发现，相较于 12~13 岁的同龄人，15~17 岁的中学生在社会适应总体能力、对学习环境与学习的适应能力、对集体活动正确认识及参与的能力、交友能力以及受他人欢迎和信任等方面表现出更低的水平。这一研究结论与王薇薇（2021）的研究结果相吻合。社会适应能力随年龄增长而下降，原因可能是随着学习任务变得更为艰巨，学习成绩的重要性也逐渐突出，中学生在社会环境与人际关系方面的适应能力并未得到足够的关注和培养，这一现象冲击了学生原有的心理平衡（蔡施思，2012）。但是不同年级、年龄的人在对拒绝、悲伤词汇的注意偏向情况上差异不大，这与王鹏飞（王鹏飞，2021）使用问卷法得出的结论基本一致，说明在初中阶段，随着年龄和年级的增长，个体对负性信息的注意偏向情况并没有发生很大的变化。

最后，研究结果显示，注意偏向与适应水平之间存在一定的联系。对学习环境和学习适应能力更高、对学习更积极主动的人，更不容易从拒绝词、悲伤词这样的负性刺激中脱离。这可能是因为这些个体更加关注学习和成长，而未充分培养在生活场景中应对拒绝和悲伤事件的能力；此外，对社会关系和社会观念适应能力水平更强的个体对拒绝词加工更加迅速、更加警觉。对悲伤词更加警觉，原因可能是他们需要对负性刺激更加关注以获得更多的信息来应对生活事件，从而更好地适应社会环境。

综上所述，中学生的社会适应水平在总体上不存在性别差异，但在留守状况、年龄、年级上存在显著差异。中学生的注意偏向在性别、留守状况上存在差异,而随着年龄或年级的增长未发生较大的变化。社会适应部分因素与注意偏向存在一定联系,基本呈正相关。越是适应环境的人,越有可能表现出对负性刺激的关注以获得足够的信息。

第三篇

青少年情绪和行为问题的干预研究的启示

第 9 章　注意偏向对青少年情绪和行为问题干预的建议

9.1　青少年情绪和行为问题干预的一般建议

正如前文所述，由于受到个体和环境因素的综合影响，不同年龄和性别的青少年情绪和行为问题呈现出多样性的特点，反映了这些问题的复杂性和多方面的作用机制。因此，在对青少年的情绪和行为问题进行干预时，应注意根据青少年在问题特征上差异化的表现，进行针对性的干预。通常应该注意以下几点。

9.1.1　根据情绪和行为发生的原因选取合适的干预方法

在第 1 章中，笔者系统地梳理了导致青少年情绪和行为问题形成的诸多因素，具体包括来自青少年自身的生理因素、认知发展因素和人格特质等内部因素，同时也包括来自家庭环境、学校环境、社会环境等外部因素。在对青少年情绪和行为问题进行干预时，需要首先对问题的发生原因进行详细的分析，找出其根本原因和诱因，并进行精准的干预。例如，一个表现出好动、注意力不集中等不良习惯的青少年，我们可以首先对其身体进行检查，排除生理因素导致的问题。如果检查发现该青少年存在过敏等问题，不良行为可能是由于过敏导致的不适感所诱发的。此时，可以通过药物治疗来消除过敏症状，进而改善其注意力不集中等不良行为。又如，如果一个女生（A）在某一时间段变得敏感和脆弱等，更容易受到负性情绪的影响，且同时具有明显的周期性，这可能是在月经周期时黄体酮和雌激素的升高所导致。在这种情况下，只需多点关心和理解即可。但如果周期性的特征不明显，且发现家族成员中有精神病史，同时近期发生过创伤事件，则很可能是遗传因素导致，需要视程度服用相应的药物，并且根据其诱因事件（创伤事件）开展心理辅导。

9.1.2 根据情绪和行为具体的表现选取合适的干预方法

正如前文所述，青少年情绪和行为问题具有多种表现，其中包括焦虑、抑郁、恐惧、强迫等情绪问题，以及非社会性行为、攻击性行为、上瘾行为等行为问题。不同的青少年情绪和行为问题表现出不同的特点，比如有的青少年情绪容易波动，急躁易怒，有的则表现出社交障碍，沉默寡言。在针对青少年情绪和行为问题进行干预时，应详细记录问题的具体表现，以制定有针对性的干预方法。例如，仍然以女生A为例，当该女生在一次重要考试发挥失常之后，表现出睡眠障碍、食欲障碍、无法集中精力和反应迟钝等抑郁症状时，需要采取相应的干预措施。女生A的具体表现符合有亚综合抑郁（SSD）的症状表现，并且持续存在了一段时间（大约3个月）。如果能够及时采用恰当的方法对其进行干预，就可以很好地缓解其抑郁情绪，预防其发展成为重度抑郁症。例如，我们可以根据女生A表现出的抑郁症状，进行有针对性的干预。在这个例子中，女生A最典型的症状是睡眠障碍、食欲障碍和注意力集中能力下降，在疗法上可以采用正念瑜伽和认知行为疗法，以缓解其抑郁症状，并促进食欲和睡眠，同时改善注意力不集中的情况。

9.1.3 根据青少年的阶段性特点选取合适的干预方法

青春期的大脑结构和功能的发展表现出阶段性和不均衡性的特点。前额叶皮质的发展是一个持续的过程，其中经过婴幼儿期第一次快速发展的时期和中大儿童时期的缓慢发展，然后进入青春期，前额叶皮质的发展进入了第二个加速期，但直到青春期后期才逐渐发育成熟。前额叶皮质的成熟程度与其认知发展水平密切相关，并且是衡量青少年情绪和行为管理能力的一个重要指标。

有针对性地对青少年的情绪和行为问题进行干预是十分关键的，尤其是根据青少年的阶段性特点选取合适的干预方法。例如，不同年龄、性别、个体特征的青少年可能表现出略有差异的问题特征，因此需要有针对性地采用不同的干预方法。

在干预过程中，对于青春期早期的青少年来说，因为他们的认知发展仍然处于较低的水平，情绪和行为管理能力需要进一步加强。因此，一些以行为主义相关的理论为主要依据的个体疗法，例如沙盘疗法、社会技能训练、系统脱敏疗法等，可能更加适用于刚进入青春期的四五年级的小学生。而对于青春期后期的青少年，尤其是对大学生情绪和行为问题的干预，则更加推荐使用认知行为疗法以及元认知干预技术。其中，认知行为疗法是一种以认知为主要依据的干预方法，其目的是改变个体的不良认知与情绪，以改善其情绪和行为问题。而元认知干预技术是一种旨在提高个体元认知能力（能力反思和监控个体的自我情感和行为反应的能力）的干预方法，以帮助个体更加有效地管理和应对各种情绪和行为问题。

9.2 注意偏向视域下青少年情绪和行为问题干预的建议

近年来，注意偏向矫正技术（attention bias modification，ABM）作为新的青少年情绪和行为问题的矫正方法被越来越多地关注。本节将结合本书开展的一系列关于注意偏向与青少年情绪和行为问题的关系及其干预的研究成果，补充在应用注意偏向矫正技术干预青少年情绪和行为问题时的注意事项。

9.2.1 青少年焦虑情绪的干预

针对青少年焦虑情绪的干预，本书通过从注意偏向的角度系统地梳理焦虑障碍个体的特点，发现焦虑障碍个体与健康对照者相比，有明显的证据表明焦虑障碍个体对威胁刺激有注意偏向，尤其是当视觉威胁材料不是图片形式而是文字形式时，焦虑障碍个体对威胁刺激的注意偏向较为明显。此外，研究还发现，使用面孔材料时，焦虑障碍个体在对刺激材料进行注意时更倾向于关注眼睛区域的威胁信息而不是整个面孔的威胁信息。对于这些研究结果，本书发现，可以从几个方面进行干预：一方面，针对焦虑障碍个体对文字形式威胁性信息的敏感性，可以采用系统脱敏的方法，通过逐渐暴露个体于与他们过度关注的威胁性信息有关的刺激，并在不增加其焦虑的情况下逐渐减少其对该类刺激的注意偏向。另一方面，对于社交焦虑的个体，可以在社交交往过程中引导其避免过多关注眼睛区域，而是关注整个面部。

9.2.2 青少年抑郁情绪的干预

本书开展了一系列关于留守抑郁青少年注意偏向的实验研究，结果发现，个体差异会影响注意偏向矫正技术的干预效果，不同情境下青少年可能会形成不同类型的负性图式，针对每个个体的负性图式进行干预是十分重要的。因此，在使用注意偏向矫正技术对青少年情绪和行为问题进行干预时，应该注重以下几个注意事项：①需要进行个性化定制：对每个被试进行个性化定制，对其特定负性图式进行有针对性的干预，以达到最佳的干预效果。②需要考虑青少年的经历背景：不同的经历背景会对注意偏向形成不同的负性图式，因此需要考虑青少年的经历背景对干预的影响，根据其经历背景制定相应的干预方案。③需要考虑干预效果的特异性：注意偏向矫正技术的干预效果具有特异性，不能迁移到未被矫正的其他情绪属性的负性图式，需要针对不同的负性图式制定不同的干预方案。④需要及时记录和调整干预方案：在干预过程中，需要及时记录每个被试的情况，并根据记录及时调整干预方案，以达到最佳干预效果。

9.2.3 青少年不良行为的干预

本书开展了一系列关于高攻击青少年注意偏向的实验研究，这些研究表明，注意偏向矫正技术对于高攻击暴力电子游戏玩家和高外显攻击大学生的注意偏向有显著的干预效果，并且加入奖励训练会进一步增强训练的干预效果；此外，本书还发现，注意偏向矫正技术对高攻击暴力电子游戏玩家的干预效果主要表现在注意脱离这一成分，即注意偏向矫正技术对暴力电子游戏玩家的干预机制主要是"引导促进青少年的注意资源快速地从负性情绪信息脱离出来，转移到中性信息"这一过程。因此，在使用注意偏向矫正技术对青少不良行为进行干预时，可以考虑同时采用奖励训练，以增强干预效果，但需要结合实际情况，能够对被干预对象的行为产生诱导。这些研究成果为干预青少年的不良行为提供了一种新的策略，即通过调整他们的注意偏向来改善他们的不良行为，并且在制定干预方案时，可以根据其注意偏向的成分制定个性化的方案。然而，这种策略需要在更多的实验研究中进行验证，以进一步优化干预效果并确保其持续性和稳定性。同时，研究人员还需要考虑各种干预方法的适用范围和针对不同群体的效果差异，以制定更具针对性的干预方案。

9.2.4 其他建议

尽管注意偏向矫正技术是一种有效的方法，但目前干预效果并不明显，且不同个体在使用技术时的效果存在很大的变异性。此外，注意偏向矫正技术需要长时间和大量的训练，且需要专业的技术支持。因此，在使用注意偏向矫正技术时，需要针对不同个体的需求和实际情况进行个体化干预，并且需要注意把握干预的时机和干预的时间长度，以达到更好的干预效果。除此之外，注意偏向矫正技术的应用涉及相关的伦理和安全问题。在干预过程中，要注重保护个体的隐私和自尊心，避免过度干预而产生负面影响。此外，还需要注意技术的安全性，同时鼓励家庭和社区的支持和参与，以提高干预的影响力和可持续性。

总之，注意偏向矫正技术作为一种新的青少年情绪和行为问题的矫正方法，具有一定的应用潜力和前景。在应用注意偏向矫正技术于青少年情绪和行为问题的干预时，需要充分考虑个体的特点和需求，遵循伦理和安全的原则，并结合其他干预方法进行综合干预，以达到更好的效果。

9.3 注意偏向矫正方案设计的建议

已有研究表明，ABM 的干预效果会受到许多因素的影响，例如训练的次数、训练的任务、刺激呈现时间、疗效的追踪调查、与药物的合并使用、加入的奖励反馈、抑郁水平、被试的年龄等。因此，在设计注意偏向矫正方案时需要注意以下几点。

需要先了解个体差异。了解个体差异是设计注意偏向矫正方案的重要环节，不同个体在反应和注意偏向上存在差异，这可能影响 ABM 技术的干预效果和适用性。因此，在进行 ABM 技术干预前，需要详细了解个体的生理和心理特点，以便更好地把握其干预效果。研究者可以采用实验和问卷调查的方式来获取个体的注意偏向特点，以确定个体的注意偏向模式。但需要注意采用适当的方法来获取信息，并在处理过程中尊重青少年的隐私。

制订详细的干预计划，包括干预的时间、频率等，可以帮助研究者更有效地实施注意偏向矫正方案，从而达到干预目标。干预时间的选择需要综合考虑青少年的注意偏向情况、日常生活安排和干预的需要。干预频率的选择也应根据实际情况进行，频率应适当，不宜过于集中或过于分散，应根据研究的具体目的进行设计，通常每周进行 3 ~ 4 次，每次持续时间在 30 分钟以内，避免太过频繁或过长，导致青少年产生厌烦情绪，影响训练效果。

确定干预内容：干预内容应根据青少年的注意偏向情况和干预目标而定。由于个体的经历不同，不同情绪和行为问题的青少年在注意偏向上的表现也不同，例如有些可能仅对拒绝信息过分敏感，有些仅对悲伤信息过分敏感，而有些可能对所有的负性信息过分敏感。同时，不同的信息呈现方式也会影响干预的效果。因此，在细化干预内容时，应针对不同个体的不同注意偏向的类型、强度和具体任务，制定更为个性化的干预方案，以争取最佳疗效。

总之，设计注意偏向矫正方案需要综合考虑个体差异、干预对象、干预时间、干预频率、干预内容等多个因素。只有通过不断的实践和改进，才能制定出更加有效的干预方案，从而促进青少年行为和情绪问题的改善。

第 10 章　注意偏向视域下青少年情绪和行为问题干预研究的展望

10.1　注意偏向矫正效果的测量需标准化

注意偏向矫正技术是近年来备受关注的一种新型心理干预方法，在心理健康领域逐渐得到了重视。尤其在青少年情绪问题方面的应用中，ABM 能够帮助缓解一些情绪和行为问题，同时也具有可接受和易实施的特点，成为越来越多研究人员关注的焦点。然而，目前针对 ABM 干预效果的研究结果并不一致，且不同个体在使用技术时的效果存在较大的变异性。这很可能与不同的测量工具使用有关。

目前，注意偏向矫正技术中最常用的测量方法是反应时范式法。反应时范式是一种客观的方法，通过评估被试者对刺激的反应时间来进行测量。反应时范式不仅能提供相对客观和准确的结果，也同时具备经济、便捷的优势。因此，反应时范式是注意偏向研究中最常用的测量方法之一。点探测范式是最早并且是最常用的反应时范式，在近 30 年来已被近千项研究所采用。

但是，不同研究在应用点探测范式测量注意偏向时，所采用的实验刺激类型（文字、面孔、图片）、刺激呈现的时间（500ms、1 000ms、1 500ms）

第 10 章　注意偏向视域下青少年情绪和行为问题干预研究的展望

和刺激的情绪属性（悲伤、恐惧、愤怒等）均存在较大的差异。实验刺激的不同可能会直接影响到被试者的体验和反应，可能导致不同测量结果间的差异，进而影响 ABM 干预效果的分析和比较。例如，对于有情绪问题的青少年来说，不同类型的刺激可能引发不同的情绪反应，进而表现出不同的注意偏向。除此之外，刺激呈现时间的差异也可能对测量结果产生影响。例如，刺激呈现时间过短可能影响被试者的注意力分配，刺激呈现时间过长可能会造成疲劳或不适感，进而影响被试者的注意力表现。此外，实验条件、样本特征和评估者的能力等因素也可能对测量结果产生影响。例如，样本的年龄、性别、心理健康状况等，都可能对注意偏向表现产生影响。

目前，尚无一种公认的、经过广泛测试的标准测验来量化注意偏向性。这可能导致不同研究之间测量结果的不稳定性和不具备可比性。因此，未来需要更加严谨和规范地进行 ABM 的测量方法研究，研发一套经过标准化的测验工具及其常模，并规范刺激类型的选择标准、控制刺激呈现时间和情绪属性等变量，并进行规范的数据分析和统计。这样可以更稳定、更准确、更全面地分析 ABM 干预效果，也方便将不同时间、不同地区、不同人群或不同机构所得到的测验结果进行直接比较，有助于研究者了解青少年整体情况，推动 ABM 技术在青少年情绪问题治疗中的实际应用。

10.2　注意偏向矫正技术可游戏化

近年来，随着互联网技术的飞速发展和电子心理健康的推广，基于互联网的训练（eABM）逐渐成为研究的热点。eABM 训练可以通过电脑、手机等电子设备链接互联网，从而实现对心理疾病（如焦虑症、抑郁症等）的诊断和治疗。早期的研究采用与 Amir 等（2008）实验室一样的训练方法验证 eABM 对于降低社交焦虑障碍个体负性偏向的效果，结果只发现了训练的时间效应，训练组和控制组之间在焦虑情绪及注意偏向的改善上差异并不显著（Boettcher et al., 2012; Neubauer et al., 2013）。但之后的研究者对 eABM 的训练方案进行优化（例如增加训练次数、调整实验程序）后发现了相对于控制组，eABM 组的注意偏向和情绪症状得到了显著的改善（Boettcher et al., 2013; Hollis et al., 2017; Jones et al., 2017）。最近的一篇的元分析显示，eABM 对儿童青少年焦虑和抑郁的干预效应值为 $g=0.41$（Grist et al., 2019）。这些研究初步验证 eABM 训练是有效的，但效应值仍比较小。

  干扰 eABM 效果的因素可能有很多，但训练过程中的投入程度无疑发挥着关键作用。如果任务本身难度很高，个体在训练过程中就必须集中注意力才能完成，那么训练效果可能会很好。但对于像 ABM 训练这样难度较低的任务来说，个体在训练过程中很容易受到周围环境的干扰，无法保证每次训练的效果，这很可能是导致 eABM 训练效果不佳的现实原因。因此，许多研究者开始探讨将游戏的元素应用于 eABM 的训练中，即将 ABM 进行游戏化，从而提高个体的投入程度。但目前关于检验 GABM（游戏化注意偏向矫正）的研究仍然处于起步阶段，相关的报道十分有限，至今还没有报道将 GABM 应用于青少年抑郁的干预研究。Dennis 等（2014）是最早将 GABM 应用于矫正高特质焦虑大学生对威胁信息的注意偏向的研究者。该研究采用了游戏化的 ABM 训练程序，与实验室版本类似，该程序中用两个可爱的精灵（一个温和面孔和一个愤怒面孔）代替传统实验室情景下的情绪词对，并用声效代替探测点。研究者创设了这样一个游戏情景：两个小精灵会躲进两个洞里，其中一个精灵会导致其藏身的洞后面的草地的路径有动静。被试需要找到是哪个洞在响，并且用手指头从洞一直滑，追踪沙沙作响的草地。研究结果发现，相对于控制组，训练组主观报告的焦虑分数和客观观察到的压力反应均显著下降，但注意偏向指数的下降只在训练时间较长的情况下（45 分钟）下发现。类似的，Dennis-Tiwary 等（2016）、Notebaert 等（2018）的研究也同样报告了 GABM 对缓解焦虑个体对压力的焦虑反应和改善注意偏向指数是有效的。然而，迄今为止，也有一篇研究报告了负面结果。Pieters 等（2016）采用游戏化的视觉搜索任务，比较

第 10 章 注意偏向视域下青少年情绪和行为问题干预研究的展望

积极训练（引导注意到积极面孔）和消极训练（引导注意到消极面孔）的 ABM 干预的效果，但结果发现两组被试在训练前后的注意偏向指数、焦虑、抑郁分数等方面均没有任何显著的差异。总体而言，关于 GABM 对焦虑个体似乎有比较好的干预效果，但是对于其他群体（尤其是抑郁青少年）的干预效果，仍需大量的研究进一步的验证。

参考文献

Achenbach T M, 1991. The manual for the Child Behavior Checklist [M]. Burlington: University of Vermont.

Alan R, Rozanski J A, Blumenthal M D, et al, 2005. The epidemiology, pathophysiology, and management of psychosocial risk factors in cardiac practice: The emerging field of behavioral cardiology [J]. Journal of the American College of Cardiology, 45 (5): 637-651.

Albano A M, Silverman W K, 1996. The Anxiety Disorders Interview Schedule for Children for DSM-IV: Clinician Manual (Child and Parent Versions) [M]. San Antonio, Texas: Psychological Corporation.

American Association on Intellectual and Developmental Disabilities, 2010. Social adaptation in relation to intellectual and developmental disabilities: Current conceptualizations and emerging challenges.

Amir N, Beard C, Burns M, et al, 2009. Attention modification program in individuals with generalized anxiety disorder [J]. Journal of Abnormal Psychology, 118: 28-33.

Amir N, Beard C, Taylor C T, et al, 2009. Attention training in individuals with generalized social phobia: A randomized controlled trial [J]. Journal of Consulting and Clinical Psychology, 77 (5): 961-973.

参考文献

Anderson B A, Laurent P A, Yantis S, 2011. Learned value magnifies salience-based attentional capture [J]. PloS One, 6 (11): e27926.

Anderson B A, Laurent P A, Yantis S, 2014. Value-driven attentional priority signals in human basal ganglia and visual cortex [J]. Brain Research, 1587: 88-96.

Anderson B A, Yantis S, 2012. Value-driven attentional and oculomotor capture during goal-directed, unconstrained viewing [J]. Attention Perception & Psychophysics, 74 (8): 1644-1653.

Anderson C A, Dill K E, 2000. Video games and aggressive thoughts, feelings, and behavior in the laboratory and in life [J]. Journal of personality and social psychology, (4).

Andreassen C S, Pallesen S, Griffiths M D, 2017. The relationship between addictive use of social media, narcissism, and self-esteem: Findings from a large national survey [J]. Addictive Behaviors, 64: 287-293.

Arend Isabel, Johnston Stephen, Shapiro Kimron, 2006. Task-irrelevant visual motion and flicker attenuate the attentional blink [J]. Psychonomic bulletin & review, 13 (4): 600-7.

Arnell K M, Killman K V, Fijavz D, 2007, Blinded by emotion: target misses follow attention capture by arousing distractors in RSVP [J]. Emotion, 7 (3): 465-77.

Attention Bias Modification Mobile Application in Trait Anxious Adults [J].Clin Psychol Sci, 2 (5): 576-590.

Avram J, Baltes F R, Miclea M, et al, 2010. Frontal EEG activation asymmetry reflects cognitive biases in anxiety: Evidence from an emotional face Stroop task [J]. Applied Psychophysiological Biofeedback, 35: 285-292.

Azriel O, Britton J C, Gober C D, et al, 2022. Development and validation of the Attention Bias Questionnaire (ABQ) [J]. International journal of methods in psychiatric research, 31 (2): e1905.

Baert S, De Raedt R, Schacht R, et al, 2010. Attentional bias training in depression: therapeutic effects depend on depression severity [J]. J. Behav. Ther. Exp. Psychiatr, 41 (3): 265-274.

Baker T B, Piper M E, McCarthy D E, et al, 2004. Addiction motivation reformulated: An affective processing model of negative reinforcement [J]. Psychological Review, 111: 33-51.

Bar-Haim Y, Lamy D, Pergamin L, et al, 2007. Threat-related attentional bias in anxious and nonanxious individuals: A meta-analytic study [J]. Psychological Bulletin, 133 (1): 1-24.

Beard C, Weisberg R B, Amir N, 2011. Combined cognitive bias modification treatment for social anxiety disorder: a pilot trial [J]. Depress Anxiety.

Beard C, Weisberg R B, Primack J, 2012. Socially anxious primary care patients' attitudes toward cognitive bias modification (CBM): a qualitative study [J]. Behav Cogn Psychother, 40 (5): 618-633.

Beauregard J L, Pierre B, 2001. Neural Correlates of Conscious Self-Regulation of Emotion [J]. The Jmrrnal of Neuroscience, 21 (65).

Beck A T, 1967. Depression [J]. Clinics in Geriatric Medicine, 14 (4): 765.

Beck A T, Bredemeier K, 2016. A Unified Model of Depression [J]. Clinical Psychological Science, 4 (4): 596-619.

Beck A T, Emery G, Greenberg R, 1985. Anxiety disorders and phobias: A cognitive perspective [M]. New York: Basic Books.

Beck A T, Lerner R M, Phillipson A, et al, 1976. Cognitive Therapy and the Emotional Disorders [M]. New York: New American Library.

Beck Ohman A, 1986. Face the beast and fear the face: Animal and social fears as prototypes for evolutionary analyses of emotionc [J]. Psychophysiology, 23 (2): 123-145.

Benjamin M, Wilkowski, Michael D. Robinson, 2010. The Anatomy of Anger: An Integrative Cognitive model of trait anger and reactive aggression

[J]. Journal of Personality, 78（1）：9–38.

Bianchi A, Phillips J G, 2005. Psychological predictors of problem mobile phone use [J]. Cyberpsychology & behavior: The impact of the internet, multimedia and virtual reality on behavior and society, 8（1）：39–51.

Bishop S, 2007. Neurocognitive mechanisms of anxiety: An integrative account [J]. Trends in Cognitive Sciences, 11: 307–316.

Bø R, Kraft B, Jonassen R, et al, 2021. Symptom severity moderates the outcome of attention bias modification for depression: An exploratory study [J]. J Psychiatr Res, 138: 528–534.

Boal H L, Christensen B K, Goodhew S C, 2018. Social anxiety and attentional biases: a top-down contribution? [J]. Atten Percept Psychophys, 80（1）：42–53.

Boettcher J, Berger T, Renneberg B, 2012. Internet-Based Attention Training for Social Anxiety: A Randomized Controlled Trial [J]. Cognitive Therapy and Research, 36（5）：522–536.

Boettcher J, et al, 2014. Combining attention training with internet-based cognitive-behavioural self-help for social anxiety: a randomised controlled trial [J]. Cogn Behav Ther, 43（1）：34–48.

Boettcher J, Leek L, Matson L, 2013. Internet-based attention bias modification for social anxiety: a randomised controlled comparison of training towards negative and training towards positive cues [J]. PLoS One, 8（9）：e71760.

Bradley B P, Mogg K, White J, et al, 1999. Attentional bias for emotional faces in generalized anxiety disorder [J]. British Journal of Clinical Psychology, 38（3）：267–278.

Bradley R T, Mogg K, White J, et al, 1999. Attentional bias for emotional faces in generalized anxiety disorder [J]. The British Journal of Clinical

Psychology, 38（3）: 267-278.

Brian A, Anderson, Patryk A, 2011. Value-driven attentional capture［J］. Proceedings of the National Academy of Sciences, 108（25）: 10367-10371.

Brown J H, Gillooly J F, Allen A P, et al, 2004. Toward a metabolic theory of ecology［J］. Ecology, 85（7）: 1771-1789.

Bryant F B, Yarnold P R, 2000. A prospective study of psychological distress among law students［J］. Journal of Legal Education, 50（1）: 91-105.

Buss, Perry A H, Mark, 1992. The Aggression Questionnaire［J］. Journal of Personality and Social Psychology.

Calvo M G, Avero P, 2005. Time course of attentional bias to emotional scenes in anxiety: Gaze direction and duration［J］. Cognition & Emotion, 19（3）: 433-451.

Camara E, Manohar S, Husain M, 2013. Past rewards capture spatial attention and action choices［J］. Experimental Brain Research, 230（3）: 291-300.

Carlbring P, Apelstrand M, Sehlin H, et al, 2012. Internet-delivered attention bias modification training in individuals with social anxiety disorder – a double blind randomized controlled trial［J］. BMC Psychiatry, 12: 66.

Carlson J M, 2021. A systematic review of event-related potentials as outcome measures of attention bias modification［J］. Psychophysiology, 58（6）: e13801.

Carlson J M, Fang L, 2020. Attentional bias to threat and gray matter volume morphology in high anxious individuals［J］. Cognitive, Affective, & Behavioral Neuroscience: 1-10.

Casey B J, Jones R M, Hare T A, 2008. The adolescent brain［J］. Annals of the New York Academy of Sciences, 1124（1）: 111-126.

Charles J, Fazeli M, 2017. Depression in children［J］. Aust Fam Physician,

46（12）：901-907.

Cheever Nancy A, Rosen Larry D, Mark C L, et al, 2014. Out of Sight Is Not Out

Choi S, Shin J, Ku J, 2016, Looking at the self in front of others: Neural correlates of attentional bias in social anxiety [J]. Journal of psychiatric research, 75: 31-40.

Cisler J M, Bacon A K, Williams N L, 2009. Phenomenological characteristics of attentional biases towards threat: A critical review [J]. Cognitive Therapy and Research, 33（2）: 221-234.

Cisler J M, Koster E H W, 2010. Mechanisms of attentional biases towards threat in anxiety disorders: An integrative review [J]. Clinical Psychology Review, 30（2）: 203-216.

Clarke P J F, Marinovic W, Todd J, et al, 2020. What is attention bias variability? Examining the potential roles of attention control and response time variability in its relationship with anxiety [J]. Behav Res Ther, 135: 103751.

Clarke P J, Browning M, Hammond G, et al, 2014. The causal role of the dorsolateral prefrontal cortex in the modification of attentional bias: Evidence from transcranial direct current stimulation [J]. Biological Psychiatry, 76: 946-952.

Compare A, Zarbo C, Shonin E, et al, 2014. Emotional Regulation and Depression: A Potential Mediator between Heart and Mind [J]. Cardiovascular Psychiatry & Neurology, 2014（6）: 324374.

Costello D M, Swendsen J, Rose J S, et al, 2008. Risk and protective factors associated with trajectories of depressed mood from adolescence to early adulthood [J]. Journal of Consulting and Clinical Psychology, 76（2）: 173-183.

Craig A, Anderson, Brad J, 2011. Effects of Violent Video Games on Aggressive Behavior, Aggressive Cognition, Aggressive Affect, Physiological Arousal, and Prosocial Behavior: A Meta-Analytic Review of the Scientific Literature [J]. Psychological Science, 12(5): 353-359.

Crick N R, Dodge K A, 1994. A Review and Reformulation of Social Information-Processing Mechanisms in Children's Social Adjustment [J]. Psychological Bulletin, 115(1): 74-101.

Dahl R E, Gunnar M R, 2009. Heightened stress responsiveness and emotional reactivity during pubertal maturation: implications for psychopathology [J]. Development and psychopathology, 21(1): 1-6.

Dahl R E, Spear L P, 2004. Adolescent brain development: Vulnerabilities and opportunities[J]. Annals of the New York Academy of Sciences, 1021(1): 1-22.

Dai Q, Hu L, Feng Z, 2019. Attentional bias modification reduces clinical depression and enhances attention toward happiness [J]. J Psychiatr Res, 109: 145-155.

Darque, Zotto, Khateb, 2012. Time course of attentional modulations on automatic emotional processing [J]. Neuroscience Letter, 418: 111-116.

Davis M, Whalen P J, 2001. The amygdala: Vigilance and emotion [J]. Molecular Psychiatry, 6: 13-34.

Della L C, Chelazzi L, 2009. Learning to attend and to ignore is a matter of gains and losses [J]. Psychological science, 20(6): 778-784.

Demirci K, Akgönül M, Akpinar A, 2015. Relationship of smartphone use severity with sleep quality, depression, and anxiety in university students [J]. Journal of Behavioral Addictions, 4(2): 85-92.

Dennis T A, O'Toole L J, 2014. Mental Health on the Go [J]. Clinical Psychological Science, 2(2): 1-15.

参考文献

Dennis T A, Egan L J, Babkirk S, 2016. For whom the bell tolls: Neurocognitive individual differences in the acute stress-reduction effects of an attention bias modification game for anxiety [J]. Behav Res Ther, 77: 105-117.

Denrell J, March J G, 2001. Adaptation as information restriction: The hot stove effect [J]. Organization Science, 12 (5): 523-538.

Disner S G, Beevers C G, Haigh E A, et al, 2011. Neural mechanisms of the cognitive model of depression [J]. Nat Rev Neurosci, 12 (8): 467-477.

Dodge K A, Price J M, Bachorowski J A, et al, 1990. Hostile attributional biases in severely aggressive adolescents [J]. Journal of abnormal psychology, 99 (4): 385.

Eastwood J D, Smilek D, Merikle P M, 2001. Differential attentional guidance by unattended faces expressing positive and negative emotion [J]. Perception & Psychophysics, 63 (6): 1004-1013.

Eastwood J, Smile D, Oakman J, et al, 2005. Individuals with social phobia are biased to become aware of negative faces [J]. Visual Cognition, 12: 159-179.

Einsle F, 1972. Entwicklung eines Fragebogens zur Erfassung von Angst und Depression [J]. Zeitschrift für Klinische Psychologie, Psychopathologie und Psychotherapie, 20 (1): 1-20.

Etkin A, Egner T, Peraza D M, et al, 2006. Resolving emotional conflict: A role for the rostral anterior cingulate cortex in modulating activity in the amygdala [J]. Neuron, 51 (6): 871-882.

Evans T C, Britton J C, 2018. Improving the psychometric properties of dot-probe attention measures using response-based computation [J]. Journal of Behavior Therapy and Experimental Psychiatry, 60: 95-103.

Failing Michel F, Theeuwes Jan, 2014. Exogenous visual orienting by reward [J].

Journal of vision, 14（5）: 1-9.

Feshbach, Seymour, 1964. The function of aggression and the regulation of aggressive drive [J]. Psychological Review, 71（4）: 257-272.

First M B, Spitzer R L, 1996. Structured Clinical Interview for DSM-IV Axis I Disorders-Patient Edition [M]. New York: Biometrics Research Department, New York State Psychiatric Institute.

Fox E, Russo R, Bowles R, et al, 2001. Do threatening stimuli draw or hold visual attention in subclinical anxiety? [J]. Journal of Experimental Psychology: General, 130（4）: 681-700.

Fox N A, 1994. Dynamic Cerebral Processes Underlying Emotion Regulation [J]. Child Development, 59（2）: 152-166.

Franconeri S L, Simons D J, 2003. Moving and looming stimuli capture attention [J]. Perception & Psychophysics, 65（7）: 999-1010.

Frewen P A, Dozois D J, Joanisse M F, et al, 2008. Selective attention to threat versus reward: meta-analysis and neural-network modeling of the dot-probe task [J]. Clinical Psychology Review, 28（2）: 307-37.

Frick P J, Morris A S, 2004. Temperament and Developmental Pathways to Conduct Problems [J]. Journal of Clinical Child & Adolescent Psychology, 33（1）: 54-68.

Giedd J N, Blumenthal J, Jeffries N O, et al, 1999. Brain development during childhood and adolescence: a longitudinal MRI study [J]. Nat, Neurosci, 2（10）: 861-863.

Gilboa-Schechtman E, Foa E B, Amir N, 1999. Attentional biases for facial expressions in social phobia: The face-inthe-crowd paradigm [J]. Cognition and Emotion, 13: 305-318.

Goddings A L, Mills K L, Clasen L S, et al, 2014. The influence of puberty on subcortical brain development [J]. NeuroImage, 88: 242-251.

Goodwin H, Yiend J, Hirsch C R, 2017. Generalized Anxiety Disorder, worry and attention to threat: A systematic review [J]. Clinical Psychology Review, 54: 107-122.

Goswami V, Singh D R, 2016. Impact of mobile phone addiction on adolescent's life: A literature review [J]. International Journal of Home Science, 2 (1): 69-74.

Gotlib I H, Kuppens P, 2018. Handbook of depression and emotion regulation [D]. New York: Guilford Publications.

Gotlib I H, McLachlan A L, Katz A N, 1988. Biases in visual attention in depressed and non-depressed individuals [J]. Cognition & Emotion, 2: 185-200.

Greenberg P E, Sisitsky T, Kessler R C, et al, 1999. The economic burden of anxiety disorders in the 1990s [J]. The Journal of clinical psychiatry, 60 (7): 427-435.

Greenwald A G, Nosek B A, Banaji M R, 2003. Understanding and Using the Implicit Association Test: I. An Improved Scoring Algorithm [J]. Journal of Personality and Social Psychology, 85 (2): 197-216.

Grist R, Croker A, Denne M, 2019. Technology Delivered Interventions for Depression and Anxiety in Children and Adolescents: A Systematic Review and Meta-analysis [J]. Clin Child Fam Psychol Rev, 22 (2): 147-171.

Gullone E, Taffe J, 2012. The Emotion Regulation Questionnaire for Children and Adolescents (ERQ-CA): A psychometric evaluation [J]. Psychological Assessment, 24 (2): 409-417.

Guyer A E, Lau J Y, McClure-Tone E, et al, 2008. Amygdala and ventrolateral prefrontal cortex function during anticipated peer evaluation in pediatric social anxiety [J]. Arch. Gen. Psychiatry 65: 1303-1312.

Haas B W, Omura K, Constable R T, 2006. Interference produced by emotional conflict associated with anterior cingulate activation [J].

Cognitive, Affective, & Behavioral Neuroscience, 6（2）: 152–156.

Hahn A, Stein P, Windischberger C, et al, 2011. Reduced resting-state functional connectivity between amygdala and orbitofrontal cortex in social anxiety disorder［J］. Neuroimage, 56: 881–889.

Hamilton M, 1989. The assessment of anxiety states by rating［J］. British Journal of Medical Psychology, 32（1）: 50–55.

Han H Y, Gan T, Li P, et al, 2014. Attentional bias modulation by reappraisal in patients with generalized anxiety disorder: An event-related potential study［J］. Brazilian Journal of Medical and Biological Research, 47（7）: 576–583.

Hare G, Jones A, Casey J R, 2008. The adolescent brain［J］. Journal of Psychopharmacology, 22（2）: 121–127.

Hare T A, Tottenham N, Galvan A, et al, 2008. Biological substrates of emotional reactivity and regulation in adolescence during an emotional go-nogo task［J］. Biol Psychiatry, 63（10）: 927–934.

Hartley R E, 1951. Social Adjustment of Children: Relations between Behavior, Emotion, and Thought［M］. New York: Harcourt, Brace and Company.

Hayes S, Hirsch C R, Mathews A, 2008. Restriction of working memory capacity during worry［J］. Journal of Abnormal Psychology, 117: 712–717.

Hayes S, Hirsch C, Mathews A, 2010. Facilitating a benign attentional bias reduces negative thought intrusions［J］. Journal of Abnormal Psychology, 119: 235–240.

Heeren A, Peschard V, Philippot P, 2012. The causal role of attentional bias for threat cues in social anxiety: A test on a cyber-ostracism task［J］. Cognitive Therapy and Research, 36（5）: 512–521.

Herrington J D, Mohanty A, Koven N S, et al, 2005. Emotion-modulated performance and activity in left dorsolateral prefrontal cortex[J]. Emotion, 5: 200-207.

Hickey C, Chelazzi L, Theeuwes J, 2011. Reward has a residual impact on target selection in visual search, but not on the suppression of distractors [J]. Visual Cognition, 19: 117-128.

Hilland E, Landro N I, Harmer C J, et al, 2018. Within-Network Connectivity in the Salience Network After Attention Bias Modification Training in Residual Depression: Report From a Preregistered Clinical Trial [J]. Front Hum Neurosci, 12: 508.

Hilland E, Landro N I, Harmer C J, et al, 2020. Attentional bias modification is associated with fMRI response toward negative stimuli in individuals with residual depression: a randomized controlled trial [J]. J Psychiatry Neurosci, 45(1): 23-33.

Hirsch C R, Clark D M, Mathews A, 2006. Imagery and interpretations in social phobia: Support for the combined cognitive biases hypothesis [J]. Behavior Therapy, 37: 223-236.

Hirsch C R, Hayes S, Mathews A, 2009. Looking on the bright side: Accessing benign meanings reduces worry [J]. Journal of Abnormal Psychology, 118: 44-54.

Hirsch C R, Mathews A, 2012. A cognitive model of pathological worry [J]. Behaviour research and therapy, 50(10): 636-646.

Hman A, Lundqvist D, Esteves F, 2001. The Face in the Crowd Revisited: A Threat Advantage with Schematic Stimuli [J]. Journal of Personality and Social Psy-chology, 80(3): 381 — 396.

Hu Y, Guo J, Jou M, et al, 2020. Investigating the attentional bias and information processing mechanism of mobile phone addicts towards emotional information [J]. Computers in Human Behavior, 110: 106378.

Huang Y, 2019. Prevalence of mental disorders in China-Author's reply [J].

The Lancet Psychiatry, 6 (6) : 468–469.

Huw Goodwin, Jenny Yiend, Colette R, 2017. Generalized Anxiety Disorder, worry and attention to threat: A systematic review [J]. Clinical Psychology Review, 54.

Iacoviello B M, Wu G, Abend R, et al, 2014. Attention bias variability and symptoms of posttraumatic stress disorder [J]. Journal of Traumatic Stress, 27: 232–239.

Itti L, Koch C, 2001. Computational modelling of visual attention [J]. Nature Reviews Neuroscience, 2: 194–203.

Jarde A, Losilla J, Vives J, 2013. Q-Coh: A tool to screen the methodological quality of cohort studies in systematic reviews and meta-analyses [J]. International Journal of Clinical and Health Psychology, 13: 138–146.

John O P, Eng J, 2014. Three approaches to individual differences in affect regulation: Conceptualizations, measures, and findings [J].

John O P, Naumann L P, Soto C J, 2008. Paradigm shift to the integrative Big Five taxonomy: Handbook of Personality: Theory and Research.

Jonassen R, Harmer C J, Hilland E, et al, 2019. Effects of Attentional Bias Modification on residual symptoms in depression: a randomized controlled trial [J]. BMC Psychiatry, 19 (1) : 141.

Jones E B, Sharpe L, 2017. Cognitive bias modification: A review of meta-analyses [J]. Journal of Affective Disorders, 223: 175–183.

Joormann J, Quinn M E, 2014. Cognitive processes and emotion regulation in depression [J]. Depression and anxiety, 31 (4) : 308–315.

Juth P, Lundqvist D, Karlsson A, 2005. Looking for foes and friends: Perceptual and emotional factors when finding a face in the crowd [J]. Emotion, 5: 379–395.

Kappenman E, Farrens J L, Luck S J, et al, 2014. Behavioral and ERP measures of attentional bias to threat in the dot-probe task: Poor reliability and lack of correlation with anxiety [J]. Frontiers in Psychology, 5: 1368.

Kessler R C, DuPont R L, Berglund P, et al, 1999. Impairment in pure and comorbid generalized anxiety disorder and major depression at 12 months in two national surveys [J]. The American journal of psychiatry, 156 (12): 1915–1923.

Kessler R C, Keller M B, Wittchen H U, 2001. The epidemiology of generalizedanxiety disorder[J]. Psychiatric Clinics of North America, 2: 19–39.

Kessler R C, McGonagle K A, Zhao S, et al, 1994. Lifetime and 12-month prevalence of DSM-III-R psychiatric disorders in the United States. Results from the National Comorbidity Survey [J]. Archives of general psychiatry, 51 (1): 8–19.

Kim S, Shin J E, Lee Y I, et al, 2018, Neural evidence for persistent attentional bias to threats in patients with social anxiety disorder: Corrigendum [J]. Social Cognitive and Affective Neuroscience, 13 (12): 1327–1336.

Kirsh, Steven J, Paul V, et al, 2005. Violent Video Games Induce an Affect Processing Bias [J]. Media Psychology, 7 (3): 239–250.

Kiss M, Driver J, Eimer M, 2009. Reward priority of visual target singletons modulates event-related potential signatures of attentional selection [J]. Psychological science, 20 (2): 245–251.

Knight G P, 1961. A multidimensional model of adjustment [J]. Educational and Psychological Measurement, 21 (1): 219–225.

Koster E H W, Crombez G, Verschuere B, et al, 2004. Selective attention to threat in the dot probe paradigm: Differentiating vigilance and difficulty to disengage [J]. Behaviour Research and Therapy, 42: 1183–1192.

Koster E H W, Crombez G, Verschuere B, et al, 2006. Components of attentional bias to threat in high trait anxiety: Facilitated engagement, impaired disengagement, and attentional avoidance [J]. Behaviour research and therapy, 44 (12): 1757-1771.

Koster E H W, Hoorelbeke K, 2015. Cognitive bias modification for depression [J]. Current Opinion in Psychology, 4: 119-123.

Koster E H, 2012. Introduction to special section on "measures of anxiety and stress: a contemporary update and review" [J]. Anxiety, stress, and coping, 25 (6): 601-602.

Koster E H, Crombez G, Verschuere B, et al, 2004. Selective attention to threat in the dot probe paradigm: Differentiating vigilance and difficulty to disengage [J]. Behaviour Research and Therapy, 42 (10): 1183-1192.

Kovacs M, Beck A T, 1978. Maladaptive cognitive structures in depression [J]. Am J Psychiatry, 135 (5): 525-533.

Kratzer L, Hodgins S, 1997. Adult outcomes of child conduct problems: A cohort study [J]. Journal of Abnormal Child Psychology, 25 (1): 65-81.

KratzeRiediger M, Wrzus C, Klipker K, et al, 2014. Outside of the laboratory: Associations of working-memory performance with psychological and physiological arousal vary with age [J]. Psychology and Aging, 29 (1): 103-114.

Kruijt A W, Parsons S, Fox E, 2019. A meta-analysis of bias at baseline in RCTs of attention bias modification: No evidence for dot-probe bias towards threat in clinical anxiety and PTSD [J]. Journal of Abnormal Psychology, 128 (6): 563-573.

Leung J, Shek D, 2016. Family Functioning, Filial Piety and Adolescent Psycho-Social Competence in Chinese Single-Mother Families Experiencing Economic Disadvantage: Implications for Social Work [J]. British Journal of Social Work, (6): bcv119.

Levens S M, Gotlib I H, 2010. Updating positive and negative stimuli in working memory in depression [J]. Journal of Experimental Psychology: General, 139: 654-664.

Libera C D, Chelazzi L, 2009. Learning to attend and to ignore is a matter of gains and losses [J]. Psychological Science, 20(6): 778-784.

Linde Avenevoli S, et al, 2011. Lifetime co-morbidity in DSM-IV disorders in the US adolescent: Results from the National Comorbidity Survey Replication- Adolescent Supplement (NCS-A) [J]. Journal of the American Academy of Child & Adolescent Psychiatry, 50(3): 187-197.

Liu M, Kamper-DeMarco K E, Zhang J, et al, 2022. Time spent on social media and risk of depression in adolescents: A dose-response meta-analysis [J]. International Journal of Environmental Research and Public Health, 19(9): 5164.

MacLeod C, Mathews A, 2012. Cognitive bias modification approaches to anxiety [J]. Annual review of clinical psychology, 8: 189-217.

MacLeod C, Mathews A, Tata P, 1986. Attentional bias in emotional disorders [J]. Journal of Abnormal Psychology, 95(1): 15-20.

MacLeod Colin, Rutherford Elizabeth, Campbell Lyn, et al, 2002. Selective attention and emotional vulnerability: assessing the causal basis of their association through the experimental manipulation of attentional bias [J]. Journal of abnormal psychology, 111(1): 107-123.

Magnusson D, Bergman L R, Robins L N, et al, 1990. Straight and devious pathways from childhood to adulthood [M]. Cambridge: Cambridge University Press: 101-115.

Mathews A, MacLeod C, 1985. Selective processing of threat cues in anxiety [J]. Behaviour Research and Therapy, 23(5): 563-569.

Mathews A, MacLeod C, 1994. Cognitive approaches to emotion and emotional disorders [J]. Annual Review of Psychology, 45: 25-50.

Mathews A, MacLeod C, 2002. Induced processing biases have causal effects on anxiety [J]. Cognition & Emotion, 16 (3): 331-354.

Mathews A, MacLeod C, 2005. Cognitive vulnerability to emotional disorders [J]. Annual Review of Clinical Psychology, 1: 167-195.

Meissel E E E, Liu H, Stevens E S, et al, 2021. The Reliability and Validity of Response-Based Measures of Attention Bias [J]. Cognitive Therapy and Research, 46 (1): 146-160.

Melcher T, Obst K, Mann A, et al, 2012. Antagonistic modulatory influences of negative affect on cognitive control: Reduced and enhanced interference resolution capability after the induction of fear and sadness [J]. Acta Psychologica (Amst), 139: 507-514.

Mennen A C, Norman K A, Turk-Browne N B, 2019. Attentional bias in depression: understanding mechanisms to improve training and treatment [J]. Current Opinion in Psychology, 29: 266-273.

Milad M R, Rauch S L, 2007. The role of the orbitofrontal cortex in anxiety disorders [J]. Ann. N. Y. Acad. Sci. 1121: 546-561.

Miller E K, Cohen J D, 2001. An integrative theory of prefrontal cortex function [J]. Annual Review of Neuroscience, 24: 167-202.

Miller J G, Kahle S, Hastings P D, 2017. Moderate baseline vagal tone predicts greater prosociality in children [J]. Developmental Psychology, 53 (2): 274-289.

Mills K L, Goddings A L, Herting M M, et al, 2016. Structural brain development between childhood and adulthood: convergence across four longitudinal samples [J]. NeuroImage, 141: 273-281.

Miscovic V, Schmidt L A, 2010. Frontal brain electrical asymmetry and cardiac vagal tone predict biased attention to social threat [J]. International Journal of Psychophysiology, 75: 332-338.

Mogg K, Bradley B P, 1998. A cognitive-motivational analysis of anxiety [J]. Behaviour Research and Therapy, 36: 809-848.

Mogg K, Bradley B P, 2002. Selective orienting of attention to masked threat faces in social anxiety [J]. Behaviour Research and Therapy, 40（12）: 1403-1414.

Mogg K, Field M, Bradley B P, 2005. Attentional and approach biases for smoking cues in smokers: an investigation of competing theoretical views of addiction [J]. Psychopharmacology, 180（2）: 333-341.

Mogoaşe C, David D, Koster E H W, 2014. Clinical efficacy of attentional bias modification procedures: An updated meta - analysis [J].Journal of clinical psychology, 70（12）: 1133-1157.

Müller H J, Krummenacher J, 2006. Visual search and selective attention [J]. Visual Cognition, 14（4-8）: 389-410.

Naim R, Abend R, Wald I, et al, 2015. Threat-related attention bias variability and posttraumatic stress [J]. American Journal of Psychiatry.

Nesi J, Choukas-Bradley S, Prinstein M J, 2018. Transformation of adolescent peer relations in the social media context: Part 1-A theoretical framework and application to dyadic peer relationships [J].Clinical Child and Family Psychology Review, 21: 267-294.

Neubauer K, von Auer M, Murray E, et al, 2013. Internet-delivered attention modification training as a treatment for social phobia: a randomized controlled trial [J]. Behav Res Ther, 51（2）: 87-97.

Noguchi K, Gohm C L, Dalsky D J, 2005. Cognitive tendencies of focusing on positive and negative information [J]. Journal of Research in Personality, 40（6）: 891-910.

Noguchi K, Gohm C L, Dalsky D J, et al, 2007. Cultural differences related to positive and negative valence [J]. Asian Journal of Social Psychology, 10（2）: 75-81.

Notebaert L, Grafton B, Clarke P J, et al, 2018. Emotion-in-Motion, a Novel Approach for the Modification of Attentional Bias: An Experimental

Proof-of-Concept Study [J]. JMIR serious games, 6（4）：e10993.

O'Brien J L, Raymond J E, 2012. Learned predictiveness speeds visual processing [J]. Psychological Science, 23（4）：359-363.

Cheever N A, Rosen L D, Carrier L M, 2014. Out of sight is not out of Mind: The Impact of Restricting Wireless Mobile Device Use on Anxiety Levels Among Low, Moderate and High Users [J]. Computers in Human Behavior, 37（37）：290-297.

Ohman A, 1986. Face the beast and fear the face: Animal and social fears as prototypes for evolutionary analyses of emotion[J]. Psychophysiology, 23（2）：123-145.

Öhman A, Lundqvist D, Esteves F, 2001. A face in the crowd revisited: A threat advantage with schematic stimuli [J]. Journal of Personality and Social Psychology, 80（3）：381-396.

Peckham A D, McHugh R K, Otto M W, 2010. A meta-analysis of the magnitude of biased attention in depression [J]. Depression and anxiety, 27（12）：1135-1142.

Peng J, Qu C, Gu R, et al, 2012. Description-based reappraisal regulate the emotion induced by erotic and neutral images in a Chinese population [J]. Front Hum Neurosci, 6：355.

Pergamin-Hight L, Bitton S, Pine DS, et al, 2016. Attention and interpretation biases and attention control in youth with social anxiety disorder [J]. Journal of Experimental Psychopathology, 7（3）：484-498.

Peschard V, Philippot P, 2015. Social anxiety and information processing biases: An integrated theoretical perspective [J]. Cognition & Emotion, 1.

Pessoa L, 2009. How do emotion and motivation direct executive control? [J]. Trends in Cognitive Sciences, 13：160-166.

Piaget J, 1952. The Psychology of Social Adaptation [M]. New York: Basic

Books.

Pieters E K, De Raedt R, Enock P M, et al, 2016. Examining a Novel Gamified Approach to Attentional Retraining: Effects of Single and Multiple Session Training [J]. Cognitive Therapy and Research, 41 (1): 89-105.

Posner M I, 1980. Orienting of attention [J]. Quarterly Journal of Experimental Psychology, 32 (1): 3-25.

Posner M I, Petersen S E, 1990. The attention system of the human brain [J]. Annual Review of Neuroscience, 13 (1): 25-42.

Posner M I, Rothbart M K, Sheese B E, et al, 2012. Control networks and neuromodulators of early development [J]. Developmental Psychology, 48 (3): 827-835.

Price R B, Kuckertz J M, Siegle G J, et al, 2015. Empirical recommendations for improving the stability of the dot-probe task in clinical research [J]. Psychological Assessment, 27 (2): 365-376.

Raymond J E, Shapiro K L, Amell K M, 1992. Temporary suppression of visual processing in an RSVP task: an attentional blink? [J]. Journal of Experimental Psychology Human Perception and Performance, 18: 849-860.

Remes O, Brayne C, Rianne V D L, et al, 2016. A systematic review of reviews on the prevalence of anxiety disorders in adult populations [J]. Brain & Behavior, 6 (7): e00497.

Riediger M, Wrzus C, Klipker K, et al, 2014. Outside of the laboratory: Associations of working-memory performance with psychological and physiological arousal vary with age [J]. Psychology and Aging, 29 (1): 103-114.

Riggs N R, Jahromi L B, Razza R P, et al, 2006. Executive function and the promotion of social-emotional competence [J]. Journal of Applied Developmental Psychology, 27 (4): 300-309.

Rinck M, Becker E S, Kellermann J, et al, 2003. Selective attention in anxiety: Distraction and enhancement in visual search [J]. Depression and anxiety, 18 (1): 18–28.

Rinck M, Telli S, Kampmann I L, et al, 2013. Training approach-avoidance of smiling faces affects emotional vulnerability in socially anxious individuals [J]. Frontiers in human neuroscience, 7: 481.

Rosenblum G D, Lewis M, 2003. Emotional development in adolescence [M] // G. R. Adams, & M. D. Berzonsky (Eds.), Blackwell handbook of adolescence: Blackwell handbooks of developmental psychology. Malden, MA: Blackwell Publishing, 269–289.

Rothbart M K, Derryberry D, 1981. Development of individual differences in temperament [J]. Advances in developmental psychology [M]. Hillsdale: Erlbaum, 1: 37–86.

Rusting C L, 1998. Personality, mood, and cognitive processing of emotional information: Three conceptual frameworks [J]. Psychological Bulletin, 124: 165–196.

Salk R H, Hyde J S, Abramson L Y, 2017. Gender differences in depression in representative national samples: Meta-analyses of diagnoses and symptoms [J]. Psychological Bulletin.

Sanchez A, Vazquez C, Marker C, et al, 2013. Attentional disengagement predicts stress recovery in depression: An eye-tracking study [J]. Journal of Abnormal Psychology, 122 (2): 303–313.

Satterthwaite T D, Vandekar S, Wolf D H, et al, 2014. Sex differences in the effect of puberty on hippocampal morphology [J]. J Am Acad Child Adolesc Psychiatry, 53: 341–350 e1.

Schmidt N B, Richey J A, Buckner J D, 2009. Attention training for generalized social anxiety disorder [J]. Journal of Abnormal Psychology, 118 (1): 5–14.

Schmidtendorf S, Wiedau S, Asbrand J, et al, 2018. Attentional bias in children with social anxiety disorder [J]. Cognitive Therapy and Research, 42 (3): 273-288.

Schmukle S C, 2005. Unreliability of the dot probe task [J]. European Journal of Personality, 19 (7): 595-605.

Schneier F R, Kimeldorf M B, Choo T H, et al, 2016. Attention bias in adults with anorexia nervosa, obsessive-compulsive disorder, and social anxiety disorder [J]. Journal of psychiatric research, 79: 61-69.

Schoenmakers T M, De Bruin M, Lux I F M, et al, 2010. Clinical effectiveness of attentional bias modification training in abstinent alcoholic patients [J]. Drug and Alcohol Dependence, 109: 30-36.

Shamai-leshem D, Lazarov A, PINE D S, et al, 2021. A randomized controlled trial of gaze-contingent music reward therapy for major depressive disorder [J]. Depress Anxiety, 38 (2): 134-145.

Shapiro K L, Aenell K M, Raymond J E, 1997. The attentional blink. [J] Trends Cognition Sciences, 1 (8): 291-296.

Shapiro K L, Raymond J E, Arnell K M, 1994. Attention to visual pattern information produces the attentional blink in rapid serial visual presentation [J]. Journal of Experimental Psychology: Human Perception and Performance, 20 (2): 357-371.

Sheppes Gal, Luria R, Fukuda K, et al, 2013. There's more to anxiety than meets the eye: isolating threat-related attentional engagement and disengagement biases [J]. Emotion, 13 (3): 520-528.

Shirotsuki K, Kawasoe N, Kodama Y, et al, 2015. Differential reactivity of attention biases in patients with social anxiety disorder [J] .International Journal of Psychology & Psychological Therapy15 (3): 425-431.

Simons D J, Mitroff S R, Franconeri S L, 2003. Scene Perception: What We Can Learn from Visual Integration and Change Detection.

Smith P, Waterman M, 2003. Processing bias for aggression words in forensic and nonforensic samples [J]. Cognition & Emotion, 17 (5): 681-701.

Sonego M, Llácer A, Galán I, et al, 2013. The influence of parental education on child mental health in Spain [J]. Quality of Life Research, 22 (1): 203-211.

Spitzer Robert L, Kroenke Kurt, Williams Janet B W, et al, 2006. A brief measure for assessing generalized anxiety disorder: the GAD-7 [J]. Archives of internal medicine, (10).

Staugaard S R, 2009. Reliability of two versions of the dot-probe task using photographic faces [J]. Psychology Science Quarterly, 51 (3): 339-350.

Steiner M, et al, 2003. Hormones and Mood: From Menarche to Menopause and Beyond [J]. Journal of Affective Disorders, 74.

Stenberg G, Wiking S, Dahl M, 1998. Judging words at face value: Interference in a word processing task reveals automatic processing of affective facial expressions [J]. Cognition and Emotion, 12 (6): 755-782.

Tang M, Luo L, Cheng H, 2020. Parenting stress and adaptive behavior among Chinese children with developmental disabilities: The moderating role of coping strategies [J]. Journal of Autism and Developmental Disorders, 50 (4): 1343-1353.

Tang Q, Hu J, Chen X, et al, 2017. The defensive characteristics of negative emotional information processing of avoidant attachment [J]. Advances in Psychology, 7 (2): 199-206.

Teesson E, Newton N C, Barrett E L, et al, 2015. Suicidality, internalizing problems and externalizing problems among adolescent bullies, victims and bully-victims [J]. Preventive Medicine, 73: 100-105.

Theeuwes, J. (2018). Visual selection: Usually fast and automatic; Seldom slow and volitional. Journal of Cognition, 1 (1), 1-23.

参考文献

Thomas B H, Ciliska D, Dobbins M, 2004. A process for systematically reviewing the literature: Providing the research evidence [J]. Worldviews on EvidenceBased Nursing, 1(3): 176-184.

Todaro J F, Shen B J, Raffa S D, et al, 2007. Prevalence of anxiety disorders in men and women with established coronary heart disease [J]. Journal of cardiopulmonary rehabilitation and prevention, 27(2): 86-91.

Trew J L, 2011. Exploring the roles of approach and avoidance in depression: An integrative model [J]. Clinical Psychology Review, 31(7): 1156-1168.

Van Bockstaele B, Verschuere B, Tibboel H, et al, 2014. A review of current evidence for the causal impact of attentional bias on fear and anxiety [J]. Psychological Bulletin, 140: 682-721.

Venta A, Sharp C, Shmueli-Goetz Y, et al, 2015. An evaluation of the construct of earned security in adolescents: Evidence from an inpatient sample [J]. Bulletin of the Menninger Clinic, 79(1): 41-69.

Virginie, Peschard, Pierre, et al, 2016. Social anxiety and information processing biases: An integrated theoretical perspective [J]. Cognition & emotion.

Weierich M R, Treat T A, Hollingworth A, 2008. Theories and measurement of visual attentional processing in anxiety [J]. Cognition & Emotion, 22(6): 985-1018.

Wermes R, Lincoln T M, Helbig-Lang S, 2018. Attentional biases to threat in social anxiety disorder: Time to focus our attention elsewhere? [J]. Anxiety, Stress & Coping: An International Journal.

Whiting A, Williams D, 2013. Why people use social media: A uses and gratifications approach [J]. Qualitative Market Research: An International Journal, 16: 362-369.

Wieser M J, Pauli P, Reicherts P, et al, 2010. Don't look at me in anger! Enhanced processing of anger faces in anticipation of public speaking [J].

Psychophysiology, 47（2）：271-280.

Williams J M G, Mathews A, MacLeod C, 1996. The Emotional Stroop Task and Psychopathology [J]. Psycho-logical Bulletin, 120（1）：3-24.

Williams M, Mathews A, Hirsch C R, 2014. Verbal worry facilitates attention to threat in high-worriers [J]. Journal of Behavior Therapy and Experimental Psychiatry, 45（1）：8-14.

Wolfe C D, Bell M A, 2007. The integration of cognition and emotion during infancy and early childhood: Regulatory processes associated with the development of working memory [J]. Brain and Cognition, 65（1）：3-13.

World Health Organization, 2018. Global Health Estimates 2017: Disease burden by Cause, Age, Sex, by Country, and by Region, 2000-2017 [R]. Geneva: World Health Organization.

Xiao W, Peng J, Liao S, 2022. Exploring the Associations between Social Media Addiction and Depression: Attentional Bias as a Mediator and Socio-Emotional Competence as a Moderator [J]. Int J Environ Res Public Health, 19（20）：13496.

Xiao W, Wu J, Yip J, et al, 2022. The relationship between physical activity and mobile phone addiction among adolescents and young adults: Systematic review and meta-analysis of observational studies [J]. JMIR Public Health and Surveillance, 8（12）：e41606.

Xiao W, Zheng X, Luo Y, et al, 2022. Reducing anxiety and attentional bias with reward association learning and attentional bias modification [J]. Front Psychol, 13：982909.

Yang W, Ding Z, Dai T, et al, 2015. Attention bias modification training in individuals with depressive symptoms: a randomized controlled trial [J]. Journal of Behavior Therapy & Experimental Psychiatry, 49：101-111.

Yang W, Zhang J X, Ding Z, 2016. Attention Bias Modification Treatment for Adolescents With Major Depression: A Randomized Controlled Trial [J].J

Am Acad Child Adolesc Psychiatry, 55（3）：208-218.

Yates K L, Roberts A D, Haeffel G J, et al, 2017. Prospective relations between intrusive parenting and child behavior problems: Differential moderation by parasympathetic nervous system regulation and child sex［J］. Physiology & Behavior, 180: 111-118.

Yiend J, 2010. The effects of emotion on attention: A review of attentional processing of emotional information［J］. Cognition & Emotion, 24（1）: 3-47.

Yueqin Huang, Yu Wang, Hong Wang, et al, 2019. Prevalence of mental disorders in China: a cross-sectional epidemiological study［J］.The Lancet Psychiatry, 6（3）.

Yurgelun-Todd D, 2007. Emotional and cognitive changes during adolescence［J］. Current Opinion in Neurobiology, 17（2）: 251-257.

Zatorre R J, Meyer E, Gjedde A, et al, 1996. PET studies of phonetic processing of speech: Review, replication, and reanalysis［J］.Cerebral Cortex, 6: 21-30.

Zeman J, Cassano M, Perry-Parrish C, et al, 2006. Emotion regulation in children and adolescents［J］. Journal of developmental and behavioral pediatrics: JDBP, 27（2）: 155-168.

Zhao L, 2021. The impact of social media use types and social media addiction on subjective well-being of college students: A comparative analysis of addicted and non-addicted students［J］. Computers in Human Behavior Reports, 4: 100122.

Zung W W K, 1965. A self-rating depression scale［J］. Archives of General Psychiatry, 12: 63-70.

Zung W W K, 1971. A rating instrument for anxiety disorders［J］. Psychosomatics, 12（1）: 371-379.

Zung William W K, 1971. A Rating Instrument For Anxiety Disorders［J］.

Psychosomatics, （6）.

Zung William W K, 1965. A Self-Rating Depression Scale [J]. Archives of General Psychiatry, 12 (1): 63.

Zvielli A, Bernstein A, Koster E H W, 2015. Temporal dynamics of attentional bias [J]. Clinical Psychological Science, 3: 772-788.

安洋洋, 2021. 自我威胁情境下初中生自尊对外显攻击、内隐攻击的影响 [D]. 上海: 上海师范大学.

蔡施思, 2012. 父母教养方式与青少年社会适应性的关系 [D]. 长春: 东北师范大学.

曾庆鸿, Cody Ding, 杨东, 2014. 情绪对冲突加工的影响 [J]. 心理学进展, （4）: 33-35.

曾庆枝, 何燕玲, 刘寒, 等, 2013. GAD-7量表中文版在中医内科门诊人群应用的信度和效度 [J]. 27（3）: 163-168.

柴江, 2015. 农村特殊家庭中学生社会适应能力的现状调查与问题分析 [J]. 盐城师范学院学报（人文社会科学版）, 35（2）: 41-44.

陈卉, 2017. 正常个体在不同注意资源条件下注意偏向的实验研究 [D]. 贵阳: 贵州师范大学.

陈建军, 田仰华, 董文文, 等, 2012. 利用情绪面孔嵌合图形研究精神分裂症的注意偏向 [J]. 中国神经精神疾病杂志, 38（4）: 212-216.

陈建文, 2001. 青少年社会适应的理论与实证研究：结构、机制与功能 [D]. 重庆: 西南师范大学.

陈建文, 2010. 论社会适应 [J]. 西南大学学报（社会科学版）, 36（1）: 11-15.

陈建文, 王滔, 2003. 关于社会适应的心理机制、结构与功能 [J]. 湖南师范大学教育科学学报, （4）: 90-94.

陈琴, 2015. 特质焦虑大学生的负性注意偏向及其时间进程特点 [D]. 西安: 陕西师范大学.

陈婷婷, 2016. 社会焦虑个体的面部表情注意偏向及其神经机制研究 [D].

大连：辽宁师范大学.

陈武，周宗奎，王明忠，2013．高中生父母冲突与抑郁：自尊的中介作用［J］．中国临床心理学杂志，21（1）：136-138，113．

陈祉妍，杨小冬，李新影，2009．流调中心抑郁量表在我国青少年中的试用［J］．中国临床心理学杂志，（4）：443-445，448．

程冰，2020．工作记忆训练与注意偏向训练改善高中生考试焦虑的对比研究［D］．石家庄：河北师范大学．

程刚，刘家琼，林楠，等，2019．中学生家庭社会经济地位与心理健康的关系：心理素质的中介作用［J］．西南大学学报（社会科学版），45（1）：105-112．

程绍珍，杨明，师莹，2007．高中生网络成瘾与家庭环境的关系研究［J］．现代预防医学，34（14）：3．

程真波，黄宇霞，2013．面孔—词Stroop范式中的情绪冲突效应研究［J］．心理科学，36（4）：822-826．

迟新丽，黄巧敏，王秋英，2020．青少年适应行为及影响因素追踪研究［J］．青年研究，（2）：70-77，96．

崔丽霞，郑日昌，2005．中学生问题行为的问卷编制和聚类分析［J］．中国心理卫生杂志，（5）．

戴春林，孙晓玲，2007．关于服刑人员的内隐攻击性研究［J］．心理科学，30（4）：955-957．

戴春林，吴明证，杨治良，2006．个体攻击性结构与自尊关系研究［J］．心理科学，（1）：44-46，40．

戴春林，杨治良，吴明证，2005．内隐攻击性的实验研究［J］．心理科学，（1）：96-98．

戴琴，冯正直，2008．A型行为对情绪面孔注意偏向的影响［J］．中国心理卫生杂志，22（7）：518-521．

戴琴，冯正直，2008．抑郁患者的注意偏向［J］．心理科学进展，（2）：260-265．

戴琴，冯正直，2009. 抑郁个体对情绪面孔的返回抑制能力不足［J］. 心理学报，（12）：1175-1188.

戴琴，冯正直，许爽，等，2015. 正性负性信息注意量表中文版测试大学生样本的效度和信度［J］. 中国心理卫生杂志，29（5）：395-400.

戴婷，2012. 注意偏向纠正训练改善抑郁症状的效果［D］. 长沙：湖南师范大学.

段海军，2011. 面孔认知加工中的注意瞬脱效应：基于表情和熟悉性的考察［D］. 西安：陕西师范大学.

段文婷，孙启武，王铭，等，2022. 青少年早期亲社会行为倾向、内化问题和外化问题发展级联的个体内分析［J］. 心理学报，54（7）：813-827.

范方，2008. 留守儿童焦虑/抑郁情绪的心理社会因素及心理弹性发展方案初步研究［D］. 长沙：中南大学.

范丽恒，2015. 长期接触暴力电子游戏对大学生攻击性的影响［J］. 华北水利水电大学学报（社会科学版），31（6）：90-94.

范玲霞，齐森青，郭仁露，等，2014. 奖励影响注意选择的认知加工机制［J］. 心理科学进展，22（10）：1573-1584.

范子璇，王河星，唐宏，等，2022. 暴力暴露和情绪平衡对初中生抑郁情绪的影响［J］. 中国学校卫生，1-5.

方剑雯，杨海波，2020. 注意偏向矫正技术对焦虑障碍调节作用［J］. 心理学通讯，3（3）：195-200.

方晓义，郑宇，林丹华，2001. 家庭诸因素与初中生吸烟行为的关系［J］. 心理学报，33（3）：7.

高超，何成森，闫晓哲，等，2019. 词—面孔 Stroop 范式下特质抑郁大学生的情绪冲突［J］. 黑河学院学报，10（8）：56-58.

高静，蔡壮，王志稳，等，2022. 注意偏向训练对康复期男性酒依赖患者注意偏向、心理渴求及复饮率的影响［J］. 中华行为医学与脑科学杂志，31（2）：128-135.

高鹏程，黄敏儿，2008．高焦虑特质的注意偏向特点［J］．心理学报，（3）．

高素芳，2013．外显和内隐攻击者对情绪面孔注意偏向的眼动研究［D］．南京：南京师范大学．

高笑，陈红，2006．消极身体意想的注意偏向研究进展［J］．中国临床心理杂志，14（3）：273-274．

高雪梅，赵偲，周群，等，2014．暴力电子游戏玩家对攻击性词语的注意偏向：一项ERP研究［J］．西南大学学报（自然科学版），36（6）：167-174．

龚栩，黄宇霞，王妍，等，2011．中国面孔表情图片系统的修订［J］．中国心理卫生杂志，（1）：40-46．

龚玉莎，时俊新，丁慧思，等，2020．武汉市中小学生人格特质及心理弹性与抑郁症状的关系［J］．卫生研究，49（2）：173-178，226．

郭晓丽，江光荣，2007．暴力电子游戏对儿童及青少年的影响研究综述［J］．中国临床心理学杂志，（2）：188-190．

郝爽，2016．注意偏向训练对GAD-7障碍的影响［D］．大连：辽宁师范大学．

郝爽，李萍，王晓龙，等，2018．注意偏向训练对广泛性焦虑障碍负性情绪注意偏向的影响［J］．心理科学，41（4）：1003-1009．

何伋，陆英智，成义仁，等，2003．神经精神病学辞典［M］．北京：中国中医药出版社．

何卓，2010．特质焦虑者对愤怒面孔注意偏向的实验研究［D］．石家庄：河北师范大学．

贺雨诗，2021．初中生自我同一性和学校适应的关系：感知学校氛围和积极心理资本的链式中介作用［D］．成都：四川师范大学．

洪明，2018．家校共育有四大特征［J］．师资建设，31（6）：36-37．

胡蝶，2019．催眠疗法干预亚临床社交焦虑对注意偏向影响的事件相关电位研究［D］．合肥：安徽医科大学．

胡宁，邓林园，张锦涛，等，2009. 家庭功能与青少年问题行为关系的追踪研究［J］. 心理发展与教育，（4）：8.

胡韬，2007. 流动少年儿童社会适应的发展特点及影响因素研究［D］. 重庆：西南大学.

胡小梅，马兴顺，傅一笑，等，2013. 遗传与环境对儿童青少年情绪与行为问题的影响［J］. 中国神经精神疾病杂志，（12）：739-743.

胡治国，刘宏艳，张学新，2008. 情绪冲突：一个新的研究主题［J］. 心理科学进展，（5）：692-698.

黄芥，2013. 不同攻击水平大学生的注意偏向［D］. 金华：浙江师范大学.

黄乾坤，2021. 首发青少年抑郁症患者人格特质、心理弹性、应对方式特点及其对临床疗效的分析［D］. 遵义：遵义医学院.

黄晓天，2021. 留守初中生领悟社会支持对抑郁水平的影响［D］. 开封：河南大学.

黄宇霞，罗跃嘉，2009. 负性情绪刺激是否总是优先得到加工：ERP研究［J］. 心理学报，41（9）：822-831.

贾磊，张常洁，张庆林，2016. 情绪性注意瞬脱的认知机制：来自行为与ERP的证据［J］. 心理学报，48（2）：174-184.

贾丽萍，张芹，藤晓云，等，2016. 状态焦虑大学生对负性情绪词的注意偏向［J］. 中国健康心理学杂志，24（12）：5-8.

江光荣，1995. 社会变革与人的适应［J］. 华中师范大学学报（哲学社会科学版），（6）.

姜丹丹，2020. 注意偏向训练和奖励联结训练对初中生跨期决策的影响［J］. 大连：辽宁师范大学.

景雅芹，贺司琪，贺金波，等，2015. 社交焦虑的生物学基础：生理、遗传和进化的证据［J］. 心理科学进展，23（8）：1418-1427.

孔庆焱，邓超琼，高爽，等，2022. 社交焦虑大学生对情绪面孔的注意偏向［J］. 中国健康心理学杂志，30（1）：101-106.

兰海英，2015. 短时暴力电子游戏对情绪面孔注意偏向的影响［M］. 重庆：西南大学.

李辞，曹建琴，李甜甜，等，2019. 社交焦虑障碍大学生对愤怒、厌恶面孔的注意偏向成分分析［J］. 中华行为医学与脑科学杂志，28（4）：337-342.

李海华，2009. 不同领悟社会支持水平留守儿童对情绪刺激的认知偏向［D］. 重庆：西南大学.

李海玲，2012. 不同内隐攻击性水平的大学生运动员注意偏向特点的眼动研究［D］. 北京：北京体育大学.

李海玲，陈永亮，2014. 社交焦虑个体对情绪面孔注意偏向的研究［J］. 青年与社会（下），（1）：351.

李静华，2013. 内隐/外显不同水平攻击者对攻击性刺激的注意偏向：行为与脑机制研究［D］. 重庆：西南大学.

李玖玲，陈星，赵春华，等，2016. 中国儿童青少年抑郁症状流行率的Meta分析［J］. 中国儿童保健杂志，（3）：295-298.

李双双，2013. 高中生负性生活事件、认知情绪调节与焦虑的关系研究［D］. 哈尔滨：哈尔滨师范大学.

李维，1995. 心理学百科全书［M］. 杭州：浙江教育出版社.

李霞，李红政，2019. 抑郁症患者注意偏向的研究进展［J］. 世界最新医学信息文摘，19（99）：91-93.

李肖，2013. 快速序列呈现范式下情绪刺激的加工机制［D］. 重庆：西南大学.

林宏，2003. 福建省"留守孩"教育现状的调查［J］. 福建师范大学学报（哲学社会科学版）（3）：132-135.

刘海宁，曾维希，李现文，等，2016. 注意训练对亚临床抑郁大学生注意偏向的影响［J］. 中华行为医学与脑科学杂志，25（1）：60-64.

刘家鑫，2014. 不同社交焦虑水平大学生注意偏向特点的眼动研究［D］. 保定：河北大学.

刘丽, 2021. 奖励联结的任务无关刺激在注意捕获中的作用[J]. 心理研究, 14（3）: 201-208.

刘露, 施国春, 2019. 攻击性理论及研究综述[J]. 科教导刊（中旬刊）, （20）: 66-67.

刘勤学, 杨燕, 林悦, 等, 2017. 智能手机成瘾: 概念、测量及影响因素[J]. 中国临床心理学杂志, （1）: 82-87.

刘文鑫, 2018. 注意偏向训练对抑郁患者认知偏差的干预作用[D]. 芜湖: 皖南医学院.

刘希平, 李娟, 2021. 后疫情时期高特质焦虑者对疫情相关信息的注意偏向[J]. 天津师范大学学报（社会科学版）, （3）: 47-52.

刘祥, 薛严, 王帮敏, 2022. 男性酒依赖患者注意偏向的现象研究[J]. 心理月刊, 17（1）: 16-17, 133.

刘艳艳, 2020. 留守中学生的同伴关系与自我接纳的关系及其干预研究[D]. 石家庄: 河北师范大学.

刘洋, 张伟波, 蔡军, 2017. 初中生焦虑抑郁情绪与生活方式的关系[J]. 中国心理卫生杂志, （3）: 235-240.

刘银章, 邓晓丹, 李小青, 2022. 心理虐待和忽视与青少年手机依赖关系的潜在剖面分析[J]. 中国学校卫生, 43（5）: 663-667.

楼历月, 2016. 儿童气质与社会适应的关系: 奖惩线索注意偏向对此关系的调节作用[D]. 杭州: 浙江大学.

罗春燕, 彭宁宁, 朱蔚, 等, 2003. 上海市青少年危险行为现状研究（五）——自杀倾向与离家出走情况[J]. 中国校医, 17（3）: 3.

罗伏生, 沈丹, 张珊明, 2009. 青少年焦虑和抑郁情绪特征研究[J]. 中国临床心理学杂志, 17（4）: 468-470.

罗云, 2017. 青少年内外化问题的形成: 环境压力、应激反应及迷走神经活动的调节作用[D]. 西安: 陕西师范大学.

吕路, 高见和至, 董冬, 等, 2013. 中文大学生版Buss-Perry攻击性量表的修订与信效度分析[J]. 中国心理卫生杂志, （5）: 378-383.

吕晓勇，曹丛，2013. 大学生的内隐攻击实验研究及其外显攻击的关系［J］. 山东师范大学学报（自然科学版），（9）：86-92.

吕遥迪，郭江，张雨青，2016. 中文版积极/消极注意偏向量表的初步修订［J］. 中国临床心理学杂志，（5）：861-864.

马颖，焦婷，郭霜霜，等，2022. 青少年攻击行为和社会支持的相关性研究［J］. 中国学校卫生，43（5）：671-675.

美国精神医学学会，2015. 精神障碍诊断与统计手册［M］. 美张道龙，译. 北京：北京大学出版社.

美国精神医学学会，2015. 精神障碍诊断与统计手册5版［M］. 张道龙，刘春宇，张小梅，等译. 北京：北京大学出版社：181-225.

美国精神医学学会，2016. 理解DSM-5精神障碍［M］. 夏雅俐，张道龙，译. 北京：北京大学出版社.

潘家健，2021. 奖励注意偏向训练对抑郁个体的影响［D］. 广州：广州大学.

彭程，2012. 暴力犯罪者对负性情绪信息与攻击性信息的注意偏向研究［D］. 重庆：西南大学.

彭聃龄，2012. 普通心理学［M］. 北京：北京师范大学出版社.

彭家欣，杨奇伟，罗跃嘉，2013. 不同特质焦虑水平的选择性注意偏向［J］. 心理学报，45（10）：1085-1093.

彭晓哲，周晓林，2005. 情绪信息与注意偏向［J］. 心理科学进展，（4）：488-496.

乔春玲，赵峻莹，陈晓晨，2018. 大学生情绪启动对注意偏向的实证研究［J］. 现代交际，（8）：2.

瞿廷念，杨竹，袁莉，等，2022. 遵义地区在校留守儿童的心理问题以及相关因素的调查［J］. 现代预防医学，49（4）：591-594，604.

瞿伟，谷珊珊，2014. 抑郁症治疗研究新进展［J］. 第三军医大学学报，36（11）：1113-1117.

任伊雯，2018. 高社交焦虑大学生对自我/他人人际评价信息的注意偏向［D］. 郑州：郑州大学.

尚亚飞, 2011. 青少年社会适应的方式对认知加工偏向的影响[D]. 广州: 广州大学.

沈洋, 袁文颖, 赵小淋, 等, 2020. 死亡凸显对自我姓名注意瞬脱对抗效应的影响[J]. 心理发展与教育, 36(5): 520-527.

世界卫生组织, 1993. ICD-10 精神与行为障碍分类[M]. 范肖冬, 汪向东, 于欣, 等译. 北京: 人民卫生出版社.

宋玮, 2008. 家庭教育与学校教育结合中存在的问题及对策探究[J]. 教育与职业, (32): 191-192.

王丹, 2011. 青少年情绪-行为问题、家庭功能、认知性情绪调节策略及其关系研究[D]. 上海: 华东师范大学.

王芳芳, 1994. 焦虑自评量表在中学生中的测试[J]. 中国学校卫生, (3): 202-203, 240.

王建平, 李董平, 张卫, 2010. 家庭经济困难与青少年社会适应的关系: 应对效能的补偿、中介和调节效应[J]. 北京师范大学学报(社会科学版), (4): 22-32.

王金霞, 2020. 价值驱动注意捕获[D]. 天津: 天津师范大学.

王曼, 陶嵘, 胡姝婧, 等, 2011. 注意偏向训练: 起源、效果与机制[J]. 心理科学进展, 19(3): 390-397.

王鹏飞, 2021. 疫情期间中学生负性信息的注意偏向与焦虑的关系[D]. 天津: 天津师范大学.

王鹏飞, 杨华, 李红英, 等, 2019. 视障儿童多重适应性发展的变化特征和预测[J]. 中国特殊教育杂志, (12): 50-57.

王薇薇, 刘文, 王依宁, 2021. 儿童青少年社会适应的发展特点与影响因素及其促进[J]. 学前教育研究, (12): 36-47.

王新, 李怀英, 2008. 焦虑障碍的神经生理机制及研究进展[J]. 聊城大学学报(自然科学版), (2): 105-107.

王雪玲, 关荐, 李文瑞, 2019. 安全风险信号词的注意瞬脱效应[J]. 心理技术与应用, 7(6): 340-345.

王妍，罗跃嘉，2005．大学生面孔表情材料的标准化及其评定［J］．中国临床心理学杂志，13（4）：3．

王一牛，周立明，罗跃嘉，2008．汉语情感词系统的初步编制及评定［J］．中国心理卫生杂志，（8）：608-612．

魏敏，郑榕艳，胡耀华，等，2020．注意偏向纠正训练在抑郁症治疗中的应用［J］．中外医学研究，18（19）：140-142．

毋嫘，林冰心，2016．高特质焦虑个体对负性情绪信息注意偏向的机制探讨［J］．中国临床心理学杂志，（6）．

吴慧婷，叶婷，林枝，等，2012．压力性生活事件与青少年自杀意念的关系：心理韧性的调节效应［J］．教育测量与评价（理论版），（7）：4．

吴梦莹，周仁来，黄雅梅，等，2014．神经质程度和月经周期对女性主观情绪和生理反应的影响［J］．心理学报，（1）：58-68．

吴若晗，陈思萍，叶秋云，等，2022．特质应对方式在大学生手机依赖和学习倦怠间的作用分析［J］．职业与健康，（9）：1262-1266．

伍艳，2008．人格特质、暴力电子游戏对青少年攻击性认知偏向的影响［D］．长沙：湖南师范大学．

夏海莎，2022．注意偏向矫正疗法对抑郁患者干预效果的Meta分析［J］．中国全科医学．

肖丹鹤，2021．网络受欺凌对情绪注意偏向的影响及注意偏向训练的干预研究［D］．郑州：郑州大学．

邢超，陶芳标，2008．儿童青少年抑郁与健康危害行为的关联［J］．中国学校卫生，（1）：86-89．

熊文艳，范义兵，陈海婴，等，2012．南昌市青少年健康危险行为现况分析［J］．现代预防医学，10：2499-2501．

徐莹，廖若男，邱霜，等，2022．中学生昼夜节律情绪调节与抑郁症状的相关性［J］．中国学校卫生，1-5．

许苏，2020．"社会-情绪能力"演变路径与发生机制［J］．现代基础教育研究，39（3）：94-100．

杨娟，张小崔，姚树桥，2014. 抑郁症认知偏向的神经机制研究进展［J］. 中国临床心理学杂志，22（5）：788-791.

杨丽珠，杜文轩，沈悦，2011. 特质愤怒与反应性攻击的综合认知模型述评［J］. 心理科学进展，19（9）：1249-1258.

杨小冬，罗跃嘉，2005. 焦虑障碍患者的注意偏向和自我注意特点（综述）［J］. 中国心理卫生杂志，（8）：43-46.

杨炎芳，陈庆荣，2017. 留守儿童对拒绝性信息的注意偏向［J］. 中国特殊教育，（8）：61-66.

杨治良，刘素珍，1996. "攻击性行为"社会认知的实验研究［J］. 心理科学，（2）：75-78，127.

姚树霞，2013. 价值联接能够改变"愤怒优势效应"：来自行为和ERP的证据［D］. 重庆：西南大学.

姚昭，王振宏，雷榕，2011. 词—面孔任务中的情绪效价冲突效应及性别差异［J］. 心理与行为研究，（3）：181-184.

叶宝娟，杨强，任皓，2012. 气质和教养方式对青少年攻击行为的交互效应检验［J］. 中国临床心理学杂志，20（5）：684-687，691.

易欣，2016. 非临床社交焦虑个体对快乐和轻蔑表情的注意偏差研究［D］. 杭州：浙江理工大学.

于丹丹，2016. 负性生活事件、自我表露与青少年社会适应的关系［D］. 济南：山东师范大学.

余琳霖，陈安涛，2018. 奖励对注意偏向的影响：变化盲视的研究［C］. 第二十一届全国心理学学术会议摘要集，1246-1248.

余香莲，2017. 社交焦虑个体注意偏向和注意控制的特点、神经机制及关系探索［D］. 福州：福建师范大学.

余毅震，黄艳，史俊霞，2007. 青少年攻击行为与内分泌因素关系的研究［J］. 中国妇幼保健，14：1909-1911.

喻丰，郭永玉，2009. 攻击者的注意偏向与归因偏向及其关系［J］. 心理科学进展，17（4）：821-828.

袁凤兰，2012．高低攻击性男大学生对性刺激图片的注意偏向研究［D］．南昌：江西师范大学．

岳阳，王志伟，温翔，等，2018．奖励和学习条件对分值-面孔联结记忆的影响［C］．第二十一届全国心理学学术会议摘要集，1322-1323．

詹雅婷，2020．社交媒体使用与依赖对大学生现实社交的影响研究［D］．上海：上海外国语大学．

张方方，2017．注意负荷和情绪刺激对大学生注意分配和注意转移的影响［D］．开封：河南大学．

张昊洋，2015．社交焦虑高中生对情绪信息注意偏向的实验研究［D］．石家庄：河北师范大学．

张衡轩，2019．不同攻击性水平初中生对攻击性信息和负性肢体情绪信息注意偏向的眼动研究［D］．乌鲁木齐：新疆师范大学．

张珂，2010．大学生人际关系与内隐攻击性关系的实验研究［D］．重庆：西南大学．

张立伟，2019．抑郁倾向个体负性注意偏向及神经机制研究［D］．大连：辽宁师范大学．

张丽华，代嘉幸，陈虹，2020．防御性自尊大学生注意偏向对记忆偏向的影响［J］．心理科学，43（5）：1176-1182．

张晓州，赵成武，彭婷，2020．农村初中生领悟社会支持与心理安全感的关系调查［J］．武汉交通职业学院学报，22（1）：46-51．

张鑫，2015．暴力电子游戏玩家对负性情绪信息及攻击性相关信息注意偏向的实验研究［D］．重庆：西南大学．

张雅静，2021．中等职业学校青少年抑郁、冲动现状及其关系研究［D］．昆明：云南师范大学．

张永欣，周宗奎，丁倩，2018．班级同学关系与青少年外化问题行为：自尊和亲子亲合的作用［J］．心理发展与教育，34（6）：732-741．

张禹，罗禹，赵守盈，等，2014．对威胁刺激的注意偏向：注意定向加速还是注意解除困难？［J］．心理科学进展，22（7）：1129-1138．

赵辉，刘笑，刘宇平，等，2019．冲动性暴力犯罪人员对不同情绪面孔识别能力的特点［J］．中国心理卫生杂志，（3）：214-219．

赵科，张海清，2009．大学生攻击行为及应对策略［J］．中国健康心理学杂志，（5）：598-601．

赵鑫，张润竹，周仁来，2014．青少年情绪调节的发展规律及影响因素［J］．中国临床心理学杂志，22（004）：713-717．

钟俊，2013．注意偏向训练对大学生运动员内隐攻击性的短时效应［D］．北京：北京体育大学．

周红燕，王伟，刘旭峰，等，2011．大学生对社会暴力信息注意偏向的眼动研究［J］．中国心理卫生杂志，（2）：156-160．

周末，巢传宣，2007．大学生主观幸福感和生活事件的关系［J］．中国学校卫生，（4）：327-329．

周萍，陈琦鹂，2008．情绪刺激材料的研究进展［J］．心理科学，（2）：424-426．

周玮，孟宪鹏，2006．高中生考试焦虑与学习成绩的关系［J］．中国学校卫生，27（3）：2．

周颖，2007．内隐攻击性的影响因素及其机制研究［D］．上海：华东师范大学．

朱智贤，1989．社会支持、自我效能感与创伤后应激反应的关系［J］．心理学报，21（4）：418-424．

祝希泉，段惠峰，张中华，等，2021．高频经颅磁刺激对抑郁障碍患者注意偏向的影响［J］．解放军医药杂志，33（2）：75-78．

邹泓，刘艳，李晓巍，等，2013．中国七城市青少年社会适应状况的综合评估［J］．北京师范大学学报（社会科学版），（1）：51-60．

邹琼，2016．不同攻击性大学生对攻击性刺激的注意偏向相关研究［D］．曲阜：曲阜师范大学．

邹燕贞，2020．留守中学生社会支持、自我效能感与手机依赖的关系研究［D］．福州：福建师范大学．

附录一 正性负性信息注意量表

1. 简介

为了更好地反映个体的注意偏向特点,Noguchi 于 2006 年编制了正性负性信息注意量表(attention to positive and negative inventory,APNI)。本次使用戴琴等(2015)修订的量表,该量表共有 22 个条目,分为正性信息注意(API)和负性信息注意(ANI)两个分量表,用于评估个体对生活中正性和负性信息的注意偏向程度。该量表在实践中显示出了高度的信度和效度,该研究中 API 和 ANI 的内部一致性 α 系数分别为 0.86 和 0.82,重测信度分别为 0.79 和 0.62。

2. 使用说明及计分方式

量表采用 5 点计分,API 得分越高说明正性注意偏向越明显,ANI 得分越高说明负性注意偏向越明显。

3. 具体内容

下列描述是否符合你对自己的评价?请对照自己并在相应选项上画"O"。

题目	完全不符合	比较不符合	不确定	比较符合	完全符合
1. 我像其他人一样注意好的事物	1	2	3	4	5
2. 我无法忘记在一些事情上我做得很差的时候	1	2	3	4	5
3. 我无法忘记他人对我的伤害	1	2	3	4	5
4. 我特别注意电视新闻中播出的坏消息	1	2	3	4	5
5. 我不擅长的事情总是在我脑海中浮现。	1	2	3	4	5
6. 我特别关注生活带给我的很多细微的快乐	1	2	3	4	5
7. 我注意那些让我感觉鼓舞的事情	1	2	3	4	5
8. 我很快会注意到别人的错误	1	2	3	4	5
9. 在我的生命中有很多我喜欢的事情	1	2	3	4	5
10. 对我来说注意我性格中不好的部分是很重要的	1	2	3	4	5
11. 我特别关注我的家人和朋友表扬我的个性特点	1	2	3	4	5
12. 即使是无关紧要的细节，我也能注意到事情不对劲	1	2	3	4	5
13. 我关注我性格中好的部分	1	2	3	4	5
14. 对我来说记住他人好的事情是很重要的	1	2	3	4	5
15. 我希望自己能在很多方面得到改善	1	2	3	4	5
16. 不管是谁在笑，我注意的是高兴的面孔	1	2	3	4	5
17. 我注意并关注所有事情都进展顺利的时刻	1	2	3	4	5
18. 我特别注意我做得成功的那些事情	1	2	3	4	5
19. 不管谁批评我，那些评价都会在我脑海中停留一段时间	1	2	3	4	5
20. 我能容易地看到我参与的所有活动中有趣的一面	1	2	3	4	5
21. 我总是注意任务完成过程中的那些困难和障碍	1	2	3	4	5
22. 我总是注意过去那些让我感觉很糟的情景	1	2	3	4	5

附录二　广泛性焦虑自评量表

1. 简介

广泛性焦虑自评量表简称 GAD-7，共 7 个条目，是一种评定焦虑严重程度的简便易行的测量工具，应用范围广。该量表的内部一致性 α 系数为 0.92，重测信度也很好为 0.83，表示该量表具有较高的信度（Spitzer et al., 2006）。

2. 使用说明及计分方式

采用 0~3 分 4 级计分，总分为 21 分，得分越高，焦虑水平越严重。总分 0~4 分为无具临床意义的焦虑；5~9 分为轻度；10~14 分为中度，大于 15 分为重度，分界值为 10 分。

3. 具体内容

下列描述是否符合你对自己的评价？请对照自己并在相应选项上画"O"。

注意偏向视域下青少年情绪和行为问题的干预

题目	完全没有	有几天	一半以上时间	几乎每天
1. 感到紧张、焦虑或烦躁	0	1	2	3
2. 不能停止或无法控制担心	0	1	2	3
3. 对各种各样的事情担忧过多	0	1	2	3
4. 很难放松下来	0	1	2	3
5. 非常焦躁，以至无法静坐	0	1	2	3
6. 变得容易烦恼或易被激怒	0	1	2	3
7. 感到好像有什么可怕的事会发生	0	1	2	3

附录三　流调中心抑郁量表

1. 简介

流调中心抑郁量表（CES-D）共包括20个条目，测量内容包含4个因素：抑郁情绪、积极情绪、躯体症状、人际关系困难。陈祉妍（2009）在青少年群体中的研究表明，该量表基本能适用于我国青少年，其Cronbach's α 系数为0.88，因素结构得到验证，具有良好的信度和效度。

2. 使用说明及计分方式

采用的流调中心抑郁量表共20题，其中4个（第4、8、12、16题）为反向计分，用来筛选被试是否随意填写。要求被试使用0~3评定最近一周内症状出现的频度。总分范围为0~60，通常使用16分作为分界点。但也有研究者曾使用不同的分界点，如使用17分作为可能存在抑郁的分界点，23分作为很可能存在抑郁的分界点；或使用28分作为更严重患者的分界点。分数越高抑郁出现频度越高。

3. 具体内容

下面是对您可能存在的或最近有过的感受的描述，请根据最近一周您出现这种感受的频率，在相应选项上画"O"。

题目	偶尔或无（少于1天）	有时（1~2天）	时常或一半时间（3~4天）	多数时间或持续（5~7天）
1. 一些通常并不困扰我的事使我心烦	0	1	2	3
2. 我不想吃东西，我胃口不好	0	1	2	3
3. 我觉得即便有爱人或朋友帮助也无法摆脱这种苦闷	0	1	2	3
4. 我感觉同别人一样好	0	1	2	3
5. 我很难集中精力做事	0	1	2	3
6. 我感到压抑	0	1	2	3
7. 我感到做什么事都很吃力	0	1	2	3
8. 我觉得未来有希望	0	1	2	3
9. 我认为我的生活一无是处	0	1	2	3
10. 我感到恐惧	0	1	2	3
11. 我睡觉不解乏	0	1	2	3
12. 我很幸福	0	1	2	3
13. 我比平时话少了	0	1	2	3
14. 我感到孤独	0	1	2	3
15. 人们对我不友好	0	1	2	3
16. 我生活快乐	0	1	2	3
17. 我曾经放声痛哭	0	1	2	3
18. 我感到忧愁	0	1	2	3
19. 我觉得别人厌恶我	0	1	2	3
20. 我走路很慢	0	1	2	3

附录四 少年儿童社会适应量表

1. 简介

少年儿童社会适应量表由胡韬（2007）编制，共 48 题，含测谎项目 8 项（条目 5、8、15、18、25、28、35、38）。该量表包含人际友好、活动参与、学习自主、生活独立、环境满意、人际协调、社会认同、社会活力 8 个社会适应二阶因素和 1 个测谎因素，此外，这 8 个社会适应因素可归为学习与学校适应、生活与活动适应、社会关系与观念适应 3 个一阶因素。8 个因素的 Cronbach's α 系数在 0.656～0.806 之间。总量表的 Cronbach's α 系数为 0.921，重测信度系数为 0.907。

2. 使用说明及计分方式

采用 5 点计分，量表总分得分越高，说明社会适应水平越高。

3. 具体内容

题目	完全不符合	大部分不符合	不能确定	大部分符合	完全符合
1. 在学习上，我努力寻求好的学习方法	1	2	3	4	5
2. 我知道怎样才能交更多的朋友	1	2	3	4	5
3. 我希望通过班级活动发展自己	1	2	3	4	5
4. 如果离开父母，我相信我能自己照顾好自己	1	2	3	4	5
5. 我从来没有对学习产生过厌倦感	1	2	3	4	5
6. 当与同学们有不同观点时，我能想办法防止矛盾产生	1	2	3	4	5
7. 现在所在的班级很团结	1	2	3	4	5
8. 我无论对谁都很亲近	1	2	3	4	5
9. 我觉得同学之间在一些问题上有不同的看法是正常的	1	2	3	4	5
10. 我觉得，我是一个活泼开朗的人	1	2	3	4	5
11. 我一般是按时完成作业的	1	2	3	4	5
12. 我的同学都很欢迎我和他们一起玩耍	1	2	3	4	5
13. 我愿意参加一些义务劳动	1	2	3	4	5
14. 我自己的衣服自己洗	1	2	3	4	5
15. 老师或父母说的话，我都能照办	1	2	3	4	5
16. 为了朋友好，我愿意牺牲自己的利益	1	2	3	4	5
17. 我觉得自己生活在一个较为公平的社会	1	2	3	4	5
18. 我从未说过谎话	1	2	3	4	5
19. 我理解那些与我有不同观点和习惯的人	1	2	3	4	5
20. 我是一个乐观的人	1	2	3	4	5
21. 我总是独立完成作业，不抄同学的	1	2	3	4	5
22. 我觉得，我的朋友比较多	1	2	3	4	5
23. 我觉得参加班级组织的活动是有意义的	1	2	3	4	5
24. 父母工作时，我自己做饭	1	2	3	4	5
25. 我讨厌学习	1	2	3	4	5
26. 同学们为一些问题争论时，我能常帮助他们协调争论	1	2	3	4	5

续表

题目	完全不符合	大部分不符合	不能确定	大部分符合	完全符合
27. 我对我的生活环境感到满意	1	2	3	4	5
28. 我觉得，有的人不可去亲近	1	2	3	4	5
29. 不同的人做同一件事情，用不同的方法是正常的	1	2	3	4	5
30. 我觉得我有幽默感	1	2	3	4	5
31. 我认真地学好每一门功课	1	2	3	4	5
32. 我觉得，我的大部分朋友都很信任我	1	2	3	4	5
33. 我常常想为集体争光	1	2	3	4	5
34. 在家里，我常帮父母做些家务事	1	2	3	4	5
35. 如果我觉得老师或父母说的话没有道理，我就不会照他们讲的去做	1	2	3	4	5
36. 同学之间有矛盾时，我能帮助他们和好如初	1	2	3	4	5
37. 我觉得大部分老师上课的方式方法是适合我的	1	2	3	4	5
38. 为了避免老师或父母的责怪，我曾经说过谎话	1	2	3	4	5
39. 我认为同学之间经常争论一些问题是正常	1	2	3	4	5
40. 我喜欢与人交谈	1	2	3	4	5
41. 有时老师没有布置作业，我回家后还是会主动地学习	1	2	3	4	5
42. 我和我的同学保持着很好的关系	1	2	3	4	5
43. 我乐意参加大多数集体活动	1	2	3	4	5
44. 我会打扫、整理自己的房间	1	2	3	4	5
45. 我学习很刻苦	1	2	3	4	5
46. 我能和与我有不同观点的人保持友好关系	1	2	3	4	5
47. 我对我所在的学校感到满意	1	2	3	4	5
48. 班上的许多同学对我都很好	1	2	3	4	5

附录五　中文大学生版 Buss-Perry 攻击性量表

1. 简介

1992 年，Buss 和 Perry 修改编制完成 Buss-Perry 攻击性量表（BPAQ）。吕路等（2013）对 BPAQ 进行本土化修订制成中文大学生版 Buss-Perry 攻击性量表（简称 CC-BPAQ），该量表信效度良好，其中 Cronbach's α 系数和重测信度的值均在 0.89 以上，适用于测量中国大学生的外显攻击性。

2. 使用说明及计分方式

该量表为自评量表，共 23 个条目，含四个维度，分别为敌意、冲动、易怒性、身体攻击。额外设置第 23 题作为测谎题，与第 11 题意义相同，表达相似。如第 11、23 题的答案相差等级数大于 2，那么当前问卷被判定为无效。

量表采用 5 点计分，累计所有题目分数得到总分，总分范围是 22～110 分，问卷某个因子中分数越高，表示该因子上被试攻击性越强；总分越高，表示攻击性越强。

3. 具体内容

下面是对您可能存在的或最近有过的感受的描述，请根据最近一周您出现这种感受的频率，在相应选项上画"O"。

题目	非常不符合	不符合	中性	符合	非常符合
1. 我很难控制自己的脾气	1	2	3	4	5
2. 有时我会觉得我的人生不公平	1	2	3	4	5
3. 朋友们都觉得我有点爱争论	1	2	3	4	5
4. 别人似乎总是很走运	1	2	3	4	5
5. 当与朋友意见不合时我会直说	1	2	3	4	5
6. 我知道那些所谓的朋友会在背后议论我	1	2	3	4	5
7. 当别人对我特别好的时候，我会觉得他们另有所图	1	2	3	4	5
8. 有时我会无缘无故地发火	1	2	3	4	5
9. 受到挑衅的话我可能会揍对方	1	2	3	4	5
10. 在有必要的时候我会采取暴力来维护我的权利	1	2	3	4	5
11. 有时我会觉得别人在背后嘲笑我	1	2	3	4	5
12. 我曾威胁过我认识的人	1	2	3	4	5
13. 当别人与我意见不合时，我会忍不住和他们争论	1	2	3	4	5
14. 有时候我会非常嫉妒别人	1	2	3	4	5
15. 我的一些朋友认为我的性子比较急	1	2	3	4	5
16. 如果别人打我，我会还手	1	2	3	4	5
17. 我经常与别人意见不合	1	2	3	4	5
18. 不知为何有时我看待事情很消极	1	2	3	4	5
19. 有时，我感觉自己像一个随时要爆炸的火药筒	1	2	3	4	5
20. 与一般人相比，我更容易与人发生肢体冲突	1	2	3	4	5
21. 我的怒气来得快去得也快	1	2	3	4	5
22. 有些人逼人太甚，我会跟他们打起来	1	2	3	4	5
23. 有时我会觉得别人在背后嘲笑我	1	2	3	4	5

附录六　焦虑自评量表

1. 简介

焦虑自评量表（SAS）由 Zung（1971）编制，因能较直观地反映焦虑的主观感受而被广泛应用。王芳芳（1994）应用 SAS 对中学生的焦虑情绪进行了现况调查，并对其信度和效度进行了检验。结果表明，SAS 总分与抑郁自评量表（简称 SDS）总分间的相关系数为 0.697，SAS 的分半信度为 0.696，复测信度为 0.777，表明 SAS 有较好的效度和信度。

2. 使用说明及计分方式

本量表有 20 个题目，包括 15 个正向评分题目，5 个反向评分题目。每题进行 1～4 级评分，累计所有题目分数得到粗分，再乘 1.25 后得到标准分，标准分范围是 20～80 分，分数越高即反映焦虑程度越高。SAS 标准分的临界分数是 50 分，其中轻度焦虑的分数范围是 50～59 分，中度焦虑的分数范围是 60～69 分，重度焦虑的分数是 70 分及以上。

3. 具体内容

下面有 20 条文字，请仔细阅读每一条，把意思弄明白，然后根据您最近一周出现这种感受的频率，在相应选项上画"O"。

题目	没有或很少时间（少于1天）	少部分时间（1~2天）	相当多时间（3~4天）	绝大部分或全部时间（5~7天）
1. 我觉得比平时容易紧张和着急	0	1	2	3
2. 我无缘无故地感到害怕	0	1	2	3
3. 我容易心里烦乱或觉得惊恐	0	1	2	3
4. 我觉得我可能将要发疯	0	1	2	3
5. 我觉得一切都很好，也不会发生什么不幸	0	1	2	3
6. 我手脚发抖打颤	0	1	2	3
7. 我因为头痛、头颈痛和背痛而苦恼	0	1	2	3
8. 我感觉容易衰弱和疲乏	0	1	2	3
9. 我觉得心平气和，并且容易安静坐着	0	1	2	3
10. 我觉得心跳得很快	0	1	2	3
11. 我因为一阵阵头晕而苦恼	0	1	2	3
12. 我有晕倒发作，或觉得要晕倒似的	0	1	2	3
13. 我呼气吸气都感到很容易	0	1	2	3
14. 我的手脚麻木和刺痛	0	1	2	3
15. 我因为胃痛和消化不良而苦恼	0	1	2	3
16. 我常常要小便	0	1	2	3
17. 我的手常常是干燥温暖的	0	1	2	3
18. 我脸红发热	0	1	2	3
19. 我容易入睡，并且一夜睡得很好	0	1	2	3
20. 我做恶梦	0	1	2	3

附录七 抑郁自评量表

1. 简介

抑郁自评量表（SDS）由美国杜克大学教授 Zung（1965）开发，为美国教育卫生福利部推荐的用于精神药理学研究的量表之一，因能较直观地反映抑郁的主观感受而广泛应用。

2. 使用说明及计分方式

本量表主要适用于具有抑郁症状的成年人，它对心理咨询门诊及精神科门诊或住院精神病人均可使用。然而，对于文化程度较低或智力水平稍差的人，该量表的使用效果不佳。此外，对于存在严重阻滞症状的抑郁病人，评定过程可能存在困难。

抑郁自评量表有20个题目，包括10个正向评分题目（1、3、4、7、8、9、10、13、15、19），10个反向评分题目（2、5、6、11、12、14、16、17、18、20）。进行 1～4 等级评分，累计的每个问题得分再乘1.25后得到标准分。SDS 标准分的临界分数是53分，其中轻度抑郁的分数范围是53～62分，中度抑郁的分数范围是63～72分，重度抑郁的分数是73分及以上。

3. 具体内容

下面是对您可能存在的或最近有过的感受的描述，请根据最近一周您出现这种感受的频率，在相应选项上画"O"。

题目	偶尔或无（少于1天）	有时（1~2天）	时常或一半时间（3~4天）	多数时间或持续（5~7天）
1. 我觉得闷闷不乐，情绪低沉	1	2	3	4
2. 我觉得一天中早晨最好	1	2	3	4
3. 一阵阵哭出来或觉得想哭	1	2	3	4
4. 我晚上睡眠不好	1	2	3	4
5. 我吃得跟平常一样多	1	2	3	4
6. 我与异性密切接触时和以往一样感到愉快	1	2	3	4
7. 我发觉我的体重在下降	1	2	3	4
8. 我有便秘的苦恼	1	2	3	4
9. 心跳比平常快	1	2	3	4
10. 我无缘无故地感到疲乏	1	2	3	4
11. 我的头脑和平常一样清楚	1	2	3	4
12. 我觉得经常做的事情并没有困难	1	2	3	4
13. 我觉得不安而平静不下来	1	2	3	4
14. 我对未来抱有希望	1	2	3	4
15. 我比平常容易生气激动	1	2	3	4
16. 我觉得做出决定是容易的	1	2	3	4
17. 我觉得自己是个有用的人，有人需要我	1	2	3	4
18. 我的生活过得很有意思	1	2	3	4
19. 我认为如果我死了，别人会生活得更好	1	2	3	4
20. 平常感兴趣的事我仍然感兴趣	1	2	3	4

附录八　游戏使用习惯问卷

1. 简介

游戏使用习惯问卷根据 Anderson 和 Dill 编制的问卷改编而来（Anderson et al., 2000）。问卷要求被试报告最经常玩的三款游戏，然后对每一款游戏接触的频次（1＝几乎不玩，7＝经常玩）、游戏内容和游戏画面暴力和血腥程度（1＝无血腥或暴力，7＝非常血腥或暴力）进行7点量表评分，并且增加个体对当前流行暴力游戏的熟悉度以及个体游戏历史的考察，一起作为游戏接触程度的参考（张鑫，2015）。

2. 使用说明及计分方式

游戏的接触量＝〔（游戏内容的暴力程度＋游戏画面的暴力程度）×玩游戏的频率〕/3。

游戏的接触量得分反映被试过去对暴力游戏的接触程度。

3. 具体内容

①是否玩游戏（包括电脑、手机、平板、X-box 游戏和大型电玩等等）：
□是　□否

②平均每日游戏时长约为_____
③最经常玩的游戏的具体名称：_____
④现在请根据下面的问题对该游戏进行评定

频率	几乎没有			偶尔			经常
周六日玩这款游戏的频率	1	2	3	4	5	6	7
工作日玩这款游戏的频率	1	2	3	4	5	6	7
暴力程度	无暴力或血腥						很暴力和血腥
游戏内容的暴力程度如何	1	2	3	4	5	6	7
游戏画面的血腥程度如何	1	2	3	4	5	6	7

⑤以下哪个种类可以最好地描述这款游戏？【可多选】
□教育类　□运动类　□幻想类　□身体搏斗类　□技巧类
⑥第二经常玩的游戏的具体名称：_____
⑦现在请根据下面的问题对该游戏进行评定

频率	几乎没有			偶尔			经常
周六日玩这款游戏的频率	1	2	3	4	5	6	7
工作日玩这款游戏的频率	1	2	3	4	5	6	7
暴力程度	无暴力或血腥						很暴力和血腥
游戏内容的暴力程度如何	1	2	3	4	5	6	7
游戏画面的血腥程度如何	1	2	3	4	5	6	7

⑧以下哪个种类可以最好地描述这款游戏？【可多选】
□教育类　□运动类　□幻想类　□身体搏斗类　□技巧类
⑨第三经常玩的游戏的具体名称：_____
现在请根据下面的问题对该游戏进行评定

频率	几乎没有			偶尔			经常
周六日玩这款游戏的频率	1	2	3	4	5	6	7
工作日玩这款游戏的频率	1	2	3	4	5	6	7
暴力程度	无暴力或血腥						很暴力和血腥
游戏内容的暴力程度如何	1	2	3	4	5	6	7
游戏画面的血腥程度如何	1	2	3	4	5	6	7

⑩以下哪个种类可以最好地描述这款游戏？【可多选】

□教育类　　□运动类　　□幻想类　　□身体搏斗类　　□技巧类

附录九　手机使用时长问卷

1. 介绍

本问卷分四个维度：游戏、学习、社交媒体、娱乐计算平日和周末的均值。

2. 具体内容

你通常在上学日和非上学日每天分别花多少小时在以下活动上？请在每一行符合你实际情况的方框里打勾√。

手机使用		≤1小时	2~3小时	3~4小时	>4小时	不是每天都有	从来没有
玩游戏	上学日						
	休息日						
看新闻或浏览学习材料	上学日						
	休息日						
社交媒体	上学日						
	休息日						
看视频、听音乐	上学日						
	休息日						

附录十　手机社交媒体依赖量表

1. 简介

将大学生的社交媒体使用与依赖采用改编后的大学生手机社交媒体依赖评定量表。该量表由吴祖宏于2014年编订，一共33题（改编后的大学生社交媒体依赖量表问卷包括22题）。总问卷的Cronbach's α 系数为0.937，分半信度为0.925，五个维度的Cronbach's α 系数处于0.806～0.897之间，五个维度的分半系数处于0.739～0.874之间。由此可见该问卷具有良好的信度（詹雅婷，2020）。

2. 使用说明及计分方式

问卷采用5点计分制，1分代表"非常不符"，5分代表"非常符合"。各题为单选，第8题和第13题已删除。四个维度的平均值分别由以下题目计算得出。

强迫性：反映对社交媒体使用的渴望与冲动（题号：5、9、10、11、12、17）。

社交增益性：指社交媒体在人际关系中的积极作用（题号：6、7、14、15、16）。

戒断性：描述在无法使用社交媒体时产生的不愉快情绪（题号：3、4）。

突显性：表明社交媒体在个人思考和行为中的重要性（题号：1、2）。

3. 具体内容

本问卷所说"手机社交媒体"是指手机上的一些社交应用（不包括手机的通话和短信功能），主要包括：

● 即时通信类：如 QQ、微信、飞信、陌陌、YY 语音、阿里旺旺等；

● 微博类：如新浪微博、腾讯微博、搜狐微博等；

● 社交网站类：如 QQ 空间、百度贴吧、朋友网、豆瓣、百合网、大众点评网等。

题目	完全不符合	不符合	一般	比较符合	完全符合
1. 玩手机社交媒体是我每天的习惯	1	2	3	4	5
2. 一有空闲时间（如公交、课休），我就会拿出手机浏览一下社交媒体	1	2	3	4	5
3. 无法使用手机社交媒体时，我会感到焦虑不安	1	2	3	4	5
4. 无法使用手机社交媒体时，我会感到空虚无聊	1	2	3	4	5
5. 我常常因为手机社交媒体收到信息而暂时中断学习	1	2	3	4	5
6. 用手机社交媒体与他人交流对我来说比现实中更自信、更容易	1	2	3	4	5
7. 手机社交媒体能满足我大部分的社交需要	1	2	3	4	5
8. 我在手机上玩社交媒体经常没有什么明确的目的	1	2	3	4	5
9. 和同学朋友家人聚会时，即使知道这样不礼貌，但我还是拿出手机玩社交媒体	1	2	3	4	5
10. 每隔一段时间，我会下意识地看看手机社交媒体上是否会有我的新信息	1	2	3	4	5
11. 我在手机社交媒体上逗留的时间比原来打算的要长	1	2	3	4	5

续表

题目	完全不符合	不符合	一般	比较符合	完全符合
12. 无法使用手机社交媒体时，我仍想知道手机社交媒体上正在发生着什么	1	2	3	4	5
13. 如果没有手机干扰，我能更快、更好地完成学习任务	1	2	3	4	5
14. 手机社交媒体能够让我获得比现实中更多的关注和影响力	1	2	3	4	5
15. 手机社交媒体上别人对我的关注和评论让我非常有成就感	1	2	3	4	5
16. 当我孤独的时候我喜欢在手机社交媒体上与他人交流	1	2	3	4	5
17. 哪怕再晚，睡觉前我都会拿着手机玩一下社交媒体	1	2	3	4	5
18. 不知为何有时我看待事情很消极	1	2	3	4	5
19. 有时，我感觉自己像一个随时要爆炸的火药筒	1	2	3	4	5
20. 与一般人相比，我更容易与人发生肢体冲突	1	2	3	4	5
21. 我的怒气来得快去得也快	1	2	3	4	5
22. 有些人逼人太甚，我会跟他们打起来	1	2	3	4	5
23. 有时我会觉得别人在背后嘲笑我	1	2	3	4	5